신완선 교수의
리얼 옵션

나만의 방식으로 미래를 준비하는

신완선 교수의

리얼 옵션

| 신완선 지음 |

Real option

더난출판

나만의 방식으로 미래를 준비하는

신완선 교수의 리얼 옵션

초판 1쇄 인쇄 2012년 1월 9일
초판 1쇄 발행 2012년 1월 16일

지은이 신완선 | **펴낸이** 신경렬 | **펴낸곳** 더난출판

상무 강용구 | **기획편집부** 차재호 · 민기범 · 임영묵 · 성효영 · 윤현주 | **디자인** 서은영 · 장진희
마케팅 김대두 · 견진수 · 홍영기 · 서영호 | **교육기획** 함승현 · 양인종 · 이선미 · 이소정
디지털콘텐츠 최정원 · 조경수 | **관리** 김태희 · 양은지 | **제작** 유수경 | **물류** 김양천 · 박진철
책임편집 민기범

출판등록 2011년 6월 2일 제25100-2011-158호 | **주소** 121-840 서울시 마포구 서교동 395-137
전화 (02)325-2525 | **팩스** (02)325-9007
이메일 book@thenanbiz.com | **홈페이지** http://www.thenanbiz.com

ISBN 978-89-8405-669-5 03320

'불안한 미래'를 '기다려지는 미래'로!

불안은 행복의 적Uncertainty is the enemy of happiness! 불안 때문에 모든 문제가 시작된다.

요즘의 2030세대에게는 더욱 그렇다. 그들은 이미 초등학교 시절부터 불안에 떨면서 성장했다. 이렇게 하지 않으면 혹은 저렇게 하지 않으면 행복한 미래는 없다는 얘기를 들으면서 자랐다. 잘사는 사람보다 못사는 사람을 더 많이 보면서 살아온 기성세대가 자신도 모르게 저지른 실수다. 낙오되지 않으려고 일생 동안 목표에 매진한 세대는 그렇게 자식들을 길렀다.

초등학교 6년, 중고등학교 6년, 일부는 다시 대학교 4년. 최소 12년 혹은 16년을 불안 속에서 성장한 젊은이들이 사회에 발을 들여놓자 세상은 더욱 불확실하기만 하다. 절벽이다. 또 다시 벼랑 끝에 내몰린 그들은 과연 언제 희망 가득한 삶을 살 수 있단 말인가.

많은 정치가들이 젊은이들에게 '통 큰' 약속을 웅변한다. 미래를 보장하겠다는 약속이다. 도전할 수 있는 세상, 시도할 수 있는 세상, 실패해도 좋은 세상을 만들겠다고 목소리를 높인다. 그들은 사과Apology까지 한다. 그런 세상을 만들어주지 못해서 미안하다고…….

젊은이들이여, 그들의 달콤한 말에 현혹되지 말자. 그같은 말은 나도 어린 시절부터 들어왔지만, 불확실성은 시간이 지날수록 오히려 커져만 가고 있다. 기술이 빠르게 발전하고 시장이 글로벌화할수록 '불안이라는 적'은 덩치가 커지기 마련이다.

세상은 그 누구도 아닌 나 스스로가 만들어가야 한다. 미래를 보장하는 세상, 즉 불안하지 않은 미래를 살아가는 방법을 찾는 것도 자기 몫이다. 막연한 바람Wish이 아니라 구체적인 실행Action이 핵심이다.

내 인생에서 최고의 행운은 '10퍼센트 리얼 옵션Real Option, 선택권의 발견'이다. 90을 현실에 투자한다면 10은 미래에 투자한다는 간단한 법칙이다. 내가 가진 것 중 10퍼센트를 미래의 불안감을 줄이기 위해서 사용하면 된다. 처음에는 리얼 옵션의 가치를 몰랐다. 그러나 그것은 언제나 의미 있게 내 삶에 관여했다. 비록 10퍼센트였지만 그 10퍼센트가 나의 미래를 송두리째 바꿔놓았다.

돌이켜보면 눈앞의 현실은 늘 숨 가빴다. 모든 것을 투입하고도 목표를 달성하기가 만만치 않았다. 그런 상황에서 고작 10퍼센트로 도대체 무얼 할 수 있단 말인가. 그래도 뭔가 다르지 않으면 안 된다고 생각했다. 10퍼센트라도 더 재미있게 살려고 노력했다. 그래서 미약하나마 준비랍시고 멀리 보는 연습을 했다. 두리번거리며 사는 인생과 생각하며 사는 인생은 다르니까.

'부자가 될 사람'은 통장 만들기를 즐긴다. 통장이 많을수록 더 행복하다. 통장 금액에는 크고 작음이 있지만 제각각의 목표와 만기가 있다. 부자가 될 사람들은 통장을 만들고 저축을 함으로써 즐겁게 미래를 대비한다. 통장은 어려운 현실에서도 희망의 이유가 되어준다.

'성공할 사람'은 미래에 자신이 선택할 리얼 옵션 만들기를 즐긴다. 통장 만들기와 마찬가지로 리얼 옵션 만들기는 미래의 희망을 갖게 해준다. 당장은 투자를 요하는 일이지만, '불안한 미래'를 오히려 '기다려지는 미래'로 만들 수 있는 유일한 수단이다. 있으면 희망이지만, 없으면 불안하다. 그것이 바로 리얼 옵션이다.

지난 3년간 나는 리얼 옵션의 성공사례를 조사했다. 현실에 최선을 다하면서도 미래를 위해 창의적이고 도전적인 발상에 투자한 사람들의 삶의 여정을 분석했다. 800명의 자전적 저술과 면담 내용을 검토한 뒤, 그들 중 미래를 위한 투자로 터닝 포인트Turning Point, 전환점를 확보한 121명을 선별했다. 그리고 그 결과를 집중 분석하여 리얼 옵션의 유형과 성공요소를 정리했다.

이 책은 크게 리얼 옵션에 대한 이론편과 실천편으로 구성되어 있다. 이론편(1~4장)에서는 관점의 전환, 리얼 옵션의 효과, 리얼 옵션의 유형과 자가진단 등을 소개한다. 실천편(5~10장)에서는 비전형, 위기형, 체험형, 멘토형, 취미형, 대리형과 같이 리얼 옵션을 유형별로 구분하여 실행과정의 핵심요소를 개인적인 경험과 다양한 사례를 통해서 설명한다.

나는 개인이든 기업이든 미래의 성장 동력을 준비하는 사람들을 염두에 두면서 이 책을 썼다. 자기계발에 관심이 많은 사람은 물론 기업에서 새로운 사업을 구상하는 사람도 포함된다. 불안한 미래를 확실한 뭔가로 보장하기를 바라는 독자들과 리얼 옵션의 가치를 나누고 싶었다. 당장 내일을 바꾸려고 하지 말고 3년 혹은 5년 후를 바라보자. 미래는 리얼 옵션을 확보한 사람이 선점한다.

이 책의 출간은 많은 사람의 도움이 있었기에 가능했다. 우선, 방학 때마다 리얼 옵션 연구를 도와준 제자 최준혁, 이수연, 최문환, 최예은, 이민희, 김나래, 왕묘묘, 오세진에게 고마운 마음을 전한다. 그들의 지원이 없었다면 다양한 사례에 근거한 책을 쓰지 못했을 것이다. 지난 5년간 리얼 옵션 관련 자기혁신 과제를 실행한 수천 명의 수강생들의 개인 도전 역시 귀중한 자료로 활용됐다. 리얼 옵션이라는 주제에 대해 현실적인 의미를 제시해준 동료 신준석 교수, 가천대 유정상 교수, 전북대 홍성훈 교수, 명지대 김종만 교수, 한국전지협회 최갑홍 부회장, 한국경영혁신연구소 신동설 소장에게도 진심으로 감사를 드린다. 까다로운 저자의 요구를 넉넉한 마음으로 대응해준 더난의 민기범 팀장과 차재호 편집장에게는 미안한 마음이 앞선다. 사랑하는 두 딸, 지숙과 지현의 세심한 비평도 소중한 가치로 책에 담겨져 있다.

내 인생의 리얼 옵션을 설계하도록 이끌어주신 중학시절의 이두영 선생님과 정연덕 선생님, 대학시절의 김재련 교수님과 노인규 교수님, 그리고 귀국 후 한국의 기업 현실을 직시하게 가르침을 주신 윤덕균 교수님께는 제자로서, 더 나아가 멘티로서 감사의 인사를 드리고 싶다. 물려받은 유산을 다음 세대에게 전수하는 데에 최선을 다할 것을 다짐해본다. 마지막으로, 저술하는 동안에 건강문제로 고생이 심했던 아내에게 이 책을 바친다.

2012년 1월
신완선

차례

1장

그들은 무엇이 달랐나

신입사원에게 물어보았다. 언제부터 이 회사에서 일할 수 있다고 생각하나요?

"이번에 합격 발표 나고서요. 하하하"

이번에는 중간관리자에게 물어보았다. 연봉을 세 배 올려주면 어떻게 다르게 일하겠습니까?

"우리 사장님은 그런 생각을 할 분이 아닙니다. 하하하"

경영진에게도 물어보았다. 연봉을 세 배 올려줘도 아깝지 않을 직원들이 있습니까?

"세 배요? 월급 값이나 제대로 하면 좋겠습니다. 하하하"

웃음으로 대신하기에는 너무나도 중요한 질문들이다. 그러나 막상 대답하려고 하니 말문이 막힌다. 왜 그럴까? 현실의 목표가 아니라 꿈으로만 맴돌았던 탓이다.

우리는 기적 같은 목표를 직접 체험하며 살아가는 사람들을 알고 있다. 그들 중에는 평사원으로 시작하여 사장이 된 사람도 있고, 수억 원의 연봉을 받는 임원도 많다. 취업하기가 이토록 어려운 시절에도 누군가는 대기업 기획실에 입사하여 자축파티를 하고 있다. 그런데 그들 역시 사람이다. 시작을 놓고 보면, 그들도 우리와 다를 바 없다.

기업도 마찬가지다. 수출 100억 달러약 10조 원를 목표로 삼았던 대한민국에 조 단위 매출을 기록하고 있는 기업이 현재 300개가 넘는다. 삼성, 현대자동차, SK, 포스코는 이미 글로벌 200대 기업이 되었다. STX그룹은 출범한 지 불과 10년 만에 재계 순위 10위권에 진입했다. 모두 꿈만 같은 일이다. 그런데 그것이 그들에게는 현실이다.

앞으로 10년 후, 자신이 한국의 100대 부자가 된다고 생각해보자. 아마 그런 목표를 갖고 살겠다며 책상 앞에 큼지막하게 써 붙이면 집에서 크게 낙담할 것이다. 얘가 드디어 '맛이 갔다'고 말이다.

그런데 놀랍게도 그런 삶을 사는 사람들이 있다. 맥 휘트니의 이베이는 불과 4년 만에 조단위 기업이 되었다.[1] 매출액이 1조 원이 넘는 기업이 된 것이다. 물론 회사의 경영자들도 모두 갑부가 되었다. 빌 게이츠의 마이크로소프트 역시 6년 만에 조단위 기업이 되었다. 외국뿐 아니라 우리나라에도 많다. NXC의 김정주, 카카오톡의 김범수, 미래에셋의 박현주 사장도 단기간에 세상을 바꾸었다. 로또가 아니라 비즈니스로 말이다. 그런 예는 운동선수, 연예인 중에도 많다. 그들 모두 기적 같은 결과를 보여주었다.

그들은 무엇이 달랐을까?

그들은 '미래의 기대'를 맞춘 사람들이었다. '미래의 수요'를 맞추었다고 표현할 수도 있다. 미래의 시장에 대비하여 준비해온 사람들이다. 혹자는 그들이 운이 좋았기 때문이라고 말한다. 내가 성공하면 땀의 대가고 남이 성공하면 운이 좋다는 식이다. 물론 그들은 운도 좋았겠지만 좀 더 정확히 말해서 운이 좋을 수 있게 무언가를 준비했다고 할 수 있다. 그들의 성공이 마냥 쉽지는 않았을 것이다. 그들 모두 피나는 노력을 했음에 틀림없다.

그런데 한번 생각해보자. 우리라고 노력을 안 하는가? 우리 역시 잠 온다고 허벅지 꼬집으면서 공부도 해봤고, 이런저런 목표를 세워 몇 개월, 몇 년씩 노력하지 않았는가?

인간인 이상 육체적 노력의 차이는 오십보백보다. 모든 사람에게 하루는 24시간이며, 잠 안 자고 일만 하는 사람도 없다. 그런데 어떤 일을 혼자가 아니라 아르바이트 한 명을 고용해서 한다고 해보자. 두 명이 일하는 셈이 된다. 한 사람에게서만 도움을 받아도 다른 사람의 두 배 가까운 투입이 가능해지는 것이다.

그러므로 인생에서 투입 노력은 성취의 충분조건이 될 수 없다. 문제는 투입 방식이다. 성공한 사람들은 분명 '불확실한 미래의 기대를 맞추는 노하우'를 알고 있었다. 그들은 모두 그런 지혜를 터득한 '연구형 인간'이다.

1장에서는 '리얼 옵션'을 본격적으로 소개하기에 앞서 근원적 성찰을 요하는 다섯 가지 화두를 차례로 던져본다. 만일 이들이 자신의 인생과 무관하다고 생각하면 책을 덮는 편이 낫다. 이 화두들은 감성이 아니라 이성으로 자신의 미래를 바라보라고 요구하기 때문이다. 감성은 순간의 행복을 체험하게 만들지만, 이성은 미래의 행복을 지킬 가능성을 높여준다. 이들 다섯 가지 화두는 미래, 환경, 목표, 시간, 그리고 선택에 대한 것이다.

기회는 선택한 사람이 차지한다

Your Expectation

"물이 들어올 때 노를 저어라." 상황이 자신에게 유리하게 돌아갈 때 끝을 봐야 한다는 것을 강조한 말로, 즉 기회가 올 때 꽉 잡아야 한다는 뜻이다. 인생에서 우리가 학수고대하는 것이 바로 그런 상황이다. 힘들고 지치지만 오늘을 참아내는 이유도 머지않아 기회가 오리라는 막연한 기대감이 있기 때문이다.

물이 들어오기를 기다리던 사람에게는 물이 반갑다. 기회를 잡을 때Timing가 왔기 때문이다. 이번에 도약하여 더 큰 계획에 도전할 생각을 하면 저절로 신이 난다. 미래의 불확실성이 두렵지 않은 것은 아니지만 여기까지 온 것 자체가 행운이 아닌가. 우선 현실에 집중하고 볼 일이다. 그래서 온 힘을 다해 자맥질을 한다. 물에 가라앉지 않기 위해서 열심히 발을 움직이며 주어진 목표에 최선을 다한다.

삼성동 넥슨 본사. 아침 7시. 나는 사장단 강의를 하기 위해서 회사

 신완선 교수의 리얼 옵션

에 들어섰다.

'어! 작네.'

'어! 특이하네.'

강의장에 들어선 나의 본능적 반응은 '작다'와 '특이하다'였다. 기업의 규모에 비해서 경영진의 교육장이 좁다는 생각과 명함에서부터 벽에 붙은 작은 조형물까지 세세한 것들이 독특한 탓이리라. 강의장에는 20대 혹은 기껏해야 30대인 사장 대여섯 명이 샌드위치를 먹고 있었다. 일부는 새집머리로 들어온 것을 보면 쪽잠을 자고 온 것이 틀림없다. 이들이 모두 넥슨의 협력회사 사장이라고 한다. 대한민국 신세대 '자수성가형' 갑부들의 풍경이었다.

그들의 공통점은 두 가지였다. 한 가지는 이른 새벽부터 늦은 밤까지 열심히 몰입한다는 것이었고, 다른 한 가지는 미래의 먹거리를 또 만들기 위해서 나 같은 사람을 초청하여 '비전 리더십'을 배우고 있다는 사실이었다. 지혜롭게 산다는 것은 미래의 치열함을 배우는 것과 같다. 일시적인 성공에 자만하다가 가라앉을 수는 없다. 일 자체의 수고가 아니라, 일을 통해서 새로운 세상을 만나는 즐거움을 보아야 한다.

1980년대 초반, 5공 시절. 새로운 시대를 열겠다는 열정으로 데모에 참여하다가 제적 혹은 퇴학당한 서울대생 10명. 정치데모꾼이라는 이력을 갖게 된 그들은 오갈 곳이 없었다. 나라의 발전을 위해서 앞장섰던 일인데 정작 직업인으로서 국가 발전에 기여할 방법이 없었다.

그들이 우연히 몰려든 곳이 윤석금 회장이 갓 창업한 작은 출판사였다. 직원은 고작 일곱 명이었고 실적이랄 것도 없는 일천한 곳이었다. 믿을 것이라고는 '꿈이 있다면 희망이 있는 것이다'를 외치며 신나게 일하는 직장을 만들어주겠다는 사장의 경영철학이 전부였다. 별다른 선택의 여지가 없었던 그들은 모두 편집부에 합류했다. 그리고 지금 당장이 아니라, 미래에 오고 싶은 직장을 만들겠다고 결심했다. 비슷한 처지를 경험한 그들은 진심으로 몰입했다. 그 뒤, 모든 것이 바뀌었다. 선장 윤석금이 지휘하는 배는 새로운 기회의 바다로 항해하기 시작했다. 윤석금 회장의 채용전략이 그들에게는 기회였고, 젊은 인재를 확보한 웅진출판사 역시 절호의 기회를 맞이한 것이다.

신나는 세상은 준비하고 실행에 옮기는 사람들의 권리다. 내가 예상하지 않은 물이 나를 위해 기회가 되어 주리라 기대하지 말자. 그런 물에서 노를 젓는 행운을 즐기려면, 항상 불안 속에서 살아야 한다. 물이 언제 삽시간에 사라질지 모르기 때문이다. 내용을 정확히 알지 못하는 기회 역시 하늘 위에 떠 있는 구름과 같다. 어느 구름이 비가 될지는 바라만 보아서는 판단하기 어렵다.

물이 들어오고 안 들어오고의 문제가 아니다. 내가 계획하고 준비했던 물이냐가 중요하다. 스스로 준비하여 기회를 맞이했음에도 결단하지 않을 바보는 없다. 살아가면서 갑작스런 기회에 대한 기대감은 적을수록 좋다. 노를 저을 만한 물, 즉 내가 활약할 무대를 만들기 위해 무엇을 준비하고 있는가를 생각해보는 게 좋다. 그 누구도 원하는 결과를 직접 선택할 수는 없다. 다만, 그런 결과로 이어질 수 있는 과정을 선택할 권리는 있다. 결과가 아니라 과정을 선택한다는 것이 핵심이다.

잠실역 8번 출구에 있는 로또판매점(1등 당첨번호가 세 번이나 나왔다는 곳!)을 가보라. 금요일 퇴근시간이면 직장인 열댓 명이 줄을 서서 기다리곤 한다. 행운에 투자하는 사람들이다. 그럼 그 사람들이 정말 로또에 당첨되느냐? 모두가 안 되는지 알면서도 한 주간의 피로를 달랠 겸 이른바 '행복 투자'를 한다. 희망을 사고 싶은 사람들의 소박한 선택이다. 대박 희망과 줄이 닿아 있는 아주 작은 선택권을 손에 쥐고서도 짜릿한 기대감을 느낀다. 그런 존재가 바로 사람이다.

미래는 세 가지 모습으로 우리를 기다린다.

첫째 모습이 가장 바람직한데, 즉 유력한 선택권을 잡으라고 손을 내미는 경우다. 물론, 그런 권리를 준비한 사람이 누리는 특권이라고 할 수 있다. 그는 예상했던 새로운 기회가 (크든 작든 간에) 눈앞에 펼쳐지는 것을 즐긴다.

둘째 모습은 삭막하다. 다른 사람의 선택을 따르라고 강요받기 때문이다. 선택 당해야 하는 순간이다.

마지막 모습은 빈손을 내미는 경우다. 특별한 것이 없으므로 그냥 지나가자고 한다. 자연은 무심하다. 인과응보의 반복 속에서 미래를 결정한다.

           루시 고_{Lucy Koh}는 미국 연방법원 종신 판사다. 한국계로는 최초로 그 같은 영광스런 자리에 올랐다. 지금까지 단 세 명의 한국계가 연방법원 판사가 된 사실을 감안하면 그녀가 얼마나 높은 자리에 올랐는가를 알 수 있다. 최근의 삼성과 애플 간 미국 지역 특허소송을 고 판사가 맡았다고 한다. 캘리포니아 지역을 총괄하기 때문이다. 유불리를 떠나서 기분 좋은 일임이 분명하다.

내가 처음 그녀를 만난 것은 초등학교 4학년 때다. 어머니가 내가 유학한 대학교의 교수였으며 오빠도 MIT에 합격할 정도로 그녀는 탄탄한 배경의 교포 가정에서 자랐다. 그러나 환경만으로 한 사람의 미래를 점칠 수는 없다. 루시는 어릴 적부터 남달랐다.

루시는 다른 사람들에 비해 영어단어에 대단히 몰입했다. 교회에서 아이들을 돌보면서도 단어장을 들고 외우는 모습이 지금도 내 눈에 선하다. 어떻게 단어를 외우느냐고 물어보니, 기억에 잘 남지 않는 단어는 녹음해서 반복하여 들으며 잠을 청한단다. 미국에서 태어났지만 최고급 언어 구사력을 꿈꾸던 그녀의 노력은 일반 학생들에게서는 쉽게 볼 수 없는 태도였다.

몇 년 전, 미국 캘리포니아에서 활동하던 루시를 다시 만났다. 그녀에 대한 주변사람의 칭찬은 한결같았다. 특히 그녀의 정교한 언어 구사력을 높게 평가했다. 어떤 상황에서도 최적의 표현으로 논리를 전개할 수 있다는 것은 법조인에게는 큰 자산이다. 연방정부의 종신 판사라는 소중한 기회는 결코 우연이 아니었다. 초등학교 시절부터의 노력이 점진적인 선택권으로 이어진 것이다.

　루시의 초등학교 시절의 노력이 그녀의 미래를 모두 결정했다고 할 수는 없을 것이다. 따지고 보면 모든 사람이 미래를 위해서 준비를 한다. 다만 정도의 차이가 있을 뿐이다. 정말 섭섭하게도 누구는 되고 누구는 안 된다. 심는 대로 거둔다고 하지만 모든 것이 뜻한 바대로 되지는 않는다. 그래서 나는 이 책을 쓰게 되었다. 원하는 대로 미래의 모습을 만들어가는 사람들의 공통점을 찾아보고 싶었기 때문이다. 다시 말해, 이 책은 뿌린 대로 거둔다는 의미의 '인과응보因果應報' 효과를 높이는 방법을 찾으려는 시도다.

불리한 환경도 축복이다

새로운 선택에는 심리적 여유가 필요하다. 그러나 환경이 그런 여유를 허락하지 않는다. 미래를 위한 결정을 내리려고 해도 선택의 여지가 없는 것이다. 오늘이라는 경주Race에서 낙마하지 않기 위해 안간힘을 쓰는 상황에서 내일까지 바라보라니 엄두가 나지 않는다.

미국 하버드 대학교 출신의 심리학 컨설턴트인 아커 교수는 학부생 1,200명을 대상으로 '긍정 심리학Positive Psychology'을 강의했다.[2] 처음에 그는 시험적으로 개설한 과목에 엄청난 수의 학생들이 신청한 결과를 보고 깜짝 놀랐다고 한다. 현재를 좀 더 행복하게 살기를 바라는 학생들이 그토록 많다는 것인데, 대학교에 입학하기 전까지는 최고의 인재라는 소리를 듣고 살아온 젊은이들이 스트레스에 짓눌려 캠퍼스 생활을 하고 있는 상황을 보여주는 결과였다. 학생들 중 절반은 무조건

평균 이하의 성적을 받아야 하는 그야말로 피 터지는 상황이 그들에게는 엄청난 스트레스였던 것이다.

아커 교수가 주장하는 '행복론'은 '행복하고 긍정적인 사람이 더 성공한다'는 심리 연구결과에 근거를 두고 있다. 긍정적 분위기에 젖어 있는 의사가 그렇지 않은 의사에 비해서 세 배나 더 효과적으로 진찰을 하고 19퍼센트나 더 빠르고 정확한 진단을 내린다고 한다. 또 낙관적 성향의 영업사원은 비관적 성향의 영업사원에 비해 56퍼센트나 더 잘 상품을 판다는 사실에 주목했다. 아커 교수는 직접 학생들을 관찰해보니 행복지수가 높은 수험생이 수리영역 수능시험에서 더 좋은 결과를 만들어내더라는 사실을 알 수 있었다.

결국 긍정적이고 낙관적이며 행복한 기분 또는 분위기를 유지하는 것이 발전에 있어 핵심요소가 된다. 실패하는 사람들은 피하고 숨기고 움츠러든다. 그들은 스스로를 환경에서 격리한다. 그러나 성공하는 사람들은 반대로 행동한다. 자신의 발전을 위해서 환경이나 주변 사람들에게 투자를 하는 것이다.

내일의 행복을 위해서는 우선 오늘을 행복한 날로 만들어야 한다. 오늘의 행복은 내일의 행복을 위한 필요조건이다. 주어진 환경을 바꿀 수는 없지만 바라보는 관점을 바꿀 수는 있다. 관점. 그렇다. 관점을 일단 바꾸고 시작해야 한다.

환경은 바꾸기에 덩치가 너무 크다. 부모, 가정, 회사, 국가 등 모든 환경이 일단 그곳에 발을 들여놓으면 빠져 나가기 어렵다. 그렇다면 오로지 주어진 환경에서 최선을 다하는 것이 바른 태도라 할 수 있다.

어쩌면 주어진 환경 자체도 선택의 대상이라 할 수 있다. 모든 환경은 축복으로 볼 수 있는 동시에 불행으로 작용할 수도 있다. 집안이 부자인 경우, 능력 있는 사업가에게는 그것이 축복이지만 탐욕을 즐기려는 부랑아에게는 재앙이다. 똑같은 환경이지만 그 환경을 사용하기에 따라서 전혀 다른 결실로 이어지는 것이다.

여기서 '환경을 사용한다'는 말에 주목하라. 환경은 '쓰임'의 대상이다. 주어진 환경이 축복의 근원으로 쓰일 수 있도록 선택해야 한다. 그러기 위해서는 환경 자체가 아니라, '환경을 긍정적으로 받아들이는 자신Self'을 선택해야 한다.

나에게 주어진 환경에서 축복을 선택하는 지혜를 가르쳐준 사람은 다름 아닌 방송인 박경림이다.[3]

그녀의 책에 짧은 글을 써준 일이 인연이 되어 강사로서 초청할 기회를 얻게 되었다. 대강당을 예약해놓고 홍보 현수막을 교내에 내걸었다. 학생들이 많이 안 오면 어쩌나 하는 걱정도 들었지만, 곧 기우에 불과했음을 확인할 수 있었다. 내 과목 수강생 중 250명이 참석했고, 현수막을 본 다른 전공 학생들도 150명이나 더 왔다. 동네 아주머니들도 상당수 보였다. 엄마 손을 붙잡고 나타난 아이들은 무슨 쇼라도 보러 온 듯 즐거워보였다. 대강당이 꽉 찼다.

강사 소개를 마치고 마이크를 넘기니 청중이 우레와 같은 박수로 그녀를 맞이했다. 그런데 바로 그 순간 공교롭게도 두 학생이 뒷줄에서 일어나 밖으로 나가려고 했다. 그들을 본 박경림은 하이힐을 신은 발로 '쾅! 쾅!' 하고 바닥을 굴렀다.

"야! 거기 두 명, 잠깐 서봐. 이 자식들이!" 그녀가 손으로 때리는 시늉을 하며 우스꽝스러운 몸짓을 보이자 대강당에는 한바탕 웃음꽃이 피어났다.

한마디로 명강의였다. 그녀는 소중한 가치에 대해 들려주었다. 주제는 '사람'이었다. 어린 시절 그녀는 집안 형편이 아주 어려웠다고 한다. 방문만 열어도 옆집에 들어갈 수 있을 정도로 집들이 서로 붙어 있어서 다른 사람들과 더불어 살아갈 수밖에 없었다는 것이다. 방과 후, 집에 아무도 없으면 너나없이 옆집 사람들과 밥을 함께 먹는 것이 일상이었다. 먹고 살기 힘든 상황에서 옆집아이가 와서 밥 먹는 데 끼면 얼마나 불편했을까. 그런데 서로의 사정을 알고 있으니 이해하고 포용하게 되더라는 것이다.

그때의 경험 덕분에 그녀는 자신의 경쟁력이 '사람'이 되었다고 한다. 언제든지 서로 도움을 주고받을 수 있는 사이가 사람과 사람의 관계임을 배웠던 것이다. 당시에는 불편한 환경이었지만, 오히려 그것이 나중에는 소중한 가치Value가 되더라고 그녀는 고백했다.

그녀는 까칠하게 대하는 선배에게 먼저 다가가 오해를 해결한 사건, 가수 김장훈 등과 함께 세상을 향한 나눔의 손길에 동참한 일 등 사람을 통해서 풀어가는 자신의 여정을 재미있게 들려주었다. 청중은

크나큰 감동을 받았다. 무엇보다 주어진 환경의 어려움을 극복해나가
는 이야기에 열광했다.

강의를 마치고 한 시간이나 넘는 사인회가 이어졌다. 그녀와 함께
사진을 찍으려고 학생들이 줄을 섰고, 심지어는 자신의 인생관이 바
뀌었다며 눈물을 흘리는 학생도 있었다. 대단한 영향력이었다.

박경림에게 '환경은 축복의 원천'이었다. 환경이란 부족하면 부족한
대로 오히려 더 많은 가능성을 주는 것이기에 그 자체를 기회로 보려
고 노력했기 때문이다. 그녀는 주어진 환경을 미래를 더 행복하게 만
들어줄 준비기간이라고 보았고, 가능한 한 주변사람들을 행복하게 해
주는 사람이 되려고 노력했다. 또한 성공적인 행보를 내딛을 때마다
환경이 얼마나 긍정적인 효과로 이어질 수 있는가를 체험했다.

특별히 내가 그날 박경림에게서 배운 것 중 하나는 바로 '속도$_{Speed}$'
였다. 생각의 속도와 행동의 속도에 의해서 환경은 축복으로 다가올
수 있다는 것이다. 생각해보자. 어린 시절 배가 고파서 옆집에 가서
밥을 먹었다. 배고픈 것도 현실, 밥이 없는 것도 현실이지만, 옆집에
가는 것은 선택이다. 만일 아무런 선택도 하지 않았다면 역시 아무것
도 바뀔 수 없다. 배가 고파 몸은 괴롭고 화가 치밀 것이다. 그런데 선
택을 하면 움직이게 된다. 미안하고, 민망하고, 고맙고…… 오만 가지
체험을 하면서 나아가며 그런 선택 덕분에 배우면서 성장할 수 있다.
환경이 성장을 돕는 셈이다. 삶의 목표가 아니라 과정을 도와주는 친
구가 된다. 대응하는 선택의 속도가 빠를수록 그렇다.

여기서 선택의 속도는 마인드와 직결되어 있다. 긍정적인 마인드면 선택이 빨라지고, 부정적이면 선택을 회피하게 된다. 좋은 결과를 기다리는 마음, 나쁜 결과는 알고 싶어 하지 않는 사람의 보편적 심리 때문이다.

선택의 속도는 그녀와 껄끄러웠던 선배와의 관계에도 적용된다. 선배가 무엇을 생각했는지와 무관하게 그녀 자신의 심리가 어색한 관계(상황)를 만들었다. 여기서 그녀가 아무런 선택도 하지 않으면 바뀔 것은 없다. 계속 혼자 오해하고 있었다면 더욱 불편해질 수밖에 없는 상황이었다. 그런데 그녀는 먼저 손을 내밀자고 선택했고 그로 인해 오히려 선배와 가까워지는 계기가 되었다.

만일 선배가 어떤 이유 때문에 실제로 그녀를 미워했다고 해도, 그녀는 빨리 선택해야 했을 것이다. 그래야 관계를 악화시킨 이유를 빨리 알 수 있으며, 자신이 실수했을 경우 만회할 수 있기 때문이다. 기억에 남을 만한 교훈을 찾았으니 이 또한 축복이다. 빠르게 미래를 선택하는 사람에게 환경은 축복이다.

선택이 빠르면 긍정적이고 느리면 부정적이 된다. 환경에 대처하는 선택의 속도를 올리면 그 환경은 축복과 감사로 다가올 수 있다. 이렇게 해서 선택의 속도는 환경에 대한 관점을 바꾸게 된다. 환경이 그리 넉넉지 못하다면 속 시원하게 그 운명에 대해 고함을 질러보자. 대신 한 가지를 다짐하자. 빠르게 선택하고 움직이겠다고 말이다. 그러면 바로 그 환경의 약점이 자신의 강점이 될 것이다.

　　두바이에서 버즈 알 아랍 호텔 수석 총괄 조리장으로 활동한 에드워드 권이 살아온 여정을 보자.[4] 신부가 되려고 결심하고 가출을 했을 때부터 그의 시련은 시작되었다. 그는 아르바이트를 전전하다가 자신의 요리가 '맛있다'는 칭찬을 듣고서 요리 분야에 뛰어들었다. 그는 환경에 등 떠밀린 삶을 살아가다가 한 차례 작은, 그렇지만 중요한 결정을 한다. 국제요리대회에서 도우미를 자청한 것이다. 여기서 '자청했다'는 사실이 중요하다. 스스로의 선택이기 때문이다. 다시 말해 요리 분야를 즐기기 시작했다는 것이다. 그러고는 세계적인 요리사가 되는 길에 접어들었다. 그에게 있어 환경은 자신의 재능을 선보여줄 고객집단이었다. 그렇게 먼저 고객을 선

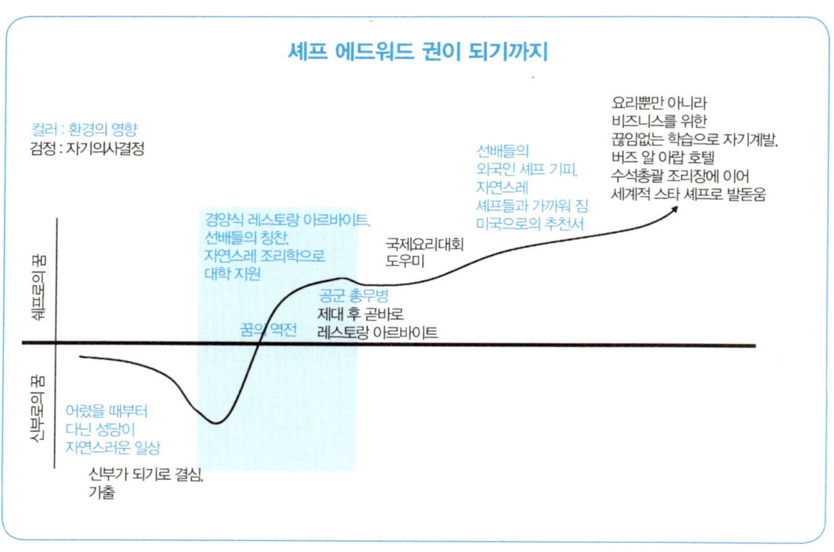

택하는 자세가 그의 인생을 통째로 바꾸어놓았다.

유리한 환경은 감사한 일이다. 그러나 불리한 환경 역시 새로운 도전의욕을 불러일으킨다. 그래서 그 또한 고마운 일이다.

목표 달성의 길에
가속도가 붙다

Y o u r   V i s i o n

인생에서 가장 곤혹스러운 단어가 '적당한 목표'다. 사실 '적당하다'는 표현이 참으로 애매모호하다. 오죽하면 텔레비전 프로그램 〈개그콘서트〉에서 '애정남'이 그토록 인기를 끌겠는가. 분명한 판단에 대한 욕구가 있는 것이다. 일상도 그러한데 자신의 미래가 달려 있는 목표라면 더욱 그렇지 않을까?

아무리 해도 달성하지 못할 목표는 우리를 지치게 한다. 때로는 실행의지를 아예 없애버리기도 한다. 직업도 노하우도 없는 사람이 5년 내에 1,000억 원 이상의 매출을 올리는 회사 대표가 되겠다는 목표를 세운다면 어떻겠는가. 아마 할 일은 물론이고 하고 싶은 일도 없어질 것이다.

너무 달성하기 쉬운 목표를 세워도 마찬가지다. 단돈 50만 원이라도 매달 월급 받는 사람이 되자고 목표를 세우면 이 또한 싱겁다. 스스로를 평가절하하는 것이며, 땅 짚고 헤엄치는 일이라 금방 흥미를 잃을 것이다.

내가 도전할 만한 목표를 세우면 좋지만 그것이 만만치 않다. 그래서 나는 먼저 우리가 얼마나 큰 목표에 도전할 수 있는가를 얘기하고자 한다. 목표의 크기는 곧 무엇을 선택할 수 있느냐와 밀접하게 연관되기 때문이다.

목표는 두 가지, 즉 '내려간다'와 '올라간다'로 생각하면 간단하다. 이도저도 아니면 현재의 모습이 목표가 되는 셈이다.

내려가는 이유는 간단하다. 환경이 불리하게 바뀌거나, 경쟁에서 밀리거나, 잘못 판단하거나, 어리석게도 자멸自滅하는 경우 중 한두 가지가 생기면 내려간다. 과거에 성공했던 경험을 가진 사람도 그 경험 때문에 자멸하기도 한다. 잘못된 판단으로 이어지는 것이다. 자기 관리에 실패한 개인뿐 아니라 열심히 일했음에도 시장에서 소멸된 기업 또한 헤아릴 수 없을 만큼 많다. 잠깐의 방심도 허용하지 않는 것이 자연과 인생의 이치다.

그럼, 올라가는 이유는 무얼까? 유리한 환경, 앞서가는 경쟁, 올바른 판단, 새로운 투자가 필요하다. 그런데 내려갈 때는 한두 가지가 치명타가 되지만 올라갈 때는 이들 대부분이 복합적으로 작용한다. 모두가 맞아떨어지면 고속 성장이 가능하다.

　　　　　　최근 몇 년간 괄목할 만한 고속성장을 거듭한 삼성엔지니어링을 예로 들어보자. 2003년, 새롭게 출범한 경영진은 2009년까지 매출액을 4배로 키웠다. 사장이 바뀐 2010년 이후에는 또 다시 매출액이 2배가 넘게 늘어났다. 8년 만에 거의 8배나 성장한 것이며, 그 사이에 시장에서의 주식가치는 70배 가까이 올랐다. 이 정도면 가히 점증형(가속형) 성장Exponential Growth을 달성했다고 할 수 있다. 그 비결이 무엇일까?

삼성엔지니어링은 위기의 순간, 즉 2003년 경영진과 구성원이 엄청난 학습을 함으로써 새로운 미래를 준비했다. 전문가를 확보하고

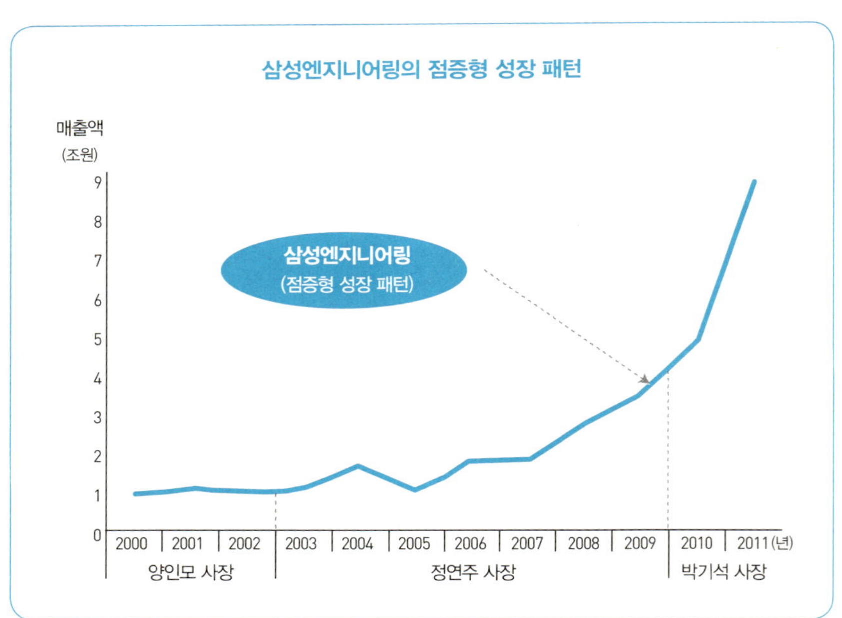

무리한 저가의 입찰을 스스로 포기했다. 또한 인내하면서 화공 분야의 사업이 활성화되기를 기다렸다. 그래서 결국 유리한 환경(정유사업 활성화), 앞서가는 경쟁(강한 몰입력과 정보력), 올바른 판단(정확한 시장 예측), 그리고 새로운 투자(인력 채용, 교육훈련, 설계기술 투자)가 모두 맞아떨어질 수 있었다.

2010년, 새로운 경영진도 마찬가지였다. 산업인프라 분야를 강화하여 유리한 사업환경을 찾아냈다. 경쟁, 판단, 투자 등 모든 핵심분야에서 과감한 리더십을 보여주었다. 세계 최고가 되려면 여전히 우선 해결되어야 할 과제들이 많지만, '글로벌 스탠더드'를 추구하는 판단력과 '글로벌 베스트'를 지향하는 몰입력이 점증형 성장모델의 기반이 되고 있다.

여기서 '점증형 성장'이란 성장곡선에서는 일반적인 유형으로, 일정하게 성장하는 것이 아니라 성장속도가 점점 빨라지는 것을 의미한다. 즉 '합'이 아닌 '곱'의 개념이고, '등속'이 아닌 '가속'의 개념이다. 경영자라면 누구나 꿈꾸는 목표지만, 실제로 그러한 목표를 성취하는 기업이 있다.

《조단위 기업의 청사진*Blueprint to Billionaires*》은 4~12년 동안 그와 같은 행운(?)을 누린, 단기간에 조단위 기업으로 급성장한 점증형 기업들을 분석했다.[5] 짐 콜린스 역시《좋은 기업을 넘어 위대한 기업으로*Good to Great*》[6]에서 비슷한 분석을 통해서 과감한 목표*Audacious Goal*의 중요성을 강조했다. 이들 모두 점증형 성장의 목표 설정이 가능하다고 말한다. 이

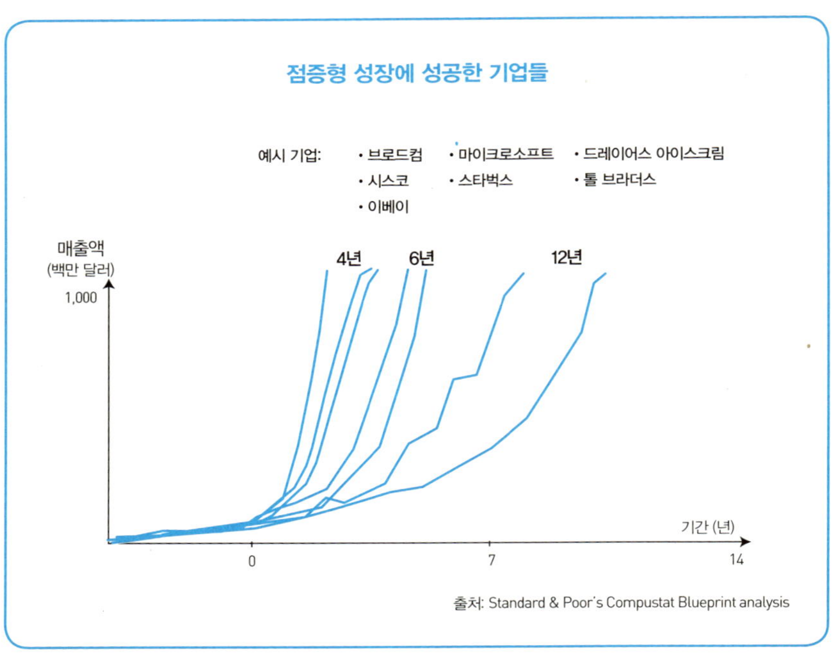

책들이 아니더라도 그 같은 급성장은 더 이상 새로운 이야기는 아니
다. 다만 중요한 것은 기업에서의 급성장이 개인에게도 적용될 수 있
느냐는 것이다.

　　　　　　개인의 목표를 설정할 때도 '점증형
성장'이 중요하다. 유명인사들 모두 점증형 성장을 경험한 사람들이

다. 중학교 시절 나는 잠시 탁구선수를 했다. 당시 연습상대였던 후배들 중 김기택 선수가 있었다. 그는 또래들 중에서 제일 잘 치지 못했고 내게도 항상 졌는데 나중에는 가장 크게 성공했다. 국가대표는 물론 서울올림픽에서 은메달리스트가 되었다. 성장곡선이 달랐던 것이다. 그는 이미 초등학교 5학년 시절부터 상대편의 실수를 기대하지 않고 자신이 빠르게 승부를 결정하는 공격형을 선택했다. 자신의 실수가 줄어들면 이기게 되는 성장곡선에 도전한 결과다. 기울기가 다른 미래 목표에 도전했던 것이다.

목표를 정하는 단계에서 가장 중요한 것은 기울기인데, 그 기울기가 항상 선형 직선이 아니라 곡선이 된다는 사실을 깨달아야 한다. 성장에 가속도가 붙는 사람의 성장곡선은 오목형Convex이고, 반대로 성장이 둔화되는 사람의 성장곡선은 볼록형Concave이다.

그러므로 성장과정이 어렵고 힘들다고 해서 자신의 역량을 저평가해서는 안 된다. 목표만큼은 거만하게 보일 정도로 커야 한다. 유리한 환경, 앞서가는 경쟁, 올바른 판단, 새로운 투자, 이 모든 요소들 속에서 오목형 성장패턴을 찾으면 된다. 그런 발상이 모여서 미래의 선택권을 바꿀 수 있다.

목표는 생각보다 가까이 있다

점증형 성장곡선을 염두에 두고 목표를 잡아도 과연 그 목표를 달성할 수 있을까 하는 의구심이 생긴다. 이때 필요한 것은 '가는 길은 멀지만 오는 길이 가깝다'는 사고방식이다. 습관처럼 익혀두면 도움이 된다.

새롭게 가는 길은 언제나 멀게 느껴지는 법이다. 선택이라는 문제를 짊어지고 가기 때문이다. 실제 거리는 변함이 없지만 가는 도중 여러 가지 일을 고민하니까 멀게 느껴진다. 게다가 미래를 예측할 수 없으니 목표 달성에 대한 조바심까지 내게 된다. 실제상황뿐 아니라 심리적으로도 불리하다.

그런데 같은 길이라도 돌아오는 길은 상대적으로 쉽게 느껴진다. 모든 것들을 예측할 수 있어서 선택에 대한 부담이 없기 때문이다.

모든 일이 그렇다. 경험하면 쉬워진다. 물론 앞으로 닥칠 어려움을 모르기에 용기 내어 도전하기도 한다. 무식하면 용감하게 되는 상황

인생에서
성장의 보폭은
점점 더 커진다!

에서는 말이다. 그러나 그것은 일시적인 현상에 불과하다.

멀어 보이는 것과 실제로 먼 것은 다르다. 모든 목표는 생각보다 가까이 있다. 예상보다 빨리 목표에 도달할 수 있다. 오죽하면 시작이 반이라고 했을까. 인생에서 성장의 보폭은 점점 더 커지기 마련이다.

어린 시절 다니던 골목이나 학교를 가본 적이 있을 것이다. 생각보다 작다는 느낌을 받았을 것이다. 어릴 때는 그토록 넓어 보이던 운동장이 지금은 몇 발자국이면 돌고도 남을 것 같다. 목표의 크기도 그렇다. 내 역량의 크기에 반비례한다. 정말 고맙게도, 성장이 본격화되면 목표는 더욱 가까워지기 시작한다. 이러한 현상은 '컴파운드 Compound, 복합 효과' 덕분에 가능하다.

점증형 성장을 예금의 복리, 즉 '컴파운드 인터레스트 Compound Interest, 복리로 설명할 수 있다. 이자에 이자가 붙는 복리 때문에 기울기가 가파르게 되는 것이다. 초등학교 책에도 나오는 쉬운 이야기다. 그런데 중요한 것은 이런 복리 개념으로 미래를 예측하며 살고 있느냐는 것이다.

예를 들어, 집안 사정이 아주 어려운 인재가 한 명 있다고 해보자. 그는 회사에 갓 입사한 신출내기다. 그의 목표는 10년 만에 집안을 일으켜 세우는 것이다. 적어도 부모를 모실 수 있는 그럴싸한 집이라도 마련하고 싶다.

그가 신입사원의 수입에 근거하여 계산을 하면 아무리 계산기를 두드려도 답이 나오지 않는다. 이자, 인플레 등 이것저것 비교하면 목표 달성은 먼 이야기가 된다. 그래서 낙담하고 어깨에 힘이 빠지는 것이다.

그러나 희망을 가져도 좋다. 두 가지 컴파운드 효과가 그를 기다린다. 즉 '금융복리'와 '누적연봉' 덕분에 그는 점증형 목표에 도전할 수 있다.

컴파운드 인터레스트의 계산법은 간단하다. 72를 이자율로 나누면 지금 저축액이 두 배가 되는 데 걸리는 햇수가 나온다.[7]

$$저축액의\ 두\ 배가\ 되는\ 데\ 걸리는\ 햇수 = \frac{72}{i\ (이자율)}$$

1,000만 원의 1년 이자율이 72퍼센트라면 1년 만에 두 배인 2,000만 원이 된다. 저축액의 크기와 상관없는 공식이다. 과거 고리대금업자가 3부월 3퍼센트 사채이자를 요구했던 시절이 있었다. 연 36퍼센트 이자라는 것을 의미한다. 그야말로 고리 High Interest 대금업자였던 셈이다. 2년 만에 갚아야 할 돈은 원금의 두 배로 늘어나는 것이다.

연이자율이 10퍼센트라고 해보자. 단리로 계산하면 두 배가 되는 데 10년 걸릴 것이 복리로 계산하면 대략 7년이면 가능하다. 당초 예상보다 목표가 가까이에 있다.

누적연봉은 기업뿐 아니라 개인의 가치곡선도 선형이 아니라 비선형, 즉 점증형이 된다는 것을 의미한다. 과거 호봉제 개념에서는 호봉이 올라갈 때마다 일정액수가 가산되었다. 일정 액수가 더해지는 개념이다.

그러나 연봉제에서는 다르다. 자신의 연봉에 상승률이 곱해진다. 연봉에 컴파운드 개념이 적용되기 때문이다. 이른바 누적식 연봉제의 본질이 복리형 연봉상승인 것이다. 현재의 연봉이 두 배가 되는 시점도 마찬가지다. 최소한의 연봉상승률을 가지고 자신의 연봉이 두 배가 되는 시점을 계산할 수 있다. 물론 연봉제라는 개념이 적용되는 직장이라는 전제가 있지만 말이다. 연봉이 아니더라도, 개인의 가치는 어떤 형태로든 복리 형태로 보상받는다. 세상은 기여한 바에 결코 무심하지 않다.

금융이자율 4퍼센트에 연봉증가율 4퍼센트를 더하면 이미 8퍼센트를 기반으로 미래를 설계할 수 있다. 그렇게 하면 단순이자만을 생각할 때와 비교해 목표는 더 가까이에 있게 된다. 그래서 훗날 목표를 달성한 뒤 후회를 한다.

'이럴 줄 알았으면 조금 더 큰 목표를 잡을 것을…….'

컴파운드 효과가 나 자신뿐 아니라 배우자, 형제에게까지 적용되고 이들과 서로 협력하는 최적의 환경이 갖춰지면 목표는 생각보다 훨씬 더 가까이 다가온다. 나아가 목표를 향해 함께 가는 여정도 즐거워진다. 파트너십의 파워가 생기는 것이다. 탁월한 경영자 대부분이 동역자의 개념에서 사업을 시작했음을 주목하자. 동역자와 함께할 때 더 큰 목표(경쟁자의 목표보다 더 큰 목표가 아니라), 즉 한 사람의 능력으로 성취할 수 있는 목표보다 더 큰 목표를 이룰 수 있다.

　　　　　　　　　　KD 운송그룹의 허명회 회장 덕분
에 워커힐 호텔에서 열린 가수 태진아의 공연을 본 적이 있다. 그룹
사원의 부인들을 1,000명 넘게 초청한 자리였다. (가족경영 차원에서 이
런 행사를 매년 5회 이상 연다고 한다). 스트레스가 확 풀리는 자리였다. 청
중은 태진아의 노래와 입담에 환호하고 박장대소했다. 그의 유머는
대부분 동료가수 송대관이나 설운도에 비교하여 자신의 우월론을 주
장하는 것이었다.

"여러분, 나는 앙코르를 해도 전혀 상관이 없습니다. 저야 워낙 히
트곡이 많지 않습니까? 그렇지만 송대관 씨한테는 절대 앙코르를 외
치지 마세요. 그분 식은 땀 흘립니다. 저와는 클래스가 다릅니다. 히
트곡이 없어서 부를 노래가 없습니다. 하하하"

이 말을 들은 청중은 배꼽이 빠질 듯이 웃었다.

"어제 정말이지 큰일 날 이야기를 들었습니다. 앞으로 설운도 씨가
1년간은 가수생활을 할 수 없다고 합니다. 정말 안타까운 일입니다.
내가 그 이유를 공개하지 않을 수 없군요. 가슴 아프지만 말하겠습니
다. 이번 장마에 설운도 씨 가발이 떠내려갔다고 합니다. 하하하"

트로트 가수들의 건강한 파트너십은 보는 것만으로도 정겹다. 혼자
가 아니라 더불어서 트로트 가수들의 몸값을 높이고 있다. 만일 그들
이 경쟁에 찌들어 지낸다고 생각해보자. 웃음의 대상이 아니라 긴장
과 부담의 대상으로 인식될 것이다. 파트너십은 그런 것이다. 나 자신
이 아니라 함께하는 모두의 가치를 키운다. 함께하는 사람들의 가치

를 점증형으로 키우기 때문에 나 자신의 몸값도 컴파운드 형태를 갖게 된다. 미래가 더욱 가까워지는 이유가 바로 여기에 있다. 혼자가 아니라 파트너와 더불어 컴파운드 효과를 높일 수 있다.

KD 운송그룹도 마찬가지다. 허명회 회장이 버스 30대로 시작한 회사는 지금 무려 5,100대를 소유하고 있고, 직원 수가 거의 9,300명에 이른다. 이 같은 성장은 회장 개인뿐 아니라 모든 구성원의 행복가치를 점증형으로 만들어주고 있다.

리얼 옵션에
투자하라

Y o u r   R e a l   O p t i o n

지금까지 미래를 준비해야 한다, 환경에서 축복을 찾아야 한다, 목표는 점점 커질 수 있다, 그리고 목표는 생각보다 가까이 있다는 점에 대해 설명했다. 그런데 이런 말이 사람에 따라서는 약 올리는 이야기로 들릴지도 모르겠다. 몰라서가 아니라 알면서도 못하기 때문이다. 힘들게 걷는 사람에게 뛰라는 독촉으로 들릴 수 있다.

한번은 혼기가 꽉 찬 조교들과 식사를 하면서 결혼준비에 대해 케케묵은 조언을 했다. 그랬더니 조교들이 바로 반박을 해왔다. 잘 알고 있지만 무엇을 어떻게 준비하느냐가 문제라는 얘기다. 준비해야 한다는 주변사람들의 잔소리가 더 짜증이 난다는 반응이었다. 아이고, 내가 실수했구나 싶었다.

언제 결혼하느냐, 언제 취업하느냐, 언제 대학 가느냐와 같이 애를 써도 해결되지 않는 일에 대해 질문 받는 사람이 스트레스를 받는 것은 당연하다. 나도 모르게 말실수를 했던 것이다. 명절에 고향에 가서 가족, 친지와 인사할 때 묻지 말아야 할 질문 목록이라는 것이 있다. 따지고 보면 그와 같은 맥락이다. 해결책이 없는 질문은 던지지 말라는 것이다.

내 말의 요점은 간단하다. 미래의 선택권Real Option, 리얼 옵션을 보장하는 선택을 하라는 것이다. 선택권을 선택한다는 말이 이해하기 어려운가? 그렇다면 한 가지 질문을 해보자.

'부자가 될 사람들의 공통점은 무엇일까?'

현재의 부자가 아니라 미래에 부자가 될 사람들의 공통점이다. 어려운 질문이 아니니 금세 답을 알아맞힐 수 있을 것이다. 그렇다. 저금통장이 많다는 점인데, 은행이 아니라 계를 많이 든 사람도 마찬가지다. 그들은 여러 가지 저축할 이유를 만들어 돈이 꾸준히 고이게 만들려고 노력한다. 만기가 되어 목돈을 찾는 것이 희망이요 즐거움이다. 텔레비전을 보면 통장 수십 개를 가진 사람들이 가끔 나오는데 실제로 일반인들도 액수가 적을지는 몰라도 통장이 많다. 뒤집어 생각하면, 통장 만들기를 즐기지 않는 사람은 부자가 되기 어렵다고 할 수 있다.

그럼 다시 한번 질문해보자.

'성공할 사람들의 공통점은 무엇일까?'

성공한 사람이 아니라 성공할 사람들이다. 저금통장과 비슷한 것을 많이 가지고 있지 않을까? 그들은 성공에 필요한 역량이나 기술을 쌓

아서 때가 되면 실력을 행사한다. 일종의 권리 행사를 통해서 자신의
가치를 키워나가는 것을 즐긴다. 투자를 하든 손발로 노력을 하든 미
래에 무언가를 '선택할 권리'를 쌓으려고 한다. 다시 말해서, 그들은
미래의 선택권을 확보하는 데 눈을 뜬 사람들이다.

이것이 바로 리얼 옵션이다. 미래를 대비해 키운 잠재력이 저금통
장과 같이 때가 되면 크고 작은 기회로 작용한다. 성공할 사람들은 리
얼 옵션을 다양하게 준비하고 즐기는 사람들이다. 그들은 리얼 옵션
에서 행복을 발견한다.

시골풍경을 머릿속으로 그려보자. 못사는 집 근처에는 과일나무가
별로 없다. 농사를 얼마나 오래 짓게 될지 몰라 대비하지 않았기 때문
이다. 아니, 농사를 그만두지 못한 채 살다 보니 미래를 생각할 겨를
이 없었는지도 모른다. 반대로 여유 있는 집안은 과일나무를 다양하
게 가지고 있다. 멀리 내다보며 과일나무를 심어두었기 때문이다. 당
장 먹을 것은 아니지만 미래의 선택권을 위해서 미리 선택하고 과일
나무가 커가는 모습을 즐긴다. 사실 과일나무를 심는다고 해서 과일
이 반드시 열린다는 보장은 없다. 그러나 선택을 하고 돈을 쓴다. 집
안 대대로 자연스레 내려오는 넉넉한 삶의 지혜다.

미래를 선택하는 습관이 생기면 많은 것들이 선순환구조에서 작동
한다. 한 가지 옵션이 역할을 다하면 또 새로운 옵션이 눈앞에 다가온
다. 옵션들이 돌아가면서 보람이 되어 나타난다. 새로움 자체가 즐거
움이요, 변화 자체가 감사할 일이다. 점증형 성장이 가능한 기반이 되

어주고, 그런 선택을 허락한 지난 환경이 축복처럼 느껴진다. 미리 이런저런 계기에 씨를 뿌리고 투자를 한 결과이다. 적금 여러 개 들어놓고 사는 것과 같다.

심리적 여유가 있을 때에는 미래가 보인다. 그런 이유로 앞서가는 강자는 종종 목소리를 높여 외친다.

'좋은 날 우산을 준비한다.'

혁신모형을 생각해보자.[8] 새로운 시장에서 선점하는 사람이 앞서가면 곧 뒤를 이어 도전자가 뛰어든다. 경쟁사회다 보니 기회와 가능성이 클수록 많은 사람들이 뛰어든다. 그것도 삽시간에 쏠리는 경우가 많다. 옛 어른들이 좋은 일은 자랑하지 말라고 했다. 누군가가 훼방할지도 모르고 금방 경쟁상황이 되어 일이 꼬일 수 있기 때문이다. 따라서 미래를 준비할 '1'의 시점이 바로 급격히 성공하는 시점이다. 이때 미래를 향한 또 다른 연구개발이 필요하다. 이미 도전모델에게 추월당하는 시기는 준비가 어려운 '100'의 시점이다. 대가를 치러야 한다는 뜻이다. 어려울 때에 최선을 다하고 여유가 생길 때에 미래를 준비하는 습관을 가질 때 리얼 옵션을 준비하는 시점을 놓치지 않게 된다.

어려울 때에는 미래를 바라보는 시야가 좁아진다. 당장 급한 불을 꺼야 하기 때문이다. 그렇더라도 리얼 옵션이 필요하다. 악순환에 빠져들지 않기 위해서 오히려 더 필요한 시기라고 볼 수 있다.

얼마 전, 지방 사범대학 교수님에게서 가슴 아픈 이야기를 들었다. 과거에는 모두가 부러워하던 사범대학교에 계시는 분이다. 학생들이

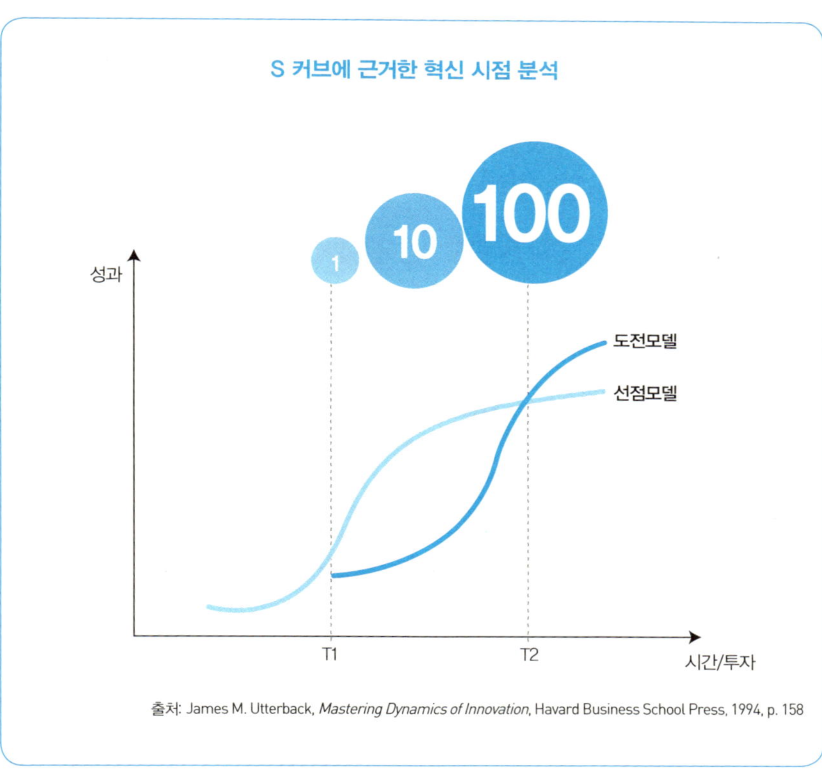

출처: James M. Utterback, *Mastering Dynamics of Innovation*, Havard Business School Press, 1994, p. 158

다들 교사가 되겠다고 공부를 하지만 정작 그 꿈을 달성하는 사람은 별로 없다고 한다. 임용고시 자체도 힘들지만 임용은 하늘에 별 따기란다. 문제는 그런 상황을 충분히 예상할 수 있음에도 제자들이 교직에 대한 미련을 버리지 못한다는 점이다. '막연한 꿈'을 목표 삼아 고집스럽게 도전한단다. 이런 상황에서 그들에게 '도전하라' 혹은 '실패해도 좋다'는 말을 하면, 듣는 학생들은 정말 화가 날 것이다.

　과연 그런 학생들에게 도움이 되는 조언은 무얼까? 학생들이 희망하는 미래의 선택권은 당연히 교직이다. 그런 선택권을 갖기 위해서 교육대학에 왔다. 문제는 알고 보니 그게 거의 가능성이 희박한 선택권에 불과하다는 사실이다. 믿었던 선택권이 실현성이 낮은 경우다.

　새로운 환경이 좋지 않은 경우, 일단 선택의 속도를 높여서 빨리 미래의 선택권을 준비해야 한다. 자신의 집중력, 학습력, 체력, 상대적인 성적 등을 냉정하게 평가하는 옵션을 선택해야 한다. 학창시절에 각자가 빨리 선택해야 할 과제다. 왜냐하면 학창시절이 바로 ‘좋은 날’이기 때문이다. 교직에 진출할 가능성이 높다면 집중력을 높일 선택을 꾸준히 해나가면 된다. 가능성이 낮다면 당연히 플랜 B, 심지어 플랜 C에 대한 선택권을 또 선택해야 한다. 결국 자기 자신에게 투자해야 한다. 자신이 가고자 하는 인생 여정에서 언제든 가치 있게 평가받을 수 있는 일을 미리 선택하면 된다.

2장

리얼 옵션을
발견하다

10대 시절 나의 멘토가 내 배를 만지시며 말씀하셨다. "뱃가죽이 왜 이렇게 얇으냐. 앉아 있는 시간이 짧구나?" 그분은 나에게 집중하라고 타일렀다. 덕분에 인문계 고교가 나의 리얼 옵션이 되었다.

20대 시절 나의 멘토는 "오늘 나를 만나러 온 선택이 더 중요하지요"라고 말씀하시며 선택하는 인생을 살아갈 것을 주문했다. 덕분에 나는 유학이라는 과분한 리얼 옵션을 준비하게 되었다.

30대 시절 나의 멘토는 나에게 세 가지를 주문했다. "항상 글을 써라. 동일한 계층을 대상으로 강의하라. 얼음판의 구멍을 기억하라." 그분은 무엇을 어떻게 하라고 말씀하셨지만, 그 모든 말씀이 나에게는 선택권으로 가슴에 다가왔다.

그때는 그랬다. 듣고, 믿고, 집중했더니 항상 새로운 선택권으로 이어졌다. 희망사항이 아니라, 진짜 선택할 권리가 내 삶의 일부가 되었다. 덕분에 나는 미래 선택권을 미리 선택하는 삶의 방식을 즐기게 되었다.

2장에서 미래의 선택권인 리얼 옵션을 발견하게 된 나의 개인적인 체험을 독자와 나누고자 한다. 어쩌면 너무 빤한 내용인지도 모른다. 준비하면 미래에 선택할 수 있다는 내용이니까 말이다. 그런데 '준비'가 아니라 '즐거운 투자'로 해석하는 순간 많은 것이 달라진다. 여기서 '왜 준비가 아니라 투자가 되어야 하는가'와 '투자를 즐긴다는 사고방식'이 중요하다. 그렇다. 즐겁고 행복한 투자를 터득하면 점증형 성장이 가능해진다.

나는 지금도 무식하다

Open Your Ears

한마디로 나는 무식했다.[9] 대학생이 되어서도 인생을 어떻게 살아야 할지 종잡을 수 없었다. 꿈이 있다 해도 너무 막연했다. 상황을 반전시켜야 한다는 '왜Why'는 있었지만 '무엇'을 그리고 '어떻게'에 대해서는 답이 없었다.

계산이 되지 않았다. 대학을 졸업한 뒤 취업을 한다고 해보자. 월급을 최대한 절약해서 부지런히 모아 작은 집 한 칸을 마련하는 데 15년 정도 걸린다. 그런데 이게 말이 되는가? 무려 15년을 저축만 하면서 버텨야 한다니 말이다. 당시 내가 처한 환경에서 내가 꿈꾸는 목표를 달성하기에는 거의 불가능해 보였다. 풍요? 그런 것이 아니라도 좋았다. 다만 최소한의 생활환경을 스스로 확보하는 것조차도 쉽지 않아 보였다. 마음은 급했지만 그렇다고 묘책이 있을 턱이 없었다. 무엇을 선택하고 어떻게 살아야 하는지 참으로 막막하기만 했다.

선택의 여지가 없었기에 대신 집중할 수가 있었다. 남의 시선에서 자유로웠던 것이다. 그들의 시선이 신경 쓰일 정도로 한가하지도 않았다. 신경 쓴다고 해도 바뀔 것은 아무것도 없었으니까 말이다. 현실에 집중하는 것이야말로 내가 선택할 수 있는 유일한 몸부림이었다.

열심히 공부한다고 소문난 선배들의 흉내를 냈다. 무턱대고 따라했다. 그들이 하는 일 중에서 내가 할 수 있는 일은 모두 시도하고 싶었다. 왜냐하면 내가 할 수 있는 일이니까. 왜 읽는지 이유도 모르면서 〈타임〉지나 〈리더스 다이제스트〉를 읽었고, 전공 분야의 영어 원서를 구해서 낑낑대며 문제를 풀었다.

real option

그러던 어느 날, 통계 문제를 풀다가 교수님에게 물어봐야겠다는 당돌한 생각을 했다. 그래서 가르치는 과목과는 상관없이 편안한 마음으로 질문할 수 있는 교수님을 찾아갔다. 학교에 새로 부임한 그분은 수업시간에 학생들에게 질문을 많이 하셨는데, 나는 그분의 수업시간만큼은 질문이 기다려질 정도로 재미있게 공부를 했다.

"교수님, 이 문제 어떻게 풀지요?"

다짜고짜 풀어달라며 문제를 내밀었다. 교수님은 당황한 표정을 지으시며 묵묵히 문제만 들여다보셨다. 배운 지 수십 년은 족히 넘었을 문제를 가져와서는 풀어보라니, 교수님으로서도 대책이 없었을 것이다. 교수님은 문제의 본질적 의미를 좀 더 깊이 있게 설명하는 정도에서 맴돌았다.

"제가 다시 풀어보겠습니다."

실망했다는 듯이 머리를 긁적이며 방을 나서는데 교수님이 내 등 뒤로 이렇게 말씀하셨다.

"신군, 오늘 신군이 나를 찾아온 선택이 더 중요해요. 바로 그 선택이 미래를 바꿀 것이거든……."

선택의 여지가 없다고 생각하며 살아온 나에게는 적잖은 충격이었다. 오늘 하루를 살아가기에도 힘겨운 나도 선택을 할 수 있다는 것이다. 그날 내가 교수님을 찾아간 것은 결코 선택이 아니었다. 그저 눈앞에 놓인 문제를 해결하려는 노력에 불과했다. 선택이 아니라 실행이었던 것이다. 그런데 교수님은 그것을 선택으로 보았다.

선택! 태어나서 처음으로, 선택의 의미가 머리를 파고들었다. 문제를 푼 것보다 문제를 풀겠다고 교수를 찾아온 것이 더 중요하다는 말씀이었다. 나는 선택의 결과가 아니라 선택 자체가 더 중요할 수 있다는 사실을 깨닫게 되었다. 알고 있는 것을 깨닫는 것이 더 중요한 것 아닐까? 그러면 언행일치가 가능해진다. 생각과 행동을 일치시킬 수 있는 힘을 키우는 것은 대단한 일이다.

그날 이후, 나는 확실히 달라졌다. 선택을 하기 시작했다. 인생의 동역자로 친구를 선택하고, 닮고 싶은 사람을 선택했다. 교수님 댁으로 인사드리러 가거나 선배들을 만나서 얘기를 들어보는 것도 모두 선택이었다. 예전과 똑같은 일상이었지만 나는 나의 행위가 나의 선

선택의 결과가 아니라
선택 자체가
더 중요할 수 있다!

택이라고 스스로에게 주입시켰다. 선택하는 삶을 살고 싶었기 때문이다. 결과와는 상관없이 '선택할 수 있다는 자체가 행복이요 기회'라는 사실을 알게 되었던 것이다. 비록 내일을 바꿀 수는 없더라도, 그렇게 선택하는 자세가 미래를 바꿀 것이라는 확신이 들어 즐거웠다. 그런 생각을 한 것 자체가 내가 성장했기 때문인지도 모른다.

그렇다고 내 삶이 얼마나 바뀔지는 몰랐다. 중요한 것은 분명 바뀐다는 교수님의 말씀이었다. 선택하고 있다고 인정하면서 살면 문제될 게 있을까? 그래서 선택을 선택했다. 바로 그 부분이 달라졌다.

시간이 지나, 지난 시절을 돌아보았다. 교수님을 만나러 갔던 그날의 선택, 교수님 댁으로 인사를 드리러 갔던 사소한 용기, 그리고 교수님의 말씀을 명심하기로 했던 순간의 선택이 내 인생을 바꾸는 계기가 되었다.

"신 교수, 멘토Mentor라는 것이 있잖아요. 그때 우리 관계가 바로 그런 거였다 싶어요."

교수님은 당시를 회상하며 그렇게 말씀하셨다. 가슴 뿌듯한 행복감이 느껴졌다. 얼마나 많은 제자들이 그분을 멘토로 생각했는지는 모른다. 그러나 나에게 소중한 것은 그분이 나를 멘티Mentee로 생각하고 계셨다는 사실이다.

나는 지금도 무식하다. 그러나 선택의 여지가 없어 고민하는 사람에게 이렇게 말해주고 싶다.

'내일을 바꾸기는 어렵지만, 5년이나 10년 후를 바꾸는 것은 쉬운

일이다.'

오랜 기간 의사결정이론을 가르치면서 수없이 확인한 교훈이다. 오늘의 사소한 선택이 큰 리얼 옵션으로 작용할 수 있다는 것이다. 미래는 미래를 향한 선택으로 바뀐다. 그러기 위해서는 먼저 귀를 열어야 한다. 듣고 배워야 한다. 귀를 열 때 비로소 선택을 준비할 수 있다.

3개월
도전과제에 몰입하다

 선택이 중요하다는 점을 안다 해도 그것을 즐기기란 결코 쉽지 않다. 선택만으로는 바뀌는 것이 없기 때문이다. 선택은 일련의 후속조치를 요구한다. 투자, 위험 감수, 도전, 인내 등과 같은 말로 표현될 수 있는 실행과정이 전제되어야만 성과로 이어진다. 결국, 선택 이후의 몰입이 더 중요하다.

'집중과 몰입이 경쟁의 최대 변수'라는 사실을 모르는 사람은 없을 것이다. 인생이라는 경주에서도 마찬가지다. 모두 다 아는 내용이다. 그런데 환경이 그냥 놓아두지 않는다는 것이 문제다. 업무에만 몰두하여 최선을 다하고 싶지만 직장 자체가 없어질 수도 있다. 소신을 지켜야 한다고 다짐하지만 치고 올라오는 경쟁자가 신경 쓰인다. 뭔가 더 효과적인 방법을 찾아 두리번거리는 자신이 싫어진다. 몰입하기에는 현실 상황이 너무나도 산만한 것이다.

나도 역시 그랬다. 때로 집중할 수 없는 현실에 화가 났다. 주먹 불끈 쥐고 덤벼본들 바뀔 것도 없어 보이는 미래가 나를 불안하게 만들었다. 생각다 못해 작은 계획을 세웠다. 참으로 사소한 시도였다. 하지만 나를 바꾸기에는 충분한 선택이었다.

나의 계획은 3개월만 자신을 즐겁게 만들자는 것이었다. 내가 용기를 갖고 시도할 만한 일을 한 가지씩 해보기로 했다. 씩씩하고 당당하게 살아나갈 용기를 주는 그런 일 말이다.

real option

첫 도전과제는 대학 도서실에 일등으로 입실하는 것이었다. 퇴실 시각과는 상관없이 일찍 들어가기만 하면 되는 간단한 일이었다. 용기를 내어 도전하는 내 자신을 체험하고 싶었다.

아침 여섯 시에 도착하니 이미 수십 명의 학생이 입구에서 기다리고 있었다. 세상 참 할 일 없는 놈들 많다 싶었다. 다음 날, 다섯 시 반경 컴컴한 새벽에 도착하니 정말 아무도 없었다. 그런데 그때 씩 웃음이 나오는 것이다. 남들이 보면 미친놈이라 할 것이 분명했지만 성취감이 느껴졌다. 비로소 목표를 달성할 수 있었다. 어두운 데서 혼자서 있다고 공부하는 것도 아니고 해서 다섯 시 45분경에 도착하려고 애썼다. 그 재미를 즐겼던 것 같다. 공부가 잘 되고 안 되고는 둘째고, 우선 3개월만 이 기쁨을 즐기자고 마음먹었다.

언젠가 〈타임〉지에 밀입국 선박이 잡혔다는 기사가 크게 나온 적이 있다. 단체로 수십 명이 체포됐던 것이다. 화물칸에 짐짝처럼 단체로 들어오다가 새벽에 체포되었다고 한다. 그런데 모두들 해변에서 추워서 벌벌 떨고 서 있는데 한 사람이 혼자 웃고 있는 것이다. 〈타임〉지는 그 사람의 얼굴을 빨간색으로 동그라미를 친 사진을 싣고는 도대체 왜 이 사람이 웃고 있는가에 대해 설명했다. 그 사람은 다시 쫓겨날 참담한 처지에 있지만 자신의 도전이 일시적으로 성공했음을 즐긴다고 분석한 내용이었다. 갈망과 기쁨을 대비시키려는 기사였다. 그러고 보면 아무리 어려운 환경에서도 기쁘게 생각할 여지는 있는 셈이다.

두 번째 도전과제로 영자신문 《코리아 헤럴드》를 매일 읽기로 했다. 신문을 읽는 행위를 스스로 확인하기 위해서 사설을 번역하기로 했다. 빈 노트를 사서 왼쪽에는 사설을 오려서 붙이고 오른쪽에는 내가 번역한 내용들을 적어 내려갔다. 단어를 몰라 사전을 참고한 것은 밑줄을 치는 방법으로 나의 어휘력을 측정했다.

사설을 계속 번역하다 보니 어느 순간부터는 영어문장이 아니라 사설 속의 작문 구조가 더 보이기 시작했다. 계속 번역을 하면서 영어보다는 오히려 국어 작문실력이 향상된다는 생각이 들었다. '이건 또 뭐야? 영어공부를 하고 싶은데 말이야.' 그런데 세상 참 묘한 것이, 뒤돌아보면 이 일도 나중에 도움이 되었다. 당시 대학생에게는 꽤 괜찮은 논술 훈련을 스스로 했던 셈이다.

그렇게 시작된 3개월 프로젝트는 계속 이어졌다. 특이한 점은 측정할 수 있는 '척도Measure'였다. 나 자신과의 약속을 지켰는가 아니면 못 지켰는가를 판단할 수 있는 잣대를 만들고 싶었다. 소크라테스의 말처럼 나 자신이 정말 누구인지를 객관적으로 측정하고 싶었다. 못하면 못하는 대로, 잘하면 잘하는 대로.

한번은 서울 구파발에 있는 고시촌에 친구들과 함께 들어가게 되었다. 3개월 동안 도대체 얼마나 공부할 수 있는지 알아보고 싶었다.

"1년 동안 매일 열다섯 시간을 집중적으로 공부하면 대개 목적을 이룹니다. 머리가 좋으면 열두 시간 집중해도 되더군요. 열 시간 이하는 머리와 상관없이 놀러온 것이나 다름없습니다."

고시원 원장이 합격에 필요한 집중력에 대해서 충고해줬다.

하루에 열다섯 시간을 계속 공부만 한다는 것은 매우 어려운 일이었다. 먹고 자는 시간 외에는 모든 시간을 공부에 집중해야만 가능했다. 한 달 정도 지나니 책이 두 개로 보이기 시작했다. 체력도 집중력도 서서히 본전이 드러나는 것이었다. 할 수 없이 공부시간을 열두 시간으로 줄였다. 처음에는 한결 쉬워졌다. 세 시간의 차이가 적지 않은 여유를 주었다. 하지만 그것도 잠시, 다시 한 달이 지나니 몸이 꼬이고 졸음 때문에 비몽사몽했다. 하산(?)을 하면서 고시생들의 책상 앞 커튼을 들쳐보았다. 부모님 사진, 십자가나 불상, 심지어 혈서에 이르기까지 모두들 처절하게 자신과의 싸움을 벌이고 있었다. 몰입하기 위해서 말이다.

엄청난 집중이 필요한 일들이 있다. 고시, 행시, 외시 공부가 그렇고 회계사나 의사 자격시험도 그렇다. 어떻게 보면 그들의 능력은 높은 지식수준이 아니라 자신과의 엄청난 싸움을 이겨낼 수 있는 정신력과 체력이라고도 볼 수 있다. 그런 고된 훈련이 훗날 복잡한 상황에서도 큰 원칙을 지켜내는 원동력이 되는 것이다. 역량이라는 것에 그런 의미가 있다.

3개월 도전과제는 나를 현실에 집중하게 해주었다. 조금만 버티면 다른 선택을 할 수 있으므로 참을 만했다. 3개월, 또 3개월로 이어지는 그런 도전이 결국 나를 바꾸었다. 성공할 때도 있고 실패할 때도 있었다. 하지만 3개월 동안만큼은 집중할 수 있다는 자신감이 생겼다. 충분한 경쟁력은 아니었지만 나에게는 용기가 필요한 일이었다.

《육일약국 갑시다》라는 베스트셀러로 유명한 김성오 대표는 어린 시절 아버지가 여러 가지 숙제를 내줬다고 한다.[10] 아버지는 매일 아침 한자가 많은 성경책을 읽게 하여 김 대표가 초등학교에 입학하기 전에 한글과 한문을 동시에 터득하게 만들었다. 덕분에 그는 초등학교를 즐겁게 보낼 수 있었다. 또한 5학년 시절 그의 아버지는 하루에 붓글씨를 한 장씩 쓰게 했다. 아버지는 1년 내내 아들이 스스로 터득하도록 옆에서 지켜보셨다. 덕분에 6학년 시절에 마산시 학예대회에서 1등을 했다.

그런 성장배경 덕분에 김 대표는 어린 시절부터 한 가지 믿음을 갖게 되었다. 3개월만 몰입하면 분명히 발전한다는 믿음이다. 그는 1년 (즉 3개월 몰입을 네 번)만 집중할 수 있다면, 그 어떤 것에도 도전할 수 있다는 자신감이 생겼다고 한다.

김 대표가 초등학교 때 터득한 일을 나는 대학생이 되어서야 배운 셈이다. 미래를 준비하는 3개월 도전과제는 정교하지는 못했지만 다양했다. 나는 큰 흐름을 유지하며 반복적으로 진행했다.

- 도서실에 오전 여섯 시에 들어가기(3개월)
- 〈코리아 헤럴드〉 영문 사설 번역하기(6개월)
- 도서실에서 저녁 열한 시에 나오기(3개월)
- 커피숍에서 두 시간 공부하기(3개월)
- 통계 책을 다섯 번 학습하기(3개월, 5번)
- 시골(경북 예천) 친구 집에서 공부하기(3개월)
- 고시촌에서 열두 시간 이상 공부하기(3개월)

이 같은 시도는 두 가지 면에서 즐거웠다. 한 가지는 선택의 즐거움이었다. 3개월만 지나면 또 다른 선택을 할 수 있기 때문이다. 선택을 통해서 스스로를 알아간다는 것이 재미있었다. 또 다른 즐거움은 신뢰감이었다. 성적표를 통해서 실행력에 대한 신뢰감을 키워나갈 수 있었다. 도전과제를 마치면 스스로 완성도를 측정해야 한다고 생각했다. 스스로를 신뢰하고 인정하는 자신self을 만들고 싶었다.

당시, 친구 넷이 그룹 스터디를 하면서 비슷한 생활을 했다. 어쩌면 그 덕분에 도전과제를 실천할 수 있었다고 할 수도 있다. 우리는 거의 매일 만나서 함께 미래를 준비했다. 지금 그들 중 세 명은 교수가 되어 있고, 나머지 한 명은 그룹의 부사장이다. 2년 정도의 몰입 훈련은 미래의 선택권을 구체화시키기에 충분한 시간이었다.

5년 전부터 나는 학창시절의 체험을 그대로 제자들에게 전수하고 있다. 한 학기 동안 자신만의 개인 프로젝트에 도전하는 과제를 내주는 것이다. 자신만의 3개월 프로젝트다. 성적에 반영되는 가중치가 무려 15퍼센트에 해당하니 무시할 수 없는 과제다. 그 대신, 자신이 즐길 수 있는 프로젝트를 선택할 권리를 준다. 학생들의 과제는 대부분은 소박하다. 그러나 그들에게는 소중한 일일 것이다. 친구 사귀기, 몸무게 줄이기, 근육 키우기, 금연, 일찍 일어나기, 영어 공부, 신문 읽기, 여행, 성적 향상 등 참으로 각양각색이다. 어떤 학생은 벌써 금주禁酒를 과제로 삼는다. 아니 벌써 그 나이에 술을 끊다니…….

나는 그들의 목표 달성 여부를 평가하지는 않는다. 결과를 그냥 정리하면 된다. 내가 가장 강조하는 것은 목표 달성 과정에서 측정하고 관리했는가 하는 부분이다. 예를 들어, '도서실 일찍 들어가기'에 도전하는 사람은 입실 시간표를 모아서 제출해야 한다. 약속을 얼마나 잘 지켰는가를 평가하는 것이다. 도전과제를 마치고 나면 자신이 어느 정도의 실행력을 가졌는지 스스로 알게 된다. 결과가 아니라 과정을 즐겨야 한다는 것을 깨우쳐주기 위해서다.

집중과 몰입은 타고난 능력이 아니다. 그것 역시 우리의 선택이다. 선택이 몰입에 우선한다. 그러므로 재미있게 몰입할 수 있는 일을 선택해야 한다. 중요한 것은 선택하여 자신을 몰입하게 만든다는 발상이다.

리얼 옵션을
체험하다

Open Your Eyes

심리학의 선구자 윌리엄스 제임스는 이렇게 말했다. "작은 결정이 피할 수 없는 운명으로 당신을 이끈다는 사실을 기억하라."[11]

학자의 주장을 빌리지 않아도, 그런 정도는 모두가 아는 상식이다. 사소한 선택이라도 운명을 좌우하는 것이 우리의 인생인데, 마음먹고 준비한 것들이 영향력이 없을 리 없잖은가. 다만, 워낙 미래가 불확실하여 어떤 선택이 어떤 결과로 이어질지 불투명하다는 점이 어려운 문제다.

생각해보면 4~5년 전에 했던 선택이 지금 나에게 영향을 주기도 하고 전혀 상관없기도 하다. 어느 길로 갈까, 어떤 교통수단을 이용할까, 무엇을 먹을까 등의 문제는 별로 영향을 미치지 않는다. 물론 그런 것도 갑작스런 사고로 이어지는 경우가 있긴 하지만 자신이 원하는 선택권을 보장하는 것과는 거리가 멀다. 왜냐하면 미래와의 연관성이 아주 미미한 선택이기 때문이다.

그럼 다시 한번 생각해보자. 몇 년 전의 결정이 오늘 자신의 선택에 영향을 주는 일들이 분명 있을 것이다. 함께했던 친구, 선배, 단체, 교육 등도 그렇다. 여기에 공통점이 있다. 선택한 이후에 상당 수준의 영향력을 쌓는 반복적인 행동이 있었을 것이다. 다시 말해, 선택권을 확보하는 데 요구되는 투자를 한 것이다. 마치 보험을 들고 꾸준히 입금해야 사고가 발생하면 보험금을 탈 수 있는 것과 비슷하다. 물론 투입의 방법은 다양하다.

이런 경우도 있다. 이름 한 번 주고받은 것이 고작인데 결혼식에 초청하는 경우다. 충분히 영향력이 쌓이지는 않았지만 뻔뻔함으로 부족한 부분을 채우는 셈이다. 투입이 부족한 상황에서 선택권을 주장하려면 무리가 따르고, 당연히 행사할 권리가 생겼는데도 잡지 않으면 투자한 결과를 날리게 된다.

3개월을 투입하는 선택과 몰입은 미래와 무관하지 않다. 절대 사소한 선택이 아니다. 사소한 선택이 거의 100번 정도 모인 결과라고 할 수 있다. 반복했으니 어떤 형태로든 그에 상응하는 결과가 누적된다. 자신감도 생긴다. 우리의 삶에 중요한 영향을 미칠 수밖에 없다.

하지만 세상이 그리 만만치는 않다. 그런 노력들이 의도했던 결과로 이어지지 않는 경우가 허다하다. 오히려 뜻대로 되지 않는 경우가 더 많다고 해야 할 것이다. 그렇다고 그 결과가 그냥 사라지는 것은 아니다. 대신 '선택권', 즉 '리얼 옵션Real Option'으로 남는다. 마음만 먹으면 선택할 수 있는 상황이 된다.

예컨대, 두 남녀가 3개월간 사귀었다고 하자. 그럼 결혼을 선택할 수 있을 것이다. 사람에 따라서 기간에는 차이는 있지만 3개월은 절대 짧은 시간이 아니다. 100일째 만남을 기념하는 것이나 백일잔치 모두 남녀가 서로 적응을 했다는 의미고, 아이가 세상에 적응할 수 있다는 것을 보여주었음을 의미한다. 3개월을 사귀고 나서도 서로 맞지 않다 싶으면 헤어질 수도 있다. '이런 사람은 안 되겠다' 하고 헤어지는 선택을 하는데, 다음부터는 그런 사람을 피할 수 있는 선택권이 생긴다. 직관이 아니라 체험에 의한 것이므로 선택할 때 확신할 수 있다. 삶의 지적 재산이 생기는 순간이다. 3개월 몰입은 그런 효과가 있다.

선택권, 즉 리얼 옵션은 꼭 시간 투자만으로 이루어지는 것은 아니다. 퇴직 후 귀농생활을 하기 위해서 일찌감치 시골에 적당한 토지를 구입해두는 사람들이 있다. 비록 한동안 잡풀만 무성할지라도, 그 땅은 주인에게 미래의 선택권을 제공하게 된다. 그리고 때가 되면 실제로 농사를 지을 수도 된다. 진짜로 선택할 수 있는 것이다. 좀 더 여유가 있는 사람은 자식은 물론 손자 대에서 활용할 만한 선택권을 사전에 준비하기도 한다. 시간이 아니라 돈을 투자해도 리얼 옵션이 생긴다. 물론 시간과 돈을 함께 투입한다면 더욱 신뢰가 가는 리얼 옵션을 마련할 수 있다.

반면에 나중에 귀농하겠다는 꿈을 입에 달고 살면서도 아무것도 투자하지 않는 사람은 시간이 지나도 입으로만 계획을 얘기하게 된다. 실제로는 선택할 수가 없다. 왜냐하면 리얼 옵션이 준비되지 않았기 때문이다.

다시 강조해서 말하지만, 미래에 행사할 수 있는 리얼 옵션을 획득하기 위해서는 돈, 시간, 관심, 열정을 미리 투자해야 한다. 리얼 옵션은 상상으로 생각하는 선택권이 아니라 실현 가능한 선택권이다.

미래를 준비하면 선택권이 생긴다는 것을 누가 모르겠는가. 그렇지만 조금 다르게 생각해보자. 선택한다고 다 성공하는 것이 아니다. 왜냐하면 미래는 불확실하기 때문이다. 그럼 무엇이 필요할까?

불확실하다는 사실을 받아들이는 자세가 필요하다. 즉, 미래를 위한 투자라고 생각해야 한다. 기대한 대로 결과가 나타나지 않아도 당황하지 않을 선택을 점진적으로 해나가야 한다. 선택이 반복될 수밖에 없으므로 작은 즐거움이 이어지는 사소한 행복을 즐길 필요가 있다.

대학생이 전공 공부를 열심히 하면 대개는 취업하는 데 유리하다. 그렇지만 취업 후 자신이 만족하고 행복한 직장생활을 하는 것은 또 다른 이야기다. 일단 직장에 들어가고 나서야 그 불확실성을 경험할 수 있다. 물론, 주어진 환경을 운명으로 받아들여 적응하는 것도 방법이지만 미리 대비를 했다면 더욱 더 알찬 선택을 하면서 살 수 있을 것이다.

공부하면서도 일정 부분을 미래를 준비하는 데에 투자해야 한다. 가고자 하는 회사를 알아보는 시간, 스펙을 쌓는 시간, 자신의 능력을 시험하는 시간, 혹은 더불어 살아가는 삶의 태도를 키우는 시간, 그런 시간들이 있어야만 취업은 물론 그 이후의 생활이 유리하게 전개될 수 있다. 미래를 사는 삶이 중요한 것이다.

미래를 준비하기 위해서는 일종의 연구개발이 필요하다. 자기 자신을 연구하고 개발한다는 태도로 살아가야 한다. 기업이 연구개발을 통해서 신기술 개발에 성공하면 그 기술과 관련된 리얼 옵션을 기대할 수 있다. 남들이 개발해놓은 기술을 선택하려면 그에 상응하는 기술료를 내어야 한다. 지금 선택해야만 미래에 실질적인 선택권을 비교적 작은 투자로 확보할 수 있는 것이다.

기업인의 이른바 정치자금 제공도 일종의 리얼 옵션을 준비하는 행위다. '보험을 든다'는 말로 비유할 수 있지만, 불확실한 미래에 대비하여 선택 영역을 넓히려는 본질에서는 같다. 나중에 입법이 필요한 경우에 자신에게 좀 더 유리한 입장에서 계획을 관철시킬 수 있다. 이른바 '작업한다'는 부정적 표현도 사실 정확하게 사용하면 미래를 준비하는 노력의 일환으로 볼 수 있다.

자신도 모르게 원하지 않는 리얼 옵션을 갖게 되는 경우도 있다. 나쁜 습관이나 체험이 그렇다. 유흥업소에 취직하면서 돈을 벌면 곧 그만두겠다며 다짐한다. 그런데 몇 달의 체험이 인생의 리얼 옵션이 되어버린다. 살아가면서 경제적으로 힘들어지면 다시 유흥업 분야에서 쉽게 돈 벌 궁리를 하게 된다. 마음은 그게 아닌데, 현실은 그런 방향으로 움직인다. 도박으로 푼돈 딴 사람, 단타 주식으로 돈 번 사람, 불법으로 일시적 성공을 거둔 사람 모두 작은 체험이 평생 리얼 옵션이 되어 스스로를 괴롭힌다. 바늘도둑이 소도둑 된다는 속담과 같다. 다른 선택권을 개발하지 못했기 때문에 선택의 여지가 없다.

점과 점이 이어지듯이
작은 시도들이 이어지고
그 선이 미래의 목표로 향한다!

학창시절의 3개월 도전과제들이 일종의 리얼 옵션을 준비하는 과정이었음을 나는 뒤늦게 깨달았다. 단지 과제를 수행하면서 나도 모르게 시간과 노력을 미래에 투자하여 불안감을 줄여나갔던 것이다. 점과 점이 이어지듯이 작은 시도들이 이어지고 그 선이 미래의 목표로 향했다. 당시에는 내가 무엇을 하고 있는지도 몰랐다. 그런데 돌이켜보면, 그때 투자한 시간들이 계속 새로운 선택권으로 이어지곤 했다.

나는 학생들에게 3개월 프로젝트를 자신의 미래 목표와 연결시키라고 권유하면서, 즐거운 주제를 선택하여 진행하되 목적이 분명한 도전을 하라고 주문한다. 책을 읽는 3개월 프로젝트를 하고 싶으면 취업하고 싶은 회사의 경영진이나 경영혁신에 대한 내용을 선택하는 것이 좋다. 경제신문을 읽는다면 자신이 가고자 하는 분야와 관련된 기사를 스크랩하면서 읽으면 도움이 된다. 3개월씩 나누어서 실행에 옮기는 것이다. 그러면서 자신의 역량과 목표의 적합성 등을 검증하면서 리얼 옵션의 가능성을 판단하라고 권한다. 작은 용기와 노력이 반복되면서 큰 리얼 옵션으로 이어진다는 것을 나 스스로가 체험했기 때문이다.

3장

당신의 인생 전략은 무엇인가

세계적인 혁신전문가 톰 피터스가 내한하여 잠실 체조경기장에서 강의를 한 적이 있다. 톰 피터스는 수많은 키워드와 새로운 관점을 짚어내는 데 모든 시간을 할애하는, 자기혁명을 꿈꾸는 사람이다. 2억 원이상의 강사료를 받은 그는 그곳에 모인 청중에게 단 네 가지 교훈만을 주고자 노력했다. 그것은 곧 초일류 조직이나 개인이 되려면 네 가지 단계를 밟아 사다리 타듯이 올라가라는 주문이었다.

첫째는 문제해결자가 되라는 것이다. 문제를 알면서도 고칠 수 없는 사람은 인재가 될 수 없다고 한다. 둘째는 체험하라는 것이다. 그는 초일류에 대한 체험이 필요하다고 주장한다. 그런데 이들 두 가지는 쉽다고 한다. 특히 지금과 같은 정보와 지식 공유 사회에서는 말이다. 문제를 알면 백방으로 알아보아 해결할 수 있고 좋은 것이 있다면 못 가볼 곳이 없는 세상이다.

문제는 세 번째인데, 그는 높은 목표, 즉 꿈을 볼 수 있어야 한다고

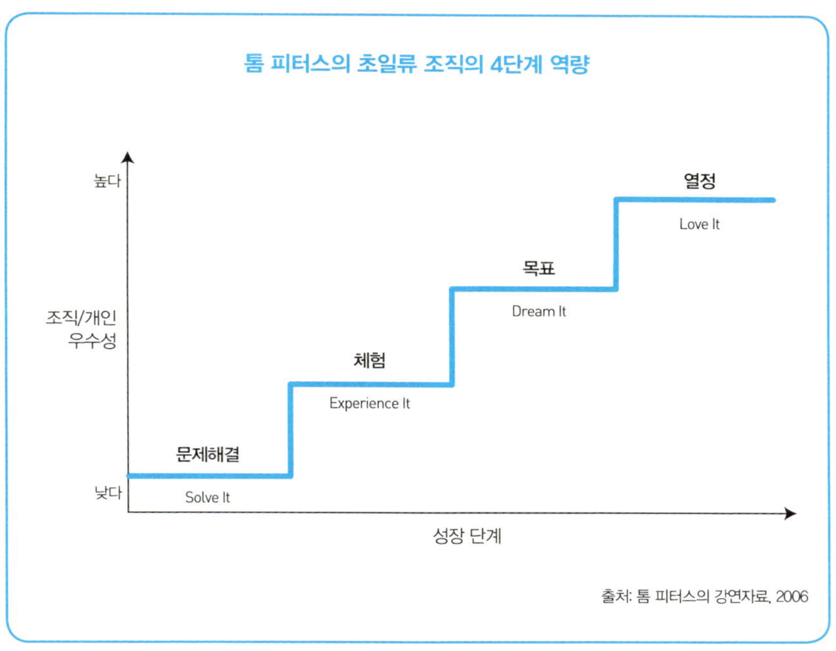

주장한다. 'You Dream It!' 남이 못 본 관점과 이상향을 제시할 수 있어야 한다는 말이다. 그리고 마지막으로 사랑할 수 있어야 한다는 것이다. 'Love It!' 바로 그 목표를 사랑하는 열정이 필요하다는 의미다.

오래 살지는 못했지만 존경받는 인물을 생각해보자. 이순신, 안중근, 박정희, 전태일에 이르는 다양한 분들이 공통으로 가지고 있는 것이 있다. 그들의 이상향과 그에 대한 열정이 남달랐다. 완벽하진 않았지만 자기관리, 세상을 보는 안목, 차원 다른 목표, 그리고 목숨을 건 열정과 사랑. 그런 것들이 보통사람들과는 확연히 달랐다.

3장에서는 리얼 옵션의 효과를 강조하려고 한다. 리얼 옵션을 통해 반드시 초일류 인재나 위대한 사람이 된다고 주장할 수는 없다. 그러나 그런 방향으로의 작은 시도임에는 틀림없다. 환경의 반전을 꿈꾸는 사람, 자신이 누구인가를 확인하고 싶은 사람, 10퍼센트 투자로 미래의 대안을 만들고자 하는 사람, 그리고 작은 행복을 반복적으로 점점이 이어가고 싶은 사람에게 왜 리얼 옵션이 필요한가를 말하고 싶다. 새로운 가치는 구체적인 가이드라인에 의해서 만들어지기 시작한다.

누구나 다윗을 꿈꾼다

Change your Life Distribution

로마에 가면 다윗 조각상을 볼 수 있다. 다윗은 몸 뒤로 슬쩍 돌려 숨긴 오른손으로 작은 돌을 굳게 쥐고 있다. 특이한 점은 그가 피렌체를 날카롭게 바라보고 있다는 것이다. 미켈란젤로가 작품을 통해서 당시 피렌체의 기득권층을 향해 무언의 메시지를 전달한 것이라고 가이드는 설명한다.

누구나 다윗의 꿈을 꾼다. 눈앞에 버티고 서 있는 거대한 장벽을 무너뜨리고 싶은 것이다. 그렇다면 그 장벽을 무너뜨리기 위해서 손에 무엇을 쥐고 있는가 생각해보자. 뭔가 던질 것이 있어야 일이 생기지 않겠는가.

장 사장은 내가 헬스를 하면서 만났던 분이다. 그는 선이 아주 굵은 사람이다. 보험회사 임원으로 일하는 분이어서 신용을 중요하게 여기며 대세를 보는 판단력이 남다르다.

그는 젊어서 전주 지역에서 교직으로 사회생활을 시작했는데, 학교 업무에서 탁월한 능력을 인정받아 교과부(당시 문교부) 본부로 승진 전보발령을 받았다고 한다. 지방에서 중앙으로 진출하는 것이니 당시에는 쉽지 않은 일이었다. 학교에서는 경사라며 대대적으로 축하해줬고, 본인도 꿈에 부풀어 서울로 상경했다. 그러나 정작 출근을 하니 상황은 예상대로 전개되지 않았다. 부임되어 왔는데 도통 일을 주지 않는 것이었다.

원인은 두 가지였다. 명문대 출신이 아닌데다가 상사가 싫어하는 지역의 출신이었기 때문이다. 결국 그는 6개월간 마음고생만 하다가 공직생활을 포기하고 민간 기업으로 직장을 옮기고 말았다. 고향 동료들의 성원에도 불구하고 학연과 지연의 높은 벽에 좌절한 것이다.

"그래도 그때 버텼어야 했는데 말이야" 하며 그는 한탄을 했다.

세상은 돌고 도는 것이다. 그분의 아들이 명문대에 합격했다. 해병대처럼 단결력이 좋다는 대학이다. 그런데 입학도 하기 전에 동문회에서 연락이 와서 가보니, 지방 경찰청장 같은 지역 유지 선배들 몇 명이 합격생들에게 고급음식을 대접하며 축하파티를 열어주더라는 것이다. 아버지도 만나기 힘든 사람들이 이제 갓 고등학교를 졸업하는 학생들에게 극진한 대접을 해주고 적지 않은 돈을 봉투에 넣어 입학준비금이라며 챙겨주었다고 한다. 집으로 돌아와 침을 튀기며 자랑하는 아들에게 아버지는 이렇게 말했다.

"애야, 어깨에 힘 빼라. 그런 전통이 꼭 좋은 것은 아닐 수도 있으니 말이다.”

아들이 기뻐하는 모습에서 젊은 시절 뼈저리게 느낀 학연의 쓰라림이 생생하게 떠올랐던 것이다.

어떤 사회든 강자와 약자가 함께 존재한다. 강자는 자신의 화려한 위치를 오랫동안 누리려고 노력하고, 약자는 하루빨리 서글픈 신세에서 벗어나려고 애쓴다. 모두가 역전에 환호하는 것은 역전과 반전이 있는 세상이라야 다시 뛸 용기가 생기기 때문이다. 공평한 환경에 대한 기대가 주는 힘이기도 하다. 사람들이 축구에 열광하는 이유도 마찬가지다. 축구는 수많은 운동 종목 중에서도 가장 이변이 큰 종목이다. 막판까지 어떻게 될지 모른다. 일이 되려고 하면 불과 5분을 남겨놓고도 여러 골이 터지기도 한다. 그래서 끝까지 기대감을 갖고 경기를 지켜보게 되고, 추가시간이 더욱 긴장감을 높여준다.

나는 어려운 환경과 싸우는 후배들에게 ‘환경이라는 굴레를 뛰어넘을 방법’을 가르쳐주고 싶다. 지금 당장 행복을 주는 리얼 옵션 만들기에 도전하라는 것이다.

영화 〈아바타〉로 유명한 제임스 캐머런 감독은 영상학과 출신이 아니다.[12] 4년제 명문대를 갈 수 있는 경제력이 없어서 2년제 대학에 입학하여 물리학을 전공했다. 과학기술 분야에 관심이 많았던 터라 그저 막연한 생각으로 과학자가 되고자 하는 목표를 세웠다. 그러나 물리학에 흥미를 느끼지 못한 그는 전공 공부보다는 독서와 작문에 시간을 보내다가 결국 낙제를 했다.

트럭 운전기사를 해야만 했던 상황도 있었지만, 그는 자신의 재능을 보여줄 새로운 환경을 찾는 데 집중했다. 틈나는 대로 소설을 쓰면서 재능을 다듬고, 영화에 관한 책과 논문을 섭렵하며 독학으로 영화 지식을 습득했다. 생활비를 버는 것과 미래의 선택권을 준비하는 것을 철저하게 분리했던 것이다. 가까스로 영화계에 입문한 순간 캐머런은 금방 능력을 인정받게 됐다. 준비를 했기 때문이다.

우리는 항상 다윗이 되고 싶어 한다. 객관적인 불리함을 극복하고 강자와 싸워야 하는 언더도그Underdog, 약자는 더욱 그렇다. 환경이 열악할지라도 세상을 향해서 야심차게 돌을 던져 승리하고 싶다. 이런 상황일수록 더욱 정교한 리얼 옵션으로 미래에 대한 선택권을 준비해야 한다. 다윗처럼 믿음을 가지고 작은 돌을 손에 쥐어야 한다.

종이피아노로 꿈을 키우다

Change your Dream to a Reality

오래전 피아노는 부자의 상징이었다. 시집을 갈 때 피아노를 준비할 수 있는가로 혼수의 규모를 판단했을 정도다. 그런데 피아노를 설치할 수 있는 주택 확보가 문제였다. 셋방살이나 전세살이에서는 피아노 소리가 시끄럽다는 이유로 주인의 허락을 받기 어려웠다. 실제 음악을 전공하는 어린이에게는 꼭 필요한 악기이므로 큰 투자에 해당되는 일이었다.

음악에 재능 있는 아이가 피아노를 사달라고 조르면 살림이 넉넉지 못한 부모로서는 속이 탈 수밖에 없다.

"조금만 더 기다려. 대신 엄마가 종이로 피아노를 만들어줄게." 엄마는 깨끗한 갱지를 사다가 피아노 건반을 종이 위에 그려준다. 흰 건반을 먼저 그리고 검은 건반을 그 위에 표시하여 만든 '종이피아노'.

"야, 신난다. 엄마, 나도 이제 피아노가 생겼네." 아이는 탁자 위에 종이피아노를 올려놓고 열심히 건반을 두드린다. 비록 음은 들리지 않지만, 아이는 연신 고개를 끄덕이며 즐겁게 연습한다.

아무도 소리를 듣지 못하는 가짜 피아노. 하지만 아이와 엄마의 귀에는 피아노 소리가 생생하게 들릴 것이다. 피아니스트가 되겠다는 꿈으로 어려운 환경을 극복하고 있는 것이다. 나만 피아노가 없는 것이 아니므로, 종이피아노라도 감지덕지다. 부모가 쓸데없이 피아노 치지 말라고 야단치는 것보다는 수십 배 행복한 환경이다.

카네기홀 선정 세계 3대 피아니스트로 평가받는 서혜경 교수도 종이피아노로 자신의 꿈을 키웠다고 고백한다. 비록 소리 없는 피아노지만, 자신의 꿈을 성취하는 것이 소중했기에 그녀는 주어진 환경에서 최선을 다했던 것이다. 남부럽지 않은 환경이 아니라 남부럽지 않은 꿈을 추구하는 데 열심을 다했다. 멋진 도전이었다.

천재 화가 이중섭도 마찬가지였다. 그는 종이 대신 은박지에 그림을 그리며 어려운 여건을 극복했다.

축구황제 펠레 역시 헝겊으로 축구공을 만들어 기술을 연마했다고 한다.

그들의 꿈 앞에서 불우한 환경은 사소한 불편함에 불과했다. 꿈도 결국 현실의 일부로 작용하고 있는 것이다.

모든 경쟁력은
커브 길에
숨어 있다!

이제 종이피아노는 사라졌다. 피아노를 빌려 쓸 수도 있고, 피아노가 아니더라도 중고품 전자건반을 구입하거나 공공시설에서 컴퓨터나 전자기기를 얼마든지 사용할 수 있다. 그만큼 넉넉한 환경이 되었던 것이다. 재능과 열성이 문제일 뿐 환경을 탓할 수는 없다.

안타까운 사실은 텔레비전 드라마 속의 이야기가 종이피아노의 자리를 더욱 없애고 있다는 점이다. 아무리 어려운 환경에서 사는 사람도 몇 번의 행운으로 쉽게 성공한다. 통쾌한 반전이다. 그러나 땀과 노력이 수반되지 않은 상상 속의 반전은 오히려 현실에서 도전의식을 좌절시킨다. 조금만 어려워도 더 좋은 환경을 찾아 헤매는 메뚜기가 되어버린다. 현실은 상상보다 쉽지 않다.

경쟁력은 커브 길에 숨어 있는 경우가 많다. 평소에는 잘 보이지 않다가도 급박하거나 어려워지면 그 모습을 드러낸다. 더 좋은 환경을 찾아서가 아니라, 현재 상황이 차고 넘쳐서 새롭게 도약하는 사람이 강하다. 그들의 사고방식은 일상에서부터 남다르다. 삶의 보람은 목표를 달성하는 과정에서 보상받는 선물이라고 생각한다. 상상 속의 큰 성취가 아니라 주어진 환경에서 도전할 수 있는 작은 실행을 즐긴다. 자신이 할 수 있는 일에 집중하는 것이다.

리얼 옵션을 준비하는 작은 도전이 바로 우리의 종이피아노다. 장차 내 것이 되리라 확신하며 열심히 현실에 몰입하게 만드는 수단이 되어준다. 천천히, 아주 천천히 자신의 도전하는 모습을 바라보라. 그 모습에서 아름다움을 볼 수 있어야만 자신만의 종이피아노를 가진 인생을 살 수 있다. 자신의 종이피아노를 단 3개월만이라도 세상에 내놓고 연습을 해보자. 상상 속의 꿈이 아니라 내 삶 속의 리얼 옵션으로 발전시켜나가야 한다.

수너스는 미래 개척에 바쁘다

Convert your Uncertainty to an Option

2011년, 삼성그룹의 이건희 회장은 17일간 해외시장을 돌아본 뒤 귀국하여 삼성이 지금처럼 해서는 안 된다고 말했다. "앞을 보고 뛰어야겠다. 앞을 보고 뛰는 것이 중요하다."[13] 세상에 뒤를 보고 뛰는 사람은 한 사람도 없는데 도대체 이게 무슨 말일까? 결론은 하나다. 남들보다 멀리, 길게 보고 앞서 뛰는 안목과 실행력이 필요하다는 뜻일 것이다.

남들보다 멀리 보고 앞서 뛰는 사람들이 바로 수너스Sooners다. 더 빨리 새로운 개척지를 차지하려고 노력하는 '발 빠른 그룹'이다. 이 회장의 주문은 수너스가 되라는 주문이기도 하다. 수너스는 미래를 가깝게 보는 사람이다. 그들은 먼 미래의 일이 아니라 곧 내일 다가올 일이라고 믿는다.

수너스의 가장 큰 특징은 미래 개척에 바쁘다는 것이다. 그들은 연구를 통해서 새로운 역량이나 시장의 가치를 끊임없이 탐색한다. 개인으로 보면 자기계발에 강한 사람이고 기업으로 보면 R&D Research & Development, 연구개발 혹은 R&BD Research & Business Development에 투자하는 회사다. 다시 말해서, 그들은 이 책에서 강조하고 있는 리얼 옵션을 앞서 준비하려는 노력을 기울인다.

투자와 저축을 철저하게 구분해야 한다. 수입의 일부를 저금하는 행위는 투자가 아니다. 자금을 잃어버릴 위험이 전혀 없기 때문이다. 투자는 손실 가능성이 있을 때만 쓰는 용어다. 투자 자금이 완전히 사라질 가능성도 있다. 수입의 10퍼센트를 '친구 사귀기'에 쓴다고 생각해보자. 종종 밥이나 술을 사지만 그 결실은 아리송하다. 좋은 관계가 되어 먼 훗날 보상받을 수도 있지만, 오히려 돈 헤픈 친구로 오인받아 낭패를 볼 수도 있다. 투자는 그래서 어려운 것이다.

여러 전문가가 온갖 지식과 지혜를 모아 경영하는 기업을 생각해보자. 그들은 자금 확보와 투자를 별도로 관리한다. 자금 확보(자본이나 운영자금 확보)는 축적의 개념이고 투자는 선투입(기술, 설비, 인력 등)에 해당한다. 미래의 가치를 위해서 대비하는 활동이다. 기업경영의 꽃이 바로 이 부분이다. 정확하게 판단하고 올바르게 투자하는 경영자의 리더십이 사활과 성패를 좌우하기 때문이다.

기업의 품질전략에 대한 연구결과를 제시한 그림을 살펴보자.[14] 고품질 역량을 확보할 수만 있다면 지속적 성장이 가능하다. 전략은 세 가지다. 성장, 절감, 그리고 균형을 생각하는 방식이다. 처음 화살표에 제시된 숫자는 선택선호도이고, 두 번째 숫자는 고객만족 및 재무성과와의 상관관계다. 양의 값이 1에 가까울수록 관련성이 크다는 것을 의미한다. 그림에서 눈여겨볼 것이 원가절감형 전략이다. 이런 방식은 오히려 고객만족과 재무성과에 부정적 효과를 가지고 있다. 투자를 하지 않는 절약은 장기적인 발전에 큰 도움이 안 되는 것이다. 기업도 인심을 잃고 성장도 주춤거린다.

한때 세계 최고 자동차회사였던 GM이 파산까지 치닫던 시기가 있었다. 미국의 자존심인 회사가 상상도 못 할 위기에 처한 것이다. "숫자나 만지작거리는 빈카운터(회계 전문가, 콩이나 세는 사람이라는 일종의 비아냥)들이 브랜드를 책임지는 카 가이(자동차 전문가)를 밀어냈기 때문

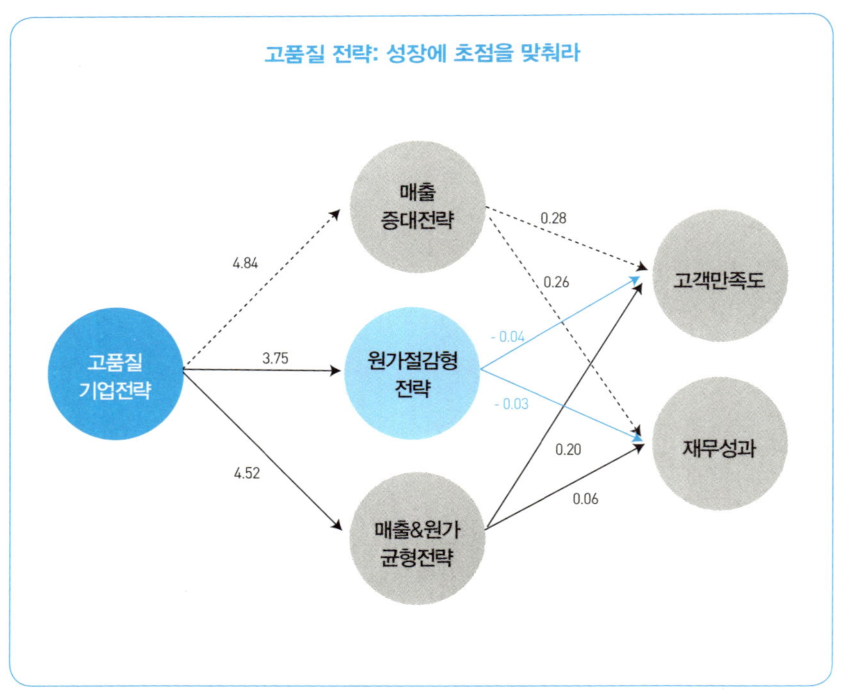

이다"라고 밥 루츠 신임 사장은 말했다.[15] 회사가 원가절감을 1순위로 하는 회계팀에게 휘둘렸음을 탄식하는 얘기다.

우리의 인생도 마찬가지다. 자신의 소중한 가치와 잠재력을 키울 수 있는 기회가 마음속의 회계팀에게 지배당해서는 안 된다. 저축도 투자를 위한 준비다. 저축 자체가 목적일 수는 없다.

'앞을 보고 뛰는 본질적인 목적'은 다가올 미래와 소통하는 것이다. 소통이 되어야만 신뢰가 생기고 정확하게 판단할 수 있다. 그런데 바로 그 소통이 가능하려면 눈높이가 맞아야 한다. 역량의 수준, 지식의 수준, 정보의 수준, 그리고 형식의 수준이 비슷해야 공감대가 형성되고 그로 인해 앞서가는 판단을 할 수 있다. 이들 모두 미래를 향한 투자 없이는 확보할 수 없다. 성장은 투입의 결과물이다.

수입의 10퍼센트를 희망에 투자하라

Convert your 10% Asset to a Hope

이쯤에서 꼭 짚고 넘어가야 할 질문이 있다. 리얼 옵션을 준비하려면 과연 어느 정도 투자를 해야 할까? 모든 리얼 옵션은 당연히 투자를 요구한다. 거듭 말하지만 돈, 시간, 열정, 관심 등을 투입해야만 미래의 선택권을 확보할 수 있다. 그러면 도대체 얼마만큼의 자원을 투입하는 것이 바람직한가?

리얼 옵션에 대한 투입 수준을 결정하는 문제는 크게 세 가지 관점에서 볼 수 있다. 첫째, 기업의 연구개발과 비교하는 관점이다. 개인이나 조직이나 행위적 방식은 유사하다는 것에 근거한 설명이다. 둘째는 인간관계의 영향력에 대한 연구결과로 보는 관점이다. 사람이 더불어 살아가는 과정에서의 관찰에 초점을 맞춘다. 마지막으로는 종교적 헌금에 착안하여 본다. 일상에서 투자 수준을 찾아보고 싶어서다. 결론은 '수입의 10퍼센트를 리얼 옵션에 투자하라'는 것이다.

우선 리얼 옵션을 기업의 연구개발R&D과 대비해보자. 연구개발은 '실패할 수 있다'는 점을 전제로 시작하는 것이 가장 큰 특징이다. 반드시 성공해야 한다면 우리는 그것을 사업이라고 부르지 연구로 분류하지 않는다. 마치 펌프에 마중물을 부어넣듯이 더 나은 신성장동력을 찾기 위해 선투자를 하는 것이다. 금방 물이 올라오는 경우도 있고 한없이 마중물만 넣어도 소식이 없는 경우도 생긴다. 실패로 끝날 수도 있는 것이다. 연구개발을 하지 않고, 아예 신기술을 소싱(필요기술이나 기능을 기업 외부에서 확보하는 행위)하거나 매입하는 경우도 있다. 이것 역시 마찬가지다. 리스크를 안고 일시적으로 투자하는 것이므로 연구개발의 변형에 불과하다. 연구개발비를 저축했다가 선택권 매수에 일시에 투입하는 형태다.

기업은 보통 매출액의 3~5퍼센트 정도를 연구개발 예산으로 투입한다. 원하는 성과를 보장하지 못하면서도 투입하는 지출이다. 다시 말해, 95퍼센트 수준은 현재 사업의 운영에 투입하고 5퍼센트 수준을 새로운 개척지를 위해서 투자하는 셈이다.

구글이나 3M 같은 회사는 직원 근무시간의 15퍼센트를 새로운 발상과 아이디어 발굴에 사용하라고 허용한다. 이 역시 자원의 일정 부분을 연구개발에 투자하는 것과 같다. 구성원 각자가 추구하는 커리어는 다르지만 새로운 가치 창출을 위해 미래 옵션을 준비하는 것은 똑같은 맥락이다. 교육비까지 연구개발 투자비에 포함하면 통상 10퍼센트에 가까운 비용을 미래에 투자한다고 볼 수 있다.

물론 연구개발 투자 수준은 경영자의 철학과 기업 전략에 따라서

천차만별이다. 과도하게 투자하면 현재 사업에 여유가 없고, 반대로 전혀 투자를 하지 못하면 미래 대비가 부족하다. 2009년 초, '큰 생각 Big Think 전략'으로 유명한 번트 슈미트 교수가 한국을 방문했다. 미국 컬럼비아 대학원에서 국제경영학을 20년간 강의해온 석학이다. 그는 현재 상황을 유지하려는 것은 '작은 생각'이고 통념을 깨고 '큰 생각'을 해야 성공이 보인다고 강조했다.

"구글을 보세요. 구글은 업무시간 중 절반을 '작은 생각'에 해당하는 일상적 문제해결에 사용하게 합니다. 구글이 아이디어를 생산하도록 유도하는 시간은 30퍼센트 정도지요. 나머지 시간에는 놀고 취미생활을 하거나 영화를 봐도 됩니다."[16] 구글의 성공요인은 업무시간의 50퍼센트 정도를 '큰 생각'을 하는 데 투자하는 것이라는 얘기다.

업무시간의 50퍼센트. 과연 우리는 자신에게 주어진 시간의 반을 미래를 위해 투입할 수 있을까? 새로운 시도를 준비하기 위해서 그런 결단을 할 수 있을까? 물론 쉽지 않을 것이다.

얼마만큼을 투자하느냐는 문제는 참으로 마음먹기에 달려 있다. 나는 유학을 목표로 두었던 시절에는 전공 공부보다 영어, 원서 공부, 타자 연습(당시는 타자를 쳐서 보고서를 제출했다) 등으로 미래를 준비했다. 그렇게 70퍼센트는 미래에 투입했다. 유학자금도 확보하지 못한 불확실한 상황이었지만 목표가 분명했기에 투자했다. 유학생활 중에는 일본어를 배우겠다고 일본 만화책을 한동안 읽기 시작했다. 하루 30분, 전체 시간의 약 2퍼센트를 사용했다. 그런 노력으로는 기대하는 옵션이 만들어지지 않았다. 귀국한 뒤에는 나는 월간지에 'CEO 리더십 이야기'를 쓰는 일에 도전했다. 매달 여러 가지 리더십 관련 논문이나 서적을 읽으면서 양질의 글을 만들려고 노력했다. 백분율로 따진다면 10퍼센트 정도는 투자를 했다. 24개월 연재를 마치고서 다시 1년을 집중적으로 투자하여 3년 만에 책을 출간하는 행운을 경험했다. 그 노력 덕분에 리더십 분야는 내 인생의 리얼 옵션이 되었다.

앞서 언급했던 짐 콜린스는 하루 일과 중에서 44퍼센트를 창조적인 일에 투입한다고 한다. 물론 직업적인 특성도 있겠지만, 그가 얼마나 미래지향적으로 살고 있는가를 엿볼 수 있다.

리얼 옵션을 준비하는 것은 개인이 연구개발에 투자하는 것과 같다. 투자 수준은 미래의 불안함을 없애고 싶은 의욕에 의해서 결정된다. 아무런 대책도 없이 갑자기 새로운 길을 선택할 수는 없다. 왜냐하면 선택은 신뢰를 담보로 결정되기 때문이다. 친구를 따라서 선택하는 것도 믿는 구석이 있기에 가능하며, 그 믿음 역시 투자에 의해서 형성된다.

기업의 연구개발 투자와 교육훈련비를 감안하면 '매출의 10퍼센트'라는 투자비율로 초점이 맞춰진다. 정교한 분석에 근거를 두지는 못했지만 리얼 옵션에 대한 투자 수준으로 활용할 만하다. 이 책에서 10퍼센트 리얼 옵션 투자를 주장하게 된 초기 근거이기도 하다.

리얼 옵션에 대한 10퍼센트 투자는 사회적 현상에 대한 연구결과에 근거해서도 설명할 수 있다. 에드 켈러와 존 베리가 쓴 《영향력 있는 사람들_The Influentials_》에 소개된 바에 의하면, 입소문을 통해 영향력을 행사한다고 여겨지는 '영향력 주도층'이 대략 10명 중 1명, 즉 전체 인구의 10퍼센트에 해당한다고 한다.[17] 그 10퍼센트에 해당하는 '마법 그룹'의 특징을 규명하지는 못했지만, 그들이 정보 공유에 영향력을 발휘한다는 것을 연구를 통해 밝혀냈다. 10퍼센트의 집중된 활동이 사회의 정보 흐름을 좌우하는 것이다.

리얼 옵션에 대한 투자도 유사하다. 투자 방식에 대한 구체적 성공 패턴은 도출하기 어려워 보인다. 그러나 자신의 10퍼센트를 특정 목표에 지속적으로 투자한다면, 그 방향에 대한 몰입이 한 사람의 인생에 커다란 영향력을 미칠 수 있다. 바꿔 생각하면, 리얼 옵션에 대한 희망_Hope_을 담보하기 위해서는 전체 자원 중 최소한 10퍼센트를 투입해야 한다. 그것도 아주 효과적으로 투입해야만 미래 선택권을 확보할 수 있다.

마지막으로, 종교생활에서 리얼 옵션을 대한 투자 비율을 결정하는 가이드라인을 찾아볼 수 있다. 그것은 바로 그리스도교의 십일조에 대한 나름의 해석이다. 신실한 종교생활은 헌금과 헌신을 필요로 한다. 물질과 시간을 쏟는 곳에 믿음이 생기기 마련이다. 대표적으로 등장하는 비율이 10퍼센트, 즉 10분의 1이다. 물질적 수입의 10퍼센트를 의미하는 십일조는 물론 시간과 관심에서도 그 정도의 헌신을 권고한다. 그 대가로 불확실한 미래에 대한 믿음과 평안을 얻게 된다.

꼭 대가를 바라며 헌금을 하는 것은 아니지만 아무런 도움이 안 된다면 쉽지 않은 투자다. 계산적인 시각에서 본다면 '믿음에 대한 투자'로 볼 수도 있다. 몸과 마음을 투입해야만 미래에 대한 확신이 생기는 것이다. 십일조는 개인적인 집중력을 도와준다. 목표가 뚜렷하기에 집중하게 만들어준다. 불안감으로 이리저리 방황하며 낭비하는 돈과 에너지를 생각하면 미래에 대한 확신은 소중한 개인 자산이다.

리얼 옵션을 준비하기 위해서는 믿음이 필요하다. '안 되면 말고' 식의 발상으로는 돈과 시간을 낭비하는 것으로 끝난다. 자신의 수입과 시간의 10퍼센트를 리얼 옵션 프로젝트에 투자해보라. 그 정도 수준은 되어야 리얼 옵션에 대한 신뢰가 생기고 오늘 하는 일에 몰두할 수 있다.

10퍼센트 투자의 의미는 생각보다 크다. 하루에 두 시간 반을 의미하며 소득의 10퍼센트에 해당한다. 10억 원을 가진 사람이 1억 원을 투자하는 것이다. 100억 원 규모의 부자는 10억 원을 투입하는 셈이므로 긴장하지 않을 수 없다. 월급의 10퍼센트를 지속적으로 한 방향으로 투자한다고 생각해보라. 무심히 그렇게 할 수는 없을 것이다.

한 가지 주의할 점은 빚까지 지면서 리얼 옵션에 투자하지는 말라는 것이다. 금융 전문가들은 한결같이 은행 돈, 즉 남의 돈으로 투자하지 말라고 당부한다. 여기서의 돈은 '신세지는 마음의 빚'과도 비교될 수 있다. 욕심내지 말고 작게 시작하라. 미래를 향한 여정은 나도 즐겁고 주위 사람도 즐거워야 한다.

1천 시간을 투입하는 3-3-3 전략

Simulate for 1,000 Hours

'선택'과 '집중'은 협력적인 동시에 서로 모순적이다. 두 단어를 시간차를 두고 적용하면 멋지게 어울린다. 먼저 선택을 한 후에 집중하면 된다. 선택할 때에는 신중하고 집중할 때에는 산만함을 최소화하라는 의미다. 그러나 우리의 일상은 그리 단순하게 정돈되지 않는다. 선택과 집중이 동시에 필요한 상황이 긴급하게 다가온다. 선택하는 동시에 몰입해야 하고, 반대로 몰입하다가도 선택해야 할 상황으로 내몰린다. 여러 가지 일들이 다발적인 변화에 직면하기 때문이다. 결국 주어진 시간 중에서 대부분이 현업에 집중하면서도 일부 시간은 선택을 위해서 할애해야 한다.

하버드 대학교의 라이트 교수는 그

의 저서 《하버드 수재 1600명의 공부법*Making the Most of College*》에서 미래의 인재들이 어떻게 시간을 배분하고 있는가에 대한 연구결과를 보여준다.[18] 그는 면담을 통해서 대학생 1,600명의 캠퍼스 생활을 조사하고 성공요인을 분석했다. 우선 특징적인 것은 하버드 대학생들이 주당 평균 46시간(수업 15시간과 공부 31시간)을 공부에 투입한다고 점이다. 일반 대학생의 공부시간이 20시간을 고작 넘는 것을 보면 거의 두 배 이상 공부를 하는 것이다. 역시 앞서가는 사람은 다르다. 목표를 향해서 맹렬히 전진한다. 아이큐가 아니라 체질의 문제다.

그 바쁜 와중에 하버드 대학생들은 하루 세 시간을 취미와 서클활동으로 보낸다고 한다. 중요한 점은 그렇게 공부 외의 활동을 하는 대학생이 성적에서 앞서가더라는 점이다. 아르바이트나 봉사활동은 별개라고 하니 그들의 시간관리에 대한 집중력은 대단하다고 할 수 있다.

최소한 하루 세 시간. 하루 24시간에서 10퍼센트 이상을 개인적인 관심사와 더불어 미래를 고민할 수 있는 서클활동에 투입하는 습관은 결코 헛되지 않다. 오히려 성공에 이르는 시간관리 전략이 될 수 있다. 리얼 옵션을 준비하는 과정에서 필요한 10퍼센트 투자는 그런 의미가 있다. 오늘 해야 할 일에 90퍼센트를 몰입하고 10퍼센트 정도는 미래를 준비하는 데에 써보자.

얼마나 오래 관심을 갖고 투자를 해야 하는냐도 중요하다. 사실 이 부분은 실행에 옮기는 과정에서 저절로 밝혀질 내용이다. 때가 무르익으면 저절로 신뢰가 생겨서 리얼 옵션을 선택하게 된다. 리얼 옵션 프로젝트가 성공한 경우다. 반대로, 계속 노력하는데도 자신감이 생기지 않아 포기하는 경우도 발생한다. 그래서 투자다. 실패할 수도 있는 것이다. 그렇더라도 신뢰 단계에 접어들기 위해서 필요한 시간 투입의 한계선에 대해서 점검할 필요가 있다.

말콤 글래드웰은 그의 책 《아웃라이어Outliers》에서 1만 시간의 가치를 강조했다.[19] 한 분야에서 최고 전문가가 되려면 1만 시간을 투입하는 열정이 필요하다는 것이다. 1만 시간이면 하루에 열 시간씩 3년이다. 3년은 박사학위를 취득하는 데 필요한 최소 기간이기도 하다. 그것도 철학박사 Ph.D. Doctor of Philosophy를 받는다. 자신만의 철학을 갖고 연구할 준비가 되어 있다는 뜻이다. 종합해보면, 최소한 3년간은 모든 걸 투자해야 한 분야에 통달하게 된다.

사실 3년은 이미 오래전부터 우리에게도 익숙한 숫자다. 우리 조상들은 부모님이 돌아가시면 3년상을 치렀다. 마치 부모님이 살아계신 것처럼 곁에 모셨으며 술과 고기를 멀리했다. 3년은 지나야 애통한 마음이 사라지기 때문이다. 심리학자들이 가끔 화제로 올리는 '사랑의 콩깍지'도 최대 유효기간이 30개월이라고 한다. 바꾸어 말하면, 3년 혹은 1만 시간은 신체 호르몬에 의해 한 가지 이슈에 대해 심리적인 몰입이 유지되는 최대 시간으로 볼 수도 있다.

하루에 3시간을 투입하여 1만 시간을 채우려면 최소한 10년이 필요하다. 틈틈이 노력하여 한 분야의 전문가가 되는 데 소요되는 시간이다. 리얼 옵션은 단지 선택권에 해당된다. 정말 몰입하여 전문가가 될 것인가 아닌가를 결정하는 사전적인 노력이다. 앞서도 여러 번 설명했지만 일종의 연구개발 노력이다. 최종 결과물의 일부분에 해당된다.

연구개발이나 예비실험에 필요한 시간을 정량적으로 결정하는 것은 수많은 가정이 필요한 일이다. 다만, 1만 시간의 10퍼센트, 최소한 1,000시간은 투입해야 미래 선택에 대한 신뢰가 생길 것이다. 여기서 나는 3-3-3 1,000시간 전략을 제안하려고 한다.

3-3-3 전략은 하루에 세 시간씩 3개월간을 투입하는 것이다. 그 정도만 노력해도 일단 발전 가능성을 확인할 수 있다. 만일 그것을 세 번 되풀이하여 1,000시간을 투입하면, 리얼 옵션에 대한 자신감을 갖게 된다. 그런 노력을 3년 혹은 10년간 기울이는 것도 가능하다. 그런 경우는 이미 선택하고 매진하는 경우에 해당된다. 옵션이 아니라 자신이 꼭 해내야 할 목표로서 생활의 일부가 되었다고 볼 수 있다.

시간과 자원의 투입 수준은 개인적인 문제다. 자신이 처한 환경과 기질에 따라 자연스럽게 결정될 일이기도 하다. 중요한 것은 최소한 10퍼센트를 투자해서 미래의 리얼 옵션을 준비하는 '습관'이다. 투입을 종료하는 시기는 그리 중요하지 않다. 한 가지 리얼 옵션에 대한 투자를 마치면 또 다시 새로운 선택권을 준비해야 하기 때문이다. 미래의 권리를 위한 '오늘의 투자가 있다'는 사실에 주목해야 한다.

나는 철없던 시절에 박사학위를 받았다. 어느 날 문득 이런 생각을 해보았다. '박사학위가 나에게 준 가장 큰 선물은 무엇일까?' 물론 덕분에 교단에 서게 되었다. 현실적인 혜택이었다. 그러나 정말 큰 축복은 다른 것에 있었다. 그것은 투자에 대한 것이었다. 불확실한 미래를

하루에 **세 시간**씩
3개월을 투입하라!

목표로 먼저 투자했다. 어려운 환경이었지만 돈, 시간, 열정을 먼저 투자하고 사회생활을 시작했다. 5년 후를 준비하며 투자할 수 있다는 것이 학위과정에서 내가 얻은 가장 큰 선물이었다.

리얼 옵션의 개념에 가장 가까운 이론은 에드빈손이 제창한 지적 자본이다.[20] 조직의 경쟁력은 금융 자본과 지적 자본에 의해서 형성된다. 금융 자본은 이해하기 쉽다. 금전적인 축적이 미래의 기회를 보장한다. 사람들이 저축을 하거나 돈을 빌려서 자신이 원하는 선택을 할 수 있다. 파워를 확보한 실적에 주어지는 권리다. 그의 정의에 따르면 "지적 자본은 지식이나 비재무 자산을 부富를 창출시킬 자원으로 전환시키는 능력이다."

지적 자본은 다시 인적자본Human Capital과 구조자본Structure Capital으로 구성된다. 예를 들어서, 가수 비는 공연을 개최하면 상당한 수입을 올릴 수 있는 잠재력을 가지고 있다. 그런 가능성이 당장 수중의 돈이 되는 것은 아니지만 분명히 개인 재산의 일부인 것은 사실이다. 실제 보유하고 있는 금전 가치를 제외한 나머지 자산과 개인 역량의 가치가 지적 자본이 된다.

리얼 옵션은 지적 자본에 투자해서 선택권을 확보한 것으로 볼 수 있다. 지적 자산을 금전으로 따지기보다는 그런 선택의 기회를 갖는 것에 목표를 두고 있다. 물론 리얼 옵션의 선택의 결과는 금전적인 효과로 이어질 수 있다. 예컨대, 운동선수가 자유계약FA 선수가 되기 전에 최선을 다하여 좋은 성적을 거두었다고 하자. 그의 재산과 상관없이 그 성적으로 인해서 계약조건(계약금과 연봉)은 당연히 달라진다. 좋은 성적을 거두었으면 금전 가치가 높은 리얼 옵션을 기대할 수 있고 그 반대의 경우에는 기대에 미치지 못하는 금전 가치를 수용할 수밖에 없다. 지적 자본이 리얼 옵션의 선택에 의해서 금전적인 가치로 전환되는 것이다. 따라서 리얼 옵션을 준비하기 위한 투자는 지적 자본을 축적하는 행위와 같다. 다만 '적정시기에 옵션을 행사하겠다'는 의사결정을 염두에 두고 자본을 축적한다는 것이 차이점이다. 자본의 축적이 아니라 선택을 위한 준비라는 관점에 초점이 맞추어져 있다.

나만의 리얼 옵션을 찾아라

살아가면서 나는 종종 내 마음속의 블랙쉽Black Sheep, 검은 양을 본다. 100퍼센트 순한 양으로 살아야 한다고 듣고 배웠는데 내게 엉뚱한 기질이 있는 것이다. 남들과 다른 뭔가를 하고 싶은 충동이 문득문득 생겼다. '이렇게 하면 달라질 수 있는데' 하는 묘한 끼라고 할까?

게다가 그 녀석은 고집도 세다. 끝을 봐야 직성이 풀리는 성미다. 그래서 나는 살아가면서 남다른 시도를 하게 되었다. 시간이 지나고 보니, 재미있었다. 마음속의 블랙쉽이 내 인생을 바꾸고 있다고 생각하게 되었다. 리얼 옵션은 그런 블랙쉽 기질이 현실로 나타난 일종의 결과물 같다.

리얼 옵션의 객관성을 확보하기 위해서 사례를 조사하고 분석했다. 2년이라는 시간을 투자하고서야 여섯 가지로 압축할 수 있었다. 성공한 사람들이 자기 자신의 내면에 있는 블랙쉽을 키우고 다스린 과정으로도 볼 수 있다. 각자의 개성과 환경에 적합하다고 생각하는 미래 준비 방법이기도 하다.

리얼 옵션으로 꼭 새로운 일을 시작하거나 곁가지를 치라는 것이 아니다. 기업에서도 신사업 착수나 사업 다각화는 실패 확률이 높아서 전문가들이 조심하라고 경고한다. 특히, 자신의 핵심역량과 관련성이 낮은 경우는 더욱 그러하다. 중요한 것은 사전 연구나 예비 체험을 통해서 자신이 원하는 방향을 설정하고 가치를 높일 수 있는 리얼 옵션을 준비하는 것이다.

이제부터 비전형, 위기형, 체험형, 취미형, 멘토형, 대리형으로 구분되는 여섯 가지 리얼 옵션 유형을 소개한다. 그리고 리얼 옵션 진단표를 제시하여 자신의 기질을 반영한 미래 준비를 도와주고자 한다.

리얼 옵션의
여섯 가지 유형

Explore Six Option Styles

리얼 옵션을 준비하여 새로운 환경을 찾는 데 성공한 사례를 조사했다. 학부 연구생 네 명의 도움을 받아 800명의 후보를 대상으로 자서전이나 잡지 면담기사를 분석하여 리얼 옵션 성공사례로 121명을 선정했다. 삶 전체가 아니라, 일시적일지라도 사전에 준비하여 인생의 전환점이 되는 리얼 옵션을 확보했는가에 초점을 맞추었다. 일부 유명 기업인이나 연예인도 포함되긴 했지만 비교적 잘 알려지지 않은 사례를 찾으려고 노력했다.

사실 모든 사람이 미래를 위한 준비를 하고 크고 작은 옵션을 선택한다. 모든 사건에 의미를 부여했다면 더 많은 사례가 포함될 수도 있었을 것이다. 그러나 이번 조사 분석의 목적이 성공요소를 도출하고 유형을 구분하는 데 있었으므로 사례의 숫자는 중요하지 않다. 오히려 무작위한Random 사례 발굴이 중요하여 가능한 편향된 조사가 되지 않도록 각별히 조심했다.

분석 결과, 리얼 옵션은 크게 여섯 가지 방식에 의해서 만들어지고 있었다.

- 비전형 : 자신의 비전이나 중장기 목표 실현을 위해서 리얼 옵션을 준비한다.
- 위기형 : 위기를 극복하거나 문제를 해결하려는 과정에서 리얼 옵션이 만들어진다.
- 체험형 : 다양한 체험과 시도가 리얼 옵션을 만드는 계기가 된다.
- 취미형 : 취미활동이나 재미로 한 일이 확장되어 리얼 옵션이 된다.
- 멘토형 : 멘토의 제안을 경청하여 리얼 옵션을 준비한다.
- 대리형 : 타인의 체험을 보고 자신의 옵션으로 선택한다.

비전형 리얼 옵션(Vision) : 성공률 47퍼센트

비전형 리얼 옵션은 성장이나 발전을 위해 목표를 미리 정하고 투자를 하는 유형이다. 리얼 옵션에 성공한 사람들 중에서 47퍼센트가 이에 해당한다. 성공률이 그만큼 높다는 의미로 해석될 수 있다.

'인터넷 빅뱅론'을 주장하는 김범수 대표는 미래에 투자하는 대표적 기업인이다. 인터넷 상용화 초기에 모든 게임을 한 사이트에서 즐길 수 있는 포털을 상상했다. 그 꿈 덕분에 '한게임'이 탄생했다. 이후, 김 대표는 미국에서 잠시 쉬면서 스마트폰의 등장을 목격한 뒤 또 다시 스마트폰이 지배하는 세상을 그리게 되었다. 그는 20명을 고용하여 3개 사업에 시험적 아이디어를 테스트한 후에 문자서비스 분야에 몰입했다. 그렇게 그는 '카카오톡' 개발에 성공하여 불과 1년 반 만에 2,800만 가입자의 앱을 탄생시켰다. 점증형(가속형) 성장으로 휴먼네트워크 시장을 점령한 것이다.

김 대표의 '미래 예측하기'는 영화 〈올드 보이〉 오대수의 표정에서 영향을 받았다고 한다. 누가 왜 납치하여 15년간 가두었는가에만 골몰하던 관점에서 누가 왜 15년 만에 풀어주었는가를 생각해보라는 관점 전환이 큰 자극이 되었다. '한게임'과 '카카오톡'으로 보여준 점증형 성장은 그의 '관점 창조하기'에 기인한다. 먼저 방향을 정한 후에 새로운 관점을 찾아내어 폭발적인 가치를 만들어내는 데 성공했다.

위기형 리얼 옵션(Crisis) : 성공률 19퍼센트

위기형 리얼 옵션은 위기 또는 문제 해결에 매진하다가 리얼 옵션을 발견하는 경우다. 치열하게 몸부림치는 순간이기에 몰입력이 그만큼 크다. 자신의 약점을 개선하려는 노력이 시간이 지나면서 오히려 강점을 확보하게 해주는 경우가 여기에 해당된다.

페기 브릴은 척추를 중심으로 골격을 잡아주고 온몸의 근육을 이완시켜주는 '코어 프로그램'이라는 체조를 만들어 많은 환자들을 치료해온 물리치료사이다.[21] 하지만 그녀는 물리치료사의 길을 걷게 될 줄 생각하지 못했다고 한다. 평범한 사춘기를 보내던 어느 날 그녀는 손이 떨려오고 눈이 튀어나오며 심지어 습진 때문에 피부가 벗겨지는 갑상선 기능항진증이라는 병에 걸렸다. 의사에게 처방받은 약을 2년간 복용하면서 증상이 호전되었지만 그것이 근본적인 치료가 되진 못했다. 그녀는 어머니의 도움으로 다른 대안을 찾던 끝에 마가반두라는 물리치료사를 만났다. 그는 자가치유 능력을 키우도록 적절한 수면, 운동, 휴식 방법을 알려주었다. 페기 브릴은 마가반두의 방법을 통해서 정상이 되었고, 그 치료법이 바로 그녀의 리얼 옵션이 되었다.

그녀는 위기상황에서 자신을 구해준 노하우를 절대적으로 신뢰했고, 장기간 치료를 한 덕분에 충분한 지식도 확보할 수 있었다. 그녀는 마가반두를 찾아가 마사지 치료법, 요가, 명상 등을 배웠다. 본격적으로 물리치료사의 길을 걷게 되면서 대체의학과 서양의학을 접목시킬 수 있는 영역을 개발하여 오늘에 이르게 되었다.

체험형 리얼 옵션(Challenge) : 성공률 13퍼센트

다양한 체험을 하는 과정에서 인생의 전환점을 찾는 경우가 체험형 리얼 옵션에 해당된다. 실험적 도전이 성공으로 이어진 상황이다. 성공률은 13퍼센트다.

　　　　　　　　라스베이거스의 최고급 호텔인 벨라지오의 엘로테일 레스토랑 총주방장 백승욱. 그는 미국 텔레비전 방송 〈아이언 셰프〉에 출연하여 놀라운 요리솜씨를 보여주었다. 이로 인해 그는 유명세를 탄 것은 물론이고 라스베이거스를 방문한 수많은 명사들에게 최고의 음식을 선보일 수 있었다. 일본요리 음식점에 한국인으로서 주방장을 하는 것도 대단하지만 미국에서 인정받는 톱클래스 요리사로 인정받는다는 것은 지극히 어려운 일이다.

　백승욱은 전직 프로 스노보더였다. 그는 '생백'이라는 이름으로 세계 랭킹 10위권에 진입할 정도로 유명세를 탔지만 발목을 다쳐 진로를 바꿀 수밖에 없었다.

　'그만두면 이제 무얼 하지?'

　우연한 기회에 요리사가 되기로 결심한 그는 자신의 배경이 요리에 도움이 될 수 있다고 믿었다. 그는 한국에서 태어났고 미국에서 운동을 했다. 게다가 수많은 나라를 다니면서 음식 맛을 보았다. 그의 혀는 세계의 음식맛을 기억하고 있다.

　스노보더로서 최고를 경험했듯이 요리학원에 가서 교육을 받은 뒤 미국 전역을 다니면서 요리의 고수를 만났다. 그들의 요리 비법을 배우기 위해서였다. 그는 10년 만에 벨라지오의 총주방장이 되었다. 참치피자, 김치타코 등을 개발하는 등 자신의 경험을 창의적인 음식을 개발하는 데 활용했다. 과거의 경험이 새로운 직업에서도 선택의 여지를 부여하고 있는 것이다.

전형적인 체험형 리얼 옵션의 삶을 보여주고 있는 월드비전의 한비야는 인생에서 어떤 순간도 쓸데없는 것은 없다고 생각한다. 씁쓸함, 당혹감, 열등감이 모두 다 미래의 에너지가 된다고 믿는다. 그래서 꾸준히 새로운 길을 찾고 집중한다. 마치 산을 오르듯이.

취미형 리얼 옵션(Hobby) : 성공률 10%

취미활동이 직업이 되는 경우가 취미형 리얼 옵션에 해당된다. 조사 대상 중 열 명 가운데 한 명 정도는 이 유형으로 성공했다.

레고의 창시자인 덴마크의 오레 키르크 크리스티얀센은 원래 목수였다.[22] 그가 레고를 만들어낸 계기는 아이들 때문이었다. 아내가 아이 넷을 남겨둔 채 병으로 세상을 떠나자, 그는 목공소에서 남은 나뭇조각을 틈틈이 다듬어 아이들에게 장난감을 만들어주곤 했다. 나무토막으로 벽돌을 쌓아 집도 만들고 탑도 세우는 그런 장난감이었다. 당시 덴마크에는 맞벌이 집안이 많았는데, 아이들은 대부분 흙을 가지고 장난치며 시간을 보냈다. 그러다 보니 나뭇조각 장난감은 이웃에게 인기를 끌기 시작했다. 그는 문득 새로운 시도를 계획했다.

'이걸로 장사를 하면 정말 잘 될 것 같은데.'

상품명을 고심하다가 덴마크어로 '재미있게 놀다'라는 뜻을 가진 'LEG GODT'를 줄여 '레고LEGO'라는 이름을 붙이게 되었다. 그는 목공소의 간판을 아예 '레고'로 바꾸고 본격적으로 사업에 착수했다. 일종의 취미에 투자했던 시간과 노력이 새로운 가치창출로 이어지게 된 것이다. 목재공장이 불타버리는 위기를 맞기도 했지만 재료를 플라스틱으로 바꾸어 더 큰 목표에 도전하였다.

멘토형 리얼 옵션(Mentor) : 성공률 7퍼센트

real option

반기문 유엔사무총장의 성장기는 열정과 몰입으로 유명하다. 사람들은 한번 마음먹으면 완벽하게 실천하는 그의 잠재력에 무한 신뢰를 보냈다. 언젠가 중앙공무원교육원에서 리더십 교육을 하면서 나는 우리나라에서 '이상적인 리더상'이라면 누가 있겠는가에 대한 질의응답을 주고받았다. 많은 사람들이 당시 차관이었던 그를 가장 근접한 리더로 꼽았다. 때가 무르익어 그가 장관을 거쳐 유엔사무총장에 선출되었을 때 공직사회에서는 크게 놀라지 않았다. 자질이 충분한 리더로 각인되어 있었기 때문이다.

반 총장의 선택에 가장 큰 영향을 미친 사람은 고등학교 시절 영어 선생님이었다.[23] 선생님은 외국인과 직접 만나 그 경험을 바탕으로 영어교재를 만들도록 권유했다. 이때 영어교재를 만들면서 회화에 대한 자신감을 갖게 되었다고 한다. 선생님은 또한 VISTA(Visit of International Student to America) 프로그램에 도전하게 했다. 반 총장은 이 프로그램을 위한 4주간의 미국 유학연수에서 케네디 대통령을 잠시나마 만나게 되었고 이를 계기로 결국 외교관이라는 리얼 옵션을 선택했다. 반 총장의 멘토인 영어 선생님의 지원과 안내가 걸작품을 탄생시킨 것이다.

멘토형 리얼 옵션은 언제나 이와 같은 방식이다. 존경하거나 소중한 사람의 이야기를 믿고 실천하는 과정에서 자신도 보지 못한 영역을 개척하게 된다.

대리형 리얼 옵션(Proxy) : 성공률 4퍼센트

직접 체험이 아닌 다른 사람의 도전을 보고 자신의 리얼 옵션을 찾는 데 도전하는 경우다. '친구 따라 강남 가는' 식이다. 성공률은 4퍼센트로서 가장 낮다. 타인의 경험이므로 아무래도 영향력이 상대적으로 크지 않은 편이다.

인드라 누이는 인도 출신인 여성 CEO이다.[24] 글로벌 기업 펩시의 경영인으로 〈포춘〉 선정 '세계에서 가장 영향력 있는 여성 CEO'로 3년 연속 1위를 차지한 인물이다. 인도에서도 수재들만 모이는 마드라스 대학교를 졸업한 뒤 경영대학원을 졸업했지만, 그녀의 부모는 보통의 인도여성들처럼 일찍 결혼하여 가정을 꾸리라고 강요했다.

인드라 누이가 인도에서 직장생활을 하던 1970년 중반에는 인도의 IT 인재들이 미국으로 대거 이동하던 시기였다. 미국으로 유학 간 친구들과 꾸준히 연락을 취했던 그녀는 자신의 배경과 역량이 비슷한 친구들의 활동 수준을 모니터링했다. 그리고 친구들의 경험을 발판삼아 드디어 예일 대학교 경영대학원에 입학하기에 이르렀다. 친구들의 체험이 리얼 옵션이 된 경우다.

그녀는 어린 시절부터 식사 전에 '내가 만일 총리라면 이 일을 어떻게 처리했을까?' '내가 만일 사장이라면?' '내가 만일 노조 대표라면?' 하는 가상의 상황을 가정하고 토론하는 훈련을 했다고 한다. 대리자의 입장에서 관점을 찾는 연습을 하며 미래를 준비했던 것이다. 가상 인물의 관점에서 세상을 바라본 것이 새로운 방향으로 도약하는 계기가 된 것만큼은 틀림없다.

리얼 옵션의 여섯 가지 유형에서 배울 수 있는 것은 유형 간 결합으로 성공 가능성을 높일 수 있다는 점이다. 비전형이지만 멘토의 조언을 경청한다면 성공률은 60퍼센트까지 높아진다. 자신의 취미에 비전 형을 적극적으로 결합하면 57퍼센트로 높은 리얼 옵션을 확보할 수도 있을 것이다. 추진 방법에 따라서 리얼 옵션의 성공 가능성이 향상될 수 있음에 주목해야 한다.

리얼 옵션을 선택하는 두 가지 기준

선택에는 반드시 결과가 따른다. 여기서 '선택'이라는 말을 쓰는 것은 기대와는 다른 결과를 가정하기 때문이다. 따라서 금전이나 시간 투자를 요구하는 선택은 고민스럽다. 유리한 결과가 나올 수도 있지만 정반대로 상황이 전개되기도 하기 때문이다.

리얼 옵션은 미래 기회를 선택하는 행위이므로 불확실성에 노출된다. 때가 되어 기대했던 기회를 정말 잡을 수 있는가도 의문이고, 그 기회가 예상했던 가치로 이어질 것인가도 역시 고민이다. 연인에게 열심히 투자한다고 생각해보자. 실제로 결혼에 골인할 수 있는가도 의문이지만 행복한 결혼생활이 될 것인가도 궁금해진다.

사업을 하는 친구에게 일정 부분을 투자하고 5년 후에 그 사업에 합류하기로 한다고 해보자. 투자를 했으므로 사기를 당하지 않는 한 그 선택은 분명 리얼 옵션이 될 것이다. 마찬가지다. 사업이 성공할 것인가 여부는 또 다른 차원의 문제다. 호재를 만나 콧노래를 부르게 되면 다행이지만 악재를 만나 리스크를 걱정할 경우가 신경쓰인다.

그러므로 나는 리얼 옵션을 즐기는 삶을 특별히 강조한다. 사전 연구와 점진적인 투자를 통해서 미리 체험하고 경험을 쌓는 것이 핵심이다. 그런 노력이 불확실성을 최소화하는 결과로 연결된다. 완벽한 옵션은 있을 수 없다. 시간에 종속적인 일일수록 더욱 그러하다. 결국 모든 선택은 리스크를 줄여 효과, 즉 가치를 극대화시키는 것으로 압축된다. 그것이 우리가 현재 할 수 있는 최선이다.

리얼 옵션을 확보하는 데 필요한 과제가 바로 '리얼 옵션 프로젝트'다. 리얼 옵션 프로젝트를 고르는 일은 미래를 선택하는 행위와 동일하다. 리얼 옵션 프로젝트를 선택하는 기준은 '투자가치'와 '불확실성'으로 대분된다. (〈부록〉에 두 가지 척도의 산식과 유형별 특징을 정리해두었다.) 투자가 과연 효율적인가 여부와 실현시점까지 감수해야 할 상황 가변성이 최대 관점이다.

프로 축구선수를 비교하면서 투자가치와 불확실성의 의미를 생각해보자. 박지성과 이천수를 비교할 때, 박지성은 일본과 네덜란드를 거쳐 영국 프리미어리그 진입에 성공했다. 코리아리그에서 착실히 준비하여 일본리그에 진출했고 다시 히딩크 감독의 초청으로 네덜란드리그에 성공적으로 정착했다. 그리

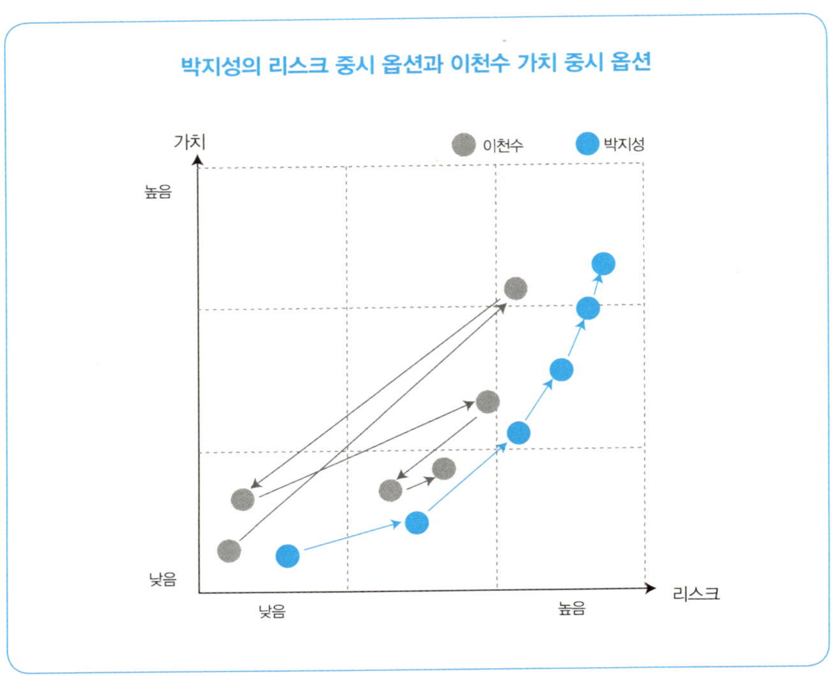

고 프리미어리그의 명문인 맨체스터 유나이티드에 입단하여 현재 존경받는 스포츠 스타로 인정받고 있다. 결과론적이긴 하지만 박지성은 기대가치보다는 리스크가 낮은 것을 먼저 선택하고 단계적으로 성장시켜나간 셈이다.

반면에 이천수는 리스크가 크지만 스페인 프리미어리그에 바로 도전했다. 그러나 결과가 기대한 만큼 나타나지 않아 이런저런 마음고생을 하면서 후속 옵션을 도모했지만 뜻한 바대로 풀리지 않았다.

박지성과 이천수 둘 다 천부적인 소질을 지닌 축구선수로서 프리미어리거라는 비전을 갖고 도전했지만 그들의 리얼 옵션은 다른 결과로 나타났다. 재능의 문제가 아니라 미래에 대한 준비에 따라서 결과 차이는 크다.

대부분의 선택은 리스크와 가치에 근거한다. 다만 그 균형Balance을 찾는 것이 어려울 뿐이다. 대형 매출을 위해서 한 가지에 모든 연구개발 투자를 할 것인가, 아니면 기대 매출이 작더라도 여러 가지 연구개발을 할 것인가. 자신이 원하는 직장에 취업될 때까지 모든 노력을 투입할 것인가, 아니면 돌아가더라도 일단 아무 곳이나 선택하고 서서히 목표지점에 도전할 것인가. 신사업을 크게 한 팀을 꾸려서 추진할 것인가, 아니면 두세 팀으로 나누어 동시에 실현 가능성을 탐색할 것인가. 이들 모두 본질은 가치와 리스크의 절충에 대한 판단력을 요구한다.

리얼 옵션의 리스크는 설명하기 쉽다. 리스크는 온전히 환경변화에 근거하며 목표시점과의 거리가 멀수록 커지기 마련이다. 요즘 이공계에서 취업 인기 분야는 화학공학이다. 그중에서도 에너지 분야가 대부분 상승세다. 그런데 20년 전에도 그랬을까? 10년 전에도 그랬을까? 10년 후, 20년 후에도 그럴까? 아니다. 자신이 좋아하는 분야는 변함이 없겠지만 세상에서 우선순위는 얼마든지 변할 수 있다. 시대적 흐름에서의 기여도에 따라서 똑같은 일이 다른 결과로 나타난다. 그래서 리스크다. 예상했던 가치로 이어지지 않는 것이다.

코오롱글로텍의 박동문 대표는 일찍이 촉망받는 인재로 인정받아 두루 요직을 거치며 대표이사 자리에 올랐다. 그리고 불과 3년 만에 매출을 두 배로 올리는 등 탁월한 경영리더십을 보여주고 있다.

"박 사장님은 대리 시절 무엇이 달랐습니까?" 마침 그 회사의 전무가 신입시절에 박 사장을 대리로 모셨다고 한다. 사회생활 초년시절에 무엇이 달랐는지 궁금하여 질문을 던졌다.

"항상 뭔가를 시도했지요. 열정이 넘쳤어요. 새로운 인사제도를 도입하는 등 일찍부터 도전적인 과제를 추진했습니다."

새로운 시도는 종종 불편하다. 기존의 틀을 조금이라도 바꾸어야 하기 때문이다. 게다가 좋은 결과를 보장할 수 없다. 오히려 나빠질 가능성도 있다. 그런데 바로 이 부분에 경쟁력이 숨어 있다. 어떤 사람은 바꿀 수 없고, 어떤 사람은 바꾸어서 발전시킬 수 있다. 그 차이가 인재의 가치를 결정한다.

좋은 리더나 인재는 그런 차이점을 가지고 있다. 불확실성을 발전의 공간으로 바꾸는 능력이 있다. 불확실성 아래서도 미래의 가치를 찾아내는 사람이다. 없어도 그만인 사람이 아니다. 그 사람이 아니면 아무런 변화도 생기지 않는다.

박 대표의 도전은 일종의 학습과정으로 볼 수 있다. 젊은 시절부터 미래를 예상하고 변화를 시도하는 훈련을 했던 셈이다. 리스크를 회피하지 않고 시도하고 도전하여 가치를 찾아내는 핵심역량을 키웠다.

리스크의 본질은 수요와 공급의 균형에 뿌리를 두고 있다. 놀랍게도 가치 또한 수요와 공급의 균형에 뿌리를 두고 있다. 가치를 공부하면 리스크가 보이고 리스크를 공부하면 가치가 보인다. 성공을 배우든 실패를 배우든 같은 역량으로 귀결된다. 끊임없이 학습하는 사람은 인재다. 다만 성공을 체험하는 인재가 자신감과 리스크 대응 능력에서 점증형 기울기를 가지고 있을 뿐이다.

리스크에 비해 리얼 옵션의 투자가치는 복잡하다. 예상성과, 투자, 몰입력, 학습율, 목표시점 등이 모두 결과에 영향을 미친다. 한창 캠퍼스 벤처 창업 바람이 불던 시절 나는 기업 자문을 위해서 개발했던 인터넷 설문분석도구를 이용하여 특허를 받았다. 그리고 주변사람들의 권유와 동참으로 정식으로 출자하여 회사를 시작했다. 목표는 고객만족이나 직원만족도를 인터넷에서 쉽게 조사 및 분석하는 회사를 만드는 것이었다. "내 목표는 '김밥천국'을 만드는 것입니다. 모든 중소기업들이 사용하는 저렴한 조사분석 시스템을 전파시키겠습니다."

이미 기술을 가지고 있었으므로 가벼운 마음으로 시작했다. 큰 투자가 필요한 일도 아니었다. 그러나 성과는 예상대로 전개되지 않았다. 모든 설문조사는 의사결정을 위한 사전준비에 불과했다. 흥미롭게도, 저렴한 조사비용은 의사결정에 대한 신뢰도를 의심하게 만들었다. 중요한 결정일수록 고가의 컨설팅이 필요한데 내가 벌인 사업은 그 반대였다. 결국 시스템의 신뢰도를 설명하여 고객을 확보하는 투자와 몰입력이 필요했지만, 한계가 있었다. 시간이 지날수록 학습효과가 생겨서 문제점이나 성공요인은 정확히 알게 되었지만 기대했던 결과는 만들지 못했다. 그래서 결국 3년 정도를 학내 벤처를 유지하다가 사업을 접고 말았다.

나는 문제해결용으로 만들었던 '설문조사 분석시스템'으로 벤처창업이라는 (위기형) 리얼 옵션을 선택하게 되었다. 그러나 3년간의 노력으로 많은 중소기업에게 '사실에 근거한 의사결정 시스템'을 전파하는 (비전형) 리얼 옵션을 확보하는 데에는 실패했다. 예상성과를 정확하게 파악하지 못한 것이 가장 큰 약점이었다. 처음 시작할 때, 당시 가장 큰 컨설팅회사였던 아더앤더슨 컨설팅 대표에게 사업을 설명하고 조언을 들었다. 그분은 '대상으로 하는 시장이 너무 작다'는 말로 시장가치의 문제점을 알려주었다. '시장은 창출되는 것'이라는 철학에 빠져 있던 혈기왕성한 나에게 그 말은 크게 들리지 않았다.

리얼 옵션의 가치는 경험을 통해서 터득되는 지적 자본임에 틀림없다. 다양한 시도와 정교한 분석력이 요구되는 개인적인 능력이기도 하다. 불확실성과 투자가치는 점진적으로 이해되고 체화되는 역량에 해당된다. 다만, 이 시점에서 우리가 짚고 넘어갈 주제는 어떤 유형의 리얼 옵션 프로젝트에 관심을 가져야 하는가에 대한 것이다.

리얼 옵션의 유형 선택은 목표시점과 밀접하게 연관된다. 자신이 나아가야 할 미래의 불확실성의 크기가 중요하기 때문이다. 목표시점이 많이 남아 있으면 불확실성을 줄이는 것이 큰 의미가 없다. 학습효과에 초점을 맞춘 체험형 리얼 옵션에 관심을 갖는 것이 바람직하다.

예컨대, 어린 시절부터 학업을 포기하고 한 분야에 매진한다면 다른 분야의 리얼 옵션을 확보하기가 어렵다. 목표로 도전한 분야에서 성공하면 다행이지만 그렇지 못하면 성년이 되어 다른 분야에서 도전하기가 어렵다. 운동선수나 연예인은 자신만의 재능을 발휘하며 인생을 사는 사람들 중 대표적인 그룹이다. 성공하면 독보적이지만 실패하면 마땅히 할 일이 없다. 모든 옵션이 자신의 개별적 재능에 종속적이기 때문이다. 따라서 어린 시절에 다양한 체험을 하도록 교육시키는 것은 일종의 리스크 관리이기도 하다.

정년퇴임이나 퇴직이 가까워진 경우는 정반대다. 가능하면 비전형 리얼 옵션에 집중해야 한다. 비용을 낮추고 효과가 높은 분야에 초점을 맞추어야 한다. 특별한 대비를 해두지 않으면 저절로 위기형 리얼 옵션을 선택할 수밖에 없다. 뒤늦게 리얼 옵션을 준비하다 보니 선택 폭이 이미 좁아진 상태에서 몸부림치는 것이다. 이러한 해석은 역설적인 의미를 가지고 있다. 리얼 옵션은 일찍 준비할수록 그만큼 유리한 상황에서 시작하게 되는 것이다. 어린 시절부터 리얼 옵션을 준비하는 습관, 즉 자신의 역량을 강화시킬 수 있는 다양한 분야의 프로젝트를 시도하는 것이 좋다.

리얼 옵션 프로젝트

Find Your Project

 리얼 옵션을 확보해야 한다는 말은 원론적이다. 연구개발로 미래를 준비한다거나 혹은 일하면서 배운다는 말도 마찬가지다. 진부하다. 그럼에도 말을 행동으로 옮기는 사람은 의외로 소수다. 왜냐하면 투자하지 않기 때문이다. 손실이나 리스크 없는 동기부여는 긴장이 떨어져 현실로 이어지지 않는다.

그런 이유로 나는 리얼 옵션 프로젝트를 3개월 단위로 나누어 추진할 것을 제안한다. 모든 프로젝트는 3개월 프로젝트의 연속으로 해석될 수 있다. 3개월 2번, 3개월 4번, 3개월 8번……. 실제 기업들도 이런 방식으로 움직인다. 분기별 계획과 성과분석을 통해서 사업의 실적과 재무회계 상태를 관리한다. 요즘은 많은 기업들이 월 단위 실적 관리를 하지만 실제 롤링(계획 대비 실적을 파악하여 미래 계획을 조정하는 행위)은 분기 혹은 반기 단위로 진행된다.

큰 조직 단위에서 프로젝트를 진행할 경우에는 장기간의 전략적 사업기획이 가능하다. 하지만 개인은 다르다. 3일을 완수하기도 힘든 상황에서 1년 혹은 2년을 기다리기란 결코 쉬운 일이 아니다. 게다가 미래를 준비하는 리얼 옵션의 문제라면 더욱 그러하다. 짧게 짧게 이어가도 얼마든지 큰 리얼 옵션의 탄생을 기대할 수 있다.

내가 가르치는 학생 508명의 자기혁신 프로젝트를 분석하여 리얼 옵션 준비내용을 조사해보았다. 더 나은 미래를 위해서 자기혁신 과제를 선정하여 한 학기 동안(실제 기간은 3개월 정도) 실천한 내용이다. 2010년도에 전교생을 대상으로 강의한 '테크노 리더십'의 수강생 320명과 '경영혁신과 전략적 의사결정'을 수강한 시스템경영공학 전공생

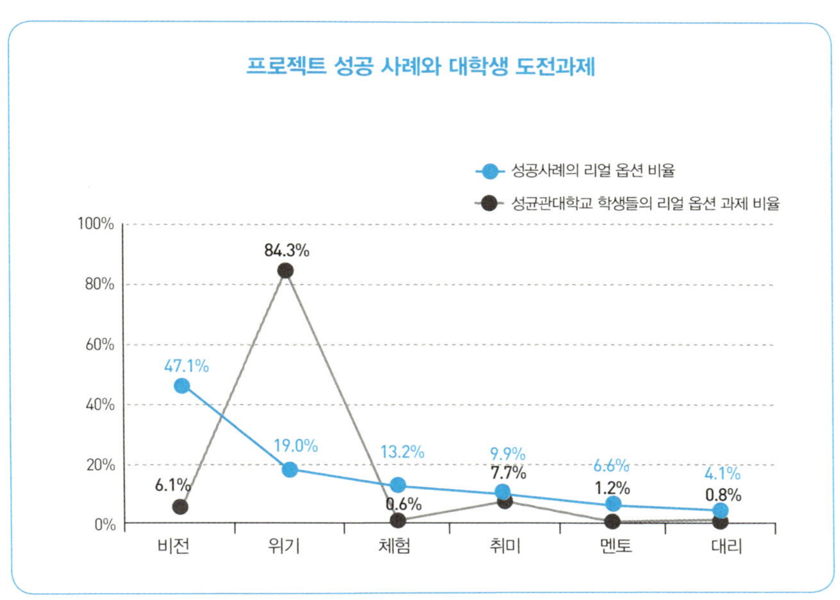

들이 포함되어 있다. 성균관대학교 학생들이 개별적으로 추진했던 과제를 유형별로 분류하여 리얼 옵션 성공률과 비교해보았다.

대학생들의 프로젝트는 단연 위기형, 즉 문제해결형이 84퍼센트로 가장 많았다. 당장 자신들의 취약점을 개선하려고 노력하는 것이니 당연한 결과다. 취업준비 중 영어 공부, 성적 향상, 체중 관리와 같은 문제를 해결하고자 하였다. 현실의 문제해결에 최선을 다하는 모습이기도 하다. 사실 그런 노력들이 점점이 모여 미래 비전과 연결되어 있을 것이다. 그러나 더욱 뚜렷한 목표의식을 가져야 한다. 똑같이 어학 공부를 하더라도 자신의 미래 비전을 설정해놓고 준비하는 것과 일단 취업 요건을 충족시키자는 것은 차이가 크다. 관점과 시야가 다르다. 시간이 지나면 그 작은 차이가 결정적으로 다른 결과로 이어진다.

비전형, 멘토형, 체험형이 낮게 나타난 것이 특이하다. 멀리 보는 안목, 미래를 배우려는 자세, 도전하고 시도하는 일상이 생각대로 이루어지지지 않는 모습이다. 말로 들을 때는 고개를 끄덕이며 그렇게 살아야겠다고 마음을 먹지만 정작 현실 속에서는 허둥대며 급한 불을 끄기에 바쁜 것이다.

큰 비전을 구상해볼 나이에 취업이라는 좁은 문에 내몰린 미래의 인재들을 보기가 안타깝다. 미안하다. 그런데 그 또한 현실이다. 우리나라만이 아니라 지구촌의 모습이다. 그래서 더욱 글로벌 사고를 가지고 미래를 준비해야 한다. 머지않아 지도층이 되었을 때 새로운 비전을 제시할 수 있어야 하지 않겠는가.

각별히 마음이 쓰이는 대학원생 제자가 군복무를 마치고 복학을 했다. ROTC 출신으로서 정훈장교의 의무를 다한 모습이 대견스러웠다. 상관으로부터 인정을 받아 똑같은 보직을 2년간 담당했다. 휴가라도 며칠 받으면 꼭 전화로 안부를 물었고, 스승의 날이나 연말이 되면 어김없이 나를 찾아와 인사를 했다. 요즘 시대에 이런 친구가 있나 싶을 정도로 모범이다. 학교를 다니던 시절에도 흠잡을 데 없었다. 아무리 어려운 일을 맡겨도 표정이 한결같다. 연구실에 일찍 나와 성경을 읽고 청소를 하면서 하루를 시작했다. 다른 동료들은 물론 나도 배울 점이 많은 그런 젊은이다.

며칠 전, 그 제자와 잠시 면담을 했다. 장래 진로를 챙겨두자는 판단에서였다. 논문 주제는 무엇으로 할 것이며 어떤 프로젝트에 참여하고 싶은가도 듣고 싶었다.

"수고했다. 네가 돌아오니 내 마음이 든든하구나."

"교수님, 감사합니다. 열심히 하겠습니다."

"좋구나. 그래, 요즘 어떤 생각을 하냐?" 무슨 생각을 하면서 삶의 변화에 적응하고 있는지 궁금했다. 군대에 있으면서 많은 생각을 했을 것이다. 또한 제대하고도 2주 정도 휴식을 취하면서 준비를 마쳤다.

"교수님! 예수님은 어떤 기분으로 물위를 걸으셨을까요?" 전혀 뜻밖의 질문에 나로서는 눈만 치켜 뜰 수밖에 없었다.

"제가 요즘 그런 기분입니다. 물위를 걸어가는 그런 기분요. 발동작을 엄청나게 빠르게 움직이지 않으면 그냥 가라앉을 것 같아요." 군대

에서 장기하사로 복무하고 있는 아버지가 내년에 전역을 하셔야 한단
다. 어떻게 경제문제를 해결해야 할지 가슴이 조여 온단다. 게다가 본
인 스스로도 잘 해낼 수 있을지가 걱정이라고 한다.

"지금까지는 부모님이, 군대가, 학교가 저를 이끌어주었잖아요. 이
제 제 두 발로 서야 하는 순간이 온 것 같아요. 그런데 불안해요. 물에
빠질 것 같은 불안감이 들어요." 좋은 회사에 들어갈 수 있을지, 또 들
어간다고 한들 잘 해낼 수 있을지도 의문이란다.

제자의 고백에 나는 놀랐다. 누구보다도 당당하게 살아간다고 생각
한 제자였기에 더욱 그랬다. '이 녀석, 벌써 철 들었군' 하면서도 요즘
젊은이들이 홀로서기를 얼마나 두려워하는지가 강하게 느껴졌다.

나의 대답은 횡설수설 그 자체였다. 내 세대가 네 나이 때에는 '조급
했지만 자신감은 있었는데……'라며 엉뚱한 자화자찬을 늘어놓았다.
그리고는 갑자기 시애틀의 나무 이야기를 주절거리기 시작했다.

"미국 시애틀 지역은 비가 많이 온단다. 항상 가방에 우산을 들고
다녀야 할 정도지. 그러다 보니 나무들이 잘 자라. 그런데 큰 나무들
이 쓰러져 있는 것을 심심치 않게 볼 수 있어. 재미있는 것은 나무들
의 뿌리가 약하다는 사실이야. 덩치에 비해 턱없이 부족한 뿌리지. 왜
냐하면 환경이 너무 좋았던 것이야. 작은 뿌리로도 수분을 쉽게 확보
할 수 있으니 말이야. 빈약한 뿌리로는 성장할수록 위험할 뿐이지. 환
경은 그런 거란다." 그냥 그 정도로 마쳤다. 물위를 걷는다고 생각하
는 그의 생각이 단단한 뿌리가 되어줄 것이 틀림없으므로.

환경은 사람을 습관화시킨다. 익숙한 것이 체질로 바뀌어 나도 모르는 사이에 사람이 바뀌어버린다. 그래서 환경의 본질을 꿰뚫어볼 필요가 있다. 물위를 걷는 기분처럼 위기의식을 갖게 되면 멀리보기가 쉽지 않다. 당장 무너질 것 같은데 멀리 보라니. 가슴 답답한 충고에 불과하다. 그래서 앞서가는 사람들은 깨어 있다. 날아오는 펀치를 피하려고 눈을 감는 것이 아니라 눈을 뜬 채 몸이나 발로 방향을 옮긴다. 자신이 준비하고 있는 옵션의 의미를 직시하는 것이 중요하다.

'굿 타이밍'을 찾아라

Find your Good Timing

최근에 세상을 떠난 스티브 잡스의 리얼 옵션을 살펴보자.[25] 그는 누구보다도 미래를 개척하는 삶을 살았던 이 시대 최고의 리더였다. 그에게는 비전, 위기, 체험, 대리 측면에서 다양한 옵션이 있었고, 그런 옵션들은 현실에서 점점이 이어졌다. 그가 '인생은 점과 점이 이어진다'고 얘기했을 때의 점Dot은 사실 리얼 옵션을 의미한다. 잡스는 어린 시절부터 수없이 많은 리얼 옵션을 꿈꾸었으며 직접 그 결과를 확인하는 도전적인 삶을 살았다. 그런 리얼 옵션이 현실화될 때마다 세상은 놀랐고 환호했다.

비전형을 우선 보자면, 최고의 디자인 컴퓨터를 만들겠다는 그의 꿈은 애플컴퓨터 개발과 더불어 현실의 비전이 되었다. 그리고 애플사는 창업과 이후 상장을 하면서 IT업계의 리딩 기업이 되어 점증형 성장을 보여주었다. 위기형 리얼 옵션에서 그는 어린 시절 입양되는 위기를 맞았다. 그러나 어렵게 학비를 마련하는 부모님을 통해서 삶에 대한 진지함을 배우게 되었다. 그가 살아가며 다양하고 도전적인 체험을 마다하지 않은 것은 그런 환경과 무관하지 않다. 위기형 옵션은 애플에서 퇴출된 이후 애니메이션 사업에 몰입하면서 확보되었다. 돈이 아니라 자신의 열정을 바치고 싶은 일이 필요했다는 그는 픽사를 창업하면서 새로운 돌파구를 마련했다. 이러한 성공은 또다시 애플로 복귀하는 비전형 리얼 옵션으로 이어졌다.

대리형도 관심을 갖고 볼 만하다. 잡스는 HP의 창업자인 휴렛을 만나 벤처에 대한 꿈을 그리게 되었고 고등학교 선배인 워즈아닉과는 동업 개념에서 애플사를 창업했다. 만남을 통해서 애니메이션 분야를 개척하기도 했고 자신이 영입한 사람에게 해고를 당하는 위기도 경험했다. 그러나 무엇보다 가장 눈여겨 볼 대목은 스티브 잡스가 끌려가는 인생이 아닌 선택하는 위치를 지켰다는 사실이다. 그는 적절한 시점에 체험하고 위기를 극복하며 미래를 선택했다. 시의적절한 리얼 옵션을 준비하는 것이 핵심인 것이다.

모든 일이 때가 있는 법이다. 끌려가는 삶을 살지 않으려면 선제적이 선택에 강해야 한다. 성장기는 바로 그런 역량을 쌓는 기간이다.

나의 친구인 가천대학교 유정상 교수는 1학년을 대상으로 한 강의에서 재미있는 과제를 부여한다고 한다. 졸저 《굿 타이밍》을 읽고 자신이 하고 싶은 일 열 가지에 대해서 기획서를 만드는 과제를 낸다고 한다. 그중에서 다섯 개는 본인이 그 일을 언제 어떻게 하겠다는 것을 자세하게 조사하고 계획을 세우는 것이다. 만일 해외여행을 하고 싶

스티브 잡스의 리얼 옵션

	1~15세	15~25세
비전		**15** 최고 디자인 회사를 꿈꾸다 **18** 블루박스 개발로 첫 수업 **20** 애플사 창립 **22** 애플컴퓨터 개발 **23** 마우스를 보고 반하다
위기	**1** 폴 잡스에게 입양되다	
체험	**10** 컴퓨터를 보고 반하다 **11** 월반하여 중학교 입학	**18** 리스 대학 입학, 중퇴 **19** 인도에서 자신만의 진리를 깨닫다
대리	**11** HP의 휴렛을 만나다 **13** 스티브 워즈니악을 만나다	**20** 광고계 거물 매키너와 만나다

25~30세	30~40세	40~56세
26 시대의 리더로 〈타임〉지 표지 장식 25 애플 주식 공모 28 매킨토시 출시		48 아이팟 출시 48 아이폰 출시 49 세계 지도자 베스트 11에 선정
	30 애플사에서 축출당하다 30 애니메이션에 매료되다 30 NEXT/PIXAR 창립 39 〈토이 스토리〉 성공	47 애니메이션 역사상 최대 수입 기록 〈니모를 찾아서〉 48 췌장암 투병 & 도전
26 IBM에 광고로 경고하다		49 스탠퍼드 대학교 졸업식 연설
27 존 스컬리를 만나다 29 조지 루카스를 만나다	30 월반하여 중학교 입학 33 로렌을 만나다 35 로렌과 결혼	

은 학생이 있다고 하자. 그러면 그 학생은 경비 마련, 여행국가, 동반자, 출발시각, 여행경로, 체험기 작성계획, 여행후기 등을 상세하게 만들어서 제출해야 한다. 4~5쪽의 기획서를 작성하면서 마치 곧 여행을 떠날 사람처럼 준비하라고 한단다. 한 학기 동안 무려 열 가지를 그런 식으로 설계를 주문하며 살아가면서 언제 무엇을 어떻게 하는 것이 좋겠다는 '굿 타이밍' 찾기를 시도한다. 뒷북치는 인생을 살지 말라는 주문이다.

유 교수의 과제는 단순히 상상을 하는 것에서 머무르지 않도록 하기 위해서 조건을 달고 있다. 반드시 누군가와 자신의 계획에 대해 면담을 하는 것을 포함시켜야 한다. 조언을 듣거나 기획한 내용을 검증받으라는 절차를 밟게 만든다. 가능하면 현실성을 높이기 위한 노력이다. 한발 더 나아가, 다시 3, 4학년 과목에서 1학년 때에 만든 기획서를 실천한 학생이 그 결과를 제시하면 성적을 올려주는 인센티브를 준다고 한다. 자격증을 20개 이상 준비한 학생, 국가고시에 도전한 학생, 언어성적을 올린 학생 등이 실제로 실적을 제시하고는 성적을 올렸다고 한다.

유 교수가 학생들에게 과제를 부여한 것은 사실 리얼 옵션 기획서를 만들고 실천하도록 기회를 주는 것과 같다. 막연한 상상이 아니라 자신의 선택권이 될 수 있도록 뭔가 시도하고 투자하라는 주문이다. 그런 과정을 통해서 상상속의 꿈이 아니라 실현가능한 현실 목표로 만드는 훈련을 시키는 셈이다.

"우리 학생들 중에서 20퍼센트 정도는 그 과제를 정말 잘 해내고 있

게으름에서 벗어나 나를 찾는 10가지 열쇠
굿바이, 게으름
문요한 지음 | 256쪽 | 값 12,000원

20만 독자들의 인생을 바꾼 책!

빈둥거리는 것만이 게으름이라 생각한다면 착각! 중요한 일을 뒤로한 채 사소한 일에 매달리고 늘 바쁘게 야근하지만 실속 없이 손해 보며 살고 있는가. 이 책은 이런 당신을 위해 게으름의 늪에서 벗어나 나를 찾는 10가지 지혜를 제시한다.

▶ 〈국가정보원〉 직원 필독도서 선정
▶ 〈책을만드는사람들(책만사)〉 2007 올해의 베스트셀러
▶ 〈예스 24〉네티즌 선정 '올해의 책' ▶ 일본, 중국, 태국 등 해외 수출

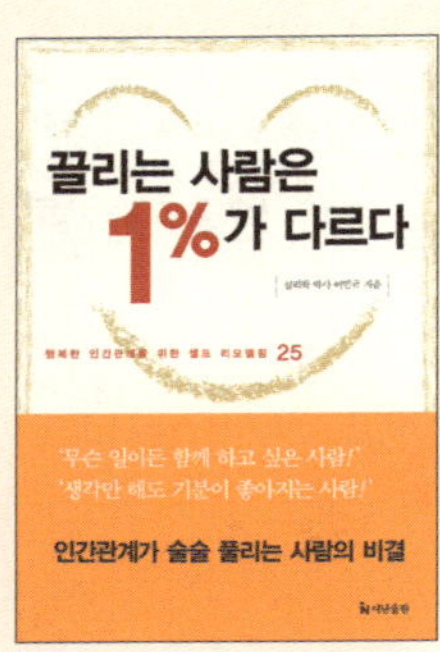

행복한 인간관계를 위한 셀프 리모델링 25
끌리는 사람은 1%가 다르다
이민규 지음 | 260쪽(양장) | 값 12,000원

90만 독자가 선택한 인간관계의 바이블!

오늘날 성공하는 데 가장 중요한 요소는 대인관계다. 이 책은 직장동료나 고객, 상사 또는 친구, 가족 등 행복한 인간관계를 위한 25가지 비결을 소개하고 있다. 이미 90만 부 이상 팔린 최고의 베스트셀러로서 수많은 독자의 공감과 지지를 받고 있다.

▶ 2006 문화관광부 선정 '우수교양도서'
▶ 〈책을만드는사람들(책만사)〉 2006 올해의 베스트셀러
▶ 2006 네티즌 선정 '올해의 책' ▶ 〈삼성경제연구소〉 CEO 추천도서

셀프 리모델링을 위한 25가지 프로젝트
1%만 바꿔도 인생이 달라진다
이민규 지음 | 296쪽(양장) | 값 12,000원

"나는 왜 이 모양일까?" 절망하는 사람들에게

결과를 바꾸고 싶다면 원인부터 바꾸어야 한다. 1%만 바꿔도 인생은 180도 달라진다. 이 책은 사람들이 생각과 행동을 바꾸지 못하는 심리적인 이유, 성공한 사람들이 인생을 바꾼 사례, 1도의 관점 전환을 위해 필요한 조건, 1%의 행동 변화법 등을 심리학자의 시선으로 명쾌하게 제시한다.

▶ 태국, 대만, 중국 수출

사소함이 만드는 위대한 성공 법칙
리틀 빅 씽

톰 피터스 지음 | 최은수 , 황미리 옮김 | 440쪽(양장) | 값 18,000원

세계적인 경영 구루 톰 피터스가 말하는 성공 철학의 모든 것

사소해 보이지만 사실은 중요한 법칙, 세계적인 경영 구루인 저자 톰 피터스(Tom Peters)는 2004년부터 자신의 블로그(tompeters.com)를 통해 일상의 사소함에서 배우는 아이디어를 소개했다. 이 책은 사소해 보이지만 사실은 중요한 법칙들을 보다 구체화하여 163가지로 정리했다.

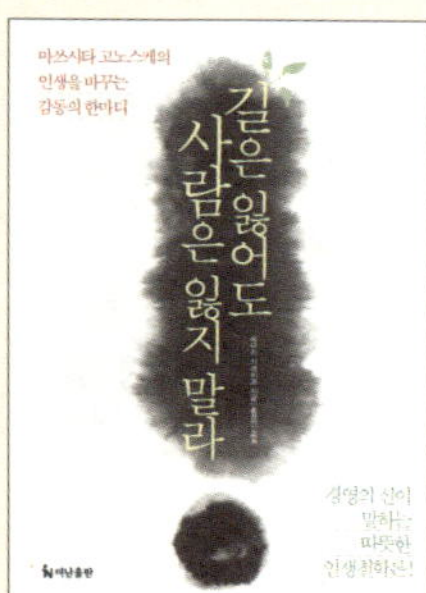

마쓰시타 고노스케의 인생을 바꾸는 감동의 한마디
길은 잃어도 사람은 잃지 말라

에구치 가쓰히코 지음 | 홍성민 옮김 | 296쪽(양장) | 값 12,000원

우리 시대 최고의 경영 구루, 마쓰시타 고노스케에게 배우는 인생의 마음가짐

이 책은 마쓰시타 고노스케를 22년 동안 보좌한 에구치 가쓰히코가 인생의 방향을 알려주고 있다. 저자 에구치 가쓰히코는 지금까지 출판된 마쓰시타 고노스케의 저서 중에서 그의 풍부한 체험과 깊은 통찰로부터 얻은 인생의 지혜와 지침을 한자리에 모아 독자들에게 소개한다.

스마트하고 효율적인 1등의 업무방식
삼성처럼 일하라

문형진 지음 | 256쪽 | 값 13,000원

1년 만에 '삼성 5년차' 처럼 일하는 최강의 업무 시크릿!

1등 기업 뒤에는 1등의 일하는 방식이 있다! 삼성의 업무 방식으로 일하면 개인은 물론 조직과 회사도 삼성과 같은 성과를 낼 수 있다. 삼성의 보고서, 삼성의 업무규칙, 삼성의 상하관계, 삼성의 동기부여에 이르기까지 1년 만에 '삼성 5년 차'를 만들 수 있는 체계적이고 확실한 업무의 노하우!

머리부터 발끝까지 우리 아이 건강 미인 만들기 프로젝트
닥터 맘의 우리 딸 건강 다이어리
황지현 지음 | 262쪽 | 값 13,000원

엄마는 아이의 몸을 가장 잘 아는 최고의 '주치의'

두 딸을 키우는 워킹맘이자 가정의학과 전문의인 저자가 여자들이 꼭 알아야 할 질병과 함께 아이들이 많은 관심을 갖고 있는 다이어트의 올바른 방법, 피부 미용 상식에 대한 정보를 담았다. 2차 성징과 그와 관련된 질병, 아토피, 여드름, 빈혈, 변비에 이르기까지 다양한 병의 원인과 치료법을 이해하기 쉽게 설명해 엄마와 딸이 함께 읽으며 문제를 발견하거나 해결해갈 수 있다.

전 세계 30여 개국 100만 독자들의 인생을 바꾼 책!

물은 답을 알고 있다
에모토 마사루 지음 | 홍성민 옮김
200쪽 | 값 10,000원

물은 답을 알고 있다 2
에모토 마사루 지음 | 홍성민 옮김
224쪽 | 값 10,000원

0세부터 100세까지 꼭 알아야 할 건강에 관한 모든 것
내 몸 건강 체크리스트
마누엘 알바레즈 지음 | 이한이 옮김
신재원(MBC의학전문기자) 감수 | 360쪽 | 값 14,000원

당신의 평생 건강을 책임지는 든든한 주치의!

틈틈이 챙겨보면 병원 갈 일 없어지는 우리 가족 건강 체크리스트! 이 책은 우리가 일상생활에서 흔히 부딪히는 질병과 건강문제를 연령별로 나누고 구체적인 증상으로 세분해서 누구나 찾아보기 쉽게 엮었다. 또한 관련된 증상에 따라 판단 가능한 질병의 종류와 그에 대한 설명을 곁들였다.

▶ 보건복지가족부 선정 '2009 우수건강도서'

뜨거운 20대 청춘들을 위한 필독서

여자들은 모르는 남자들의 속사정 이야기

남자의 사랑은 섹스다

데이비드 징크젠코 외 지음 | 김경숙 옮김 | 280쪽 | 값 12,000원

즐거운 연애를 위해 반드시 읽어야 할 남자 심리 보고서

남녀관계에서 생기는 의문점들을 명쾌하게 풀어줄 책으로, 도저히 이해할 수 없는 남자들의 심리와 행동들을 꼼꼼하게 분석해 좀 더 현명하게 튼튼한 관계를 만들어갈 수 있도록 한다. 5000명 이상의 남녀를 대상으로 남자들의 사랑과 섹스에 대해 여론조사를 실시해 그들에게서 이끌어낸 솔직한 답변들을 바탕으로 연애에 대한 남녀의 관점을 분석한 책!

택꼬의 630일간 아메리카 자전거 여행

떠나지 않으면 청춘이 아니다

김태현 지음 | 348쪽 | 값 13,800원

**넘어지고 도둑맞고 배고파도 여행은 계속된다
아메리카 대륙 구석구석을 돌아본 리얼 유랑기**

이 책은 낯선 땅 중남미를 돌아보고 그곳의 참모습을 보여주는 문화 탐방기이자, 스물여덟 살 청년의 성장기다. 나이가 아무리 많더라도 도전하는 정신만 잃지 않는다면 언제까지나 청춘이다. 결코 포기할 줄 모르는 저자의 이야기는 열정을 불태우는 모든 사람들에게 희망을 던져줄 것이다.

당신이 아직도 어른이 되지 못한 50가지 이유

세상에 만만한 인생은 없다

찰스 J. 사이키스 지음 | 문수경 옮김 | 260쪽 | 값 12,000원

만만치 않은 세상에 피가 되고 살이 되는 독한 인생처방전

가정에서도 학교에서도 가르쳐주지는 않지만 어른이 되려면 반드시 알아야 하는 현실세계의 원칙들. 이 책은 부모의 과잉보호와 사회의 무한경쟁 사이에서 갈피를 못 잡은 십대에서 삼십대까지의 청춘들에게는 '제발 정신 좀 차려라', 그런 젊은이를 양산하는 사회에는 '언제까지 나약한 어른으로 키워낼 셈이냐'며 정신이 번쩍 드는 쓴소리를 늘어놓는다.

알찬 정보만 쏙쏙 담은 경제 패키지

위기일발, 대한민국 부동산
당신의 재산은
누구도 지켜주지 않는다!

▶ 예스 24 선정 '2009올해의 책'

위험한 경제학
❶ 부동산의 비밀
선대인 지음 | 296쪽 | 값 13,000원

위험한 경제학
❷ 서민 경제의 미래
선대인 지음 | 310쪽 | 값 13,000원

당신만 모르는 금융회사의 은밀한 진실
통장의 고백
심영철 지음 | 256쪽 | 값 12,000원

당신의 통장이 폭로하는 금융회사 스캔들

누구나 금융기관에서 난감한 경험을 해 보았을 것이다. 금융기관에서 권하는 상품에 대해서도, 또 그들이 설명해주는 전문용어 또한 전혀 알 수가 없다. 이 책은 금융기관에만 찾아가면 까막눈이 되는 독자들에게 꼭 알아두어야 할 은행 상품과 보험 상품, 펀드 상품 상식들에 대해 정확한 정보를 차근차근 알려준다.

김광수 소장이 풀어쓰는 경제의 핵심
경제학 3.0
김광수 지음 | 276쪽 | 값 13,000원

같은 주제, 하지만 차원이 다른 경제 이야기!

21세기의 경제학은 상대적 빈곤을 해소하고 삶의 질을 향상 시키는 것에 목표를 두고 있다. 이 책은 이런 관점에 기초하여 제도와 시스템 개혁 등과 같은 정책적 수단의 도입 필요성을 강하게 주장한다. 이 책을 통해 우리는 우리 시대의 경제적 현상과 실상들에서 마주칠 수 있는 문제들을 해결할 새로운 경제학 방법론과 새 시대를 향한 경제학의 패러다임을 발견할 수 있을 것이다.

어. 그리고 정말 도움이 되었다는 얘기들을 하지. 굿 타이밍을 찾는 것이 정말 중요해. 미리 준비하고 연습하지 않으면 쉽지 않은 일이잖아.”

유 교수의 체험담이다. 나는 학생들에게 3개월 동안 목표를 세우고 실행에 옮기는 ‘리얼 옵션 실행’을 강조하고 있는 반면 유 교수는 기획과 실행을 동시에 지향하고 있는 셈이다.

리얼 옵션
자가진단

Find Your Journey

이제 자신의 리얼 옵션 유형을 스스로 진단하여 자신에게 어울리는 리얼 옵션 프로젝트를 실행에 옮길 단계다. 자신을 정확히 판단하는 것은 미래를 선택하는 과정에서 매우 중요하다.

'리얼 옵션 유형 자가진단표'는 성공사례를 분석하여 만든 체크리스트다. 사례들의 성공 요소를 도출하고 각 유형별 공통점을 집계하여 설계했다. 성공 요소는 16가지 자질Trait로 구성되어 있으며 비전 지향, 열정적 기질, 성실한 태도, 그리고 도전의식은 여섯 가지 유형 모두에 해당된다.

각 요소에 대해서 최고 10점, 최저 0점 범위에서 점수를 부여한다. 그리고 각 유형에 해당되는 빈 칸 안에 똑같은 점수를 기록하면 된다. 각 유형별로 최고 100점이 되도록 구성되어 있다. 모든 요소에 대해 진단을 마치고 유형별 점수를 각 열별로 합산하면 자신에게 적합한

리얼 옵션 유형 자가진단표

리얼 옵션 자가진단 질문	비전	위기	체험	취미	멘토	대리
1. 미래에 대한 비전과 목표가 분명하다.						
2. 매사에 열정적이고 적극적이다.						
3. 성실하며 약속을 잘 지킨다.						
4. 새로운 일에 도전하는 것을 즐긴다.						
5. 창의적인 발상으로 차별화하려고 노력한다.	■		■			
6. 긴 안목으로 전략적으로 판단한다.				■	■	
7. 항상 문제의식을 갖고 개선가능성을 본다.			■	■		
8. 기회 포착에 강하다고 생각한다.	■	■			■	■
9. 시대적 환경변화에 빠르게 대응한다.	■		■	■		
10. 가정환경을 항상 긍정적으로 활용한다.	■	■			■	
11. 기술 발전에 능동적으로 대응한다.					■	■
12. 다양한 경험을 쌓는 것을 좋아한다.						■
13. 대인 커뮤니케이션 능력이 우수하다.		■	■	■	■	■
14. 멘토링을 통해서 배우는 것을 즐긴다.	■	■	■			
15. 주변 인맥을 쌓는 데 적극적이다.		■				■
16. 신뢰 있는 사람이라는 평가를 듣는다.	■	■	■	■		■
유형별 점수						

리얼 옵션 유형을 알 수 있다. 가장 점수가 높은 1~2개 유형이 현재 자신의 스타일에 해당된다.

자신에게 적합한 리얼 옵션 유형을 한 가지로 결정하는 것은 큰 의미가 없다. 현실에서는 다양한 요소들이 서로 영향을 미치며 미래를 선택하기 때문이다. 중국 진출을 생각하는 경영자라면 비전에 근거하여 목표를 세우고 몰입하지만은 않는다. 중국에 이미 진출한 친구를 통해서 대리 경험을 할 수도 있다. 결국 종합적인 노력에 의해서 믿을 만한 리얼 옵션이 만들어진다.

리얼 옵션 자가진단은 개인의 기질을 파악하는 정도에만 초점을 맞추어야 한다. 기질적으로 비전지향적인 사람도 있고 체험을 중시하는 사람도 있다. 그러므로 자신의 강점을 중심으로 불확실성에 대비하면서 다른 유형의 개념을 활용하면 된다. 리얼 옵션을 만드는 것이 목적일 수는 없다. 행복한 인생을 설계하는 과정에서 좋은 옵션들이 만들어지면 된다.

5장

비전형 리얼 옵션

내 전공 분야에서 가장 본받고 싶은 분은 서울대학교에서 은퇴하고 지금은 울산과기대 석좌교수로 있는 이면우 교수다. 《W이론을 만들자》《신창조론》과 같은 베스트셀러를 냈을 뿐만 아니라 명강사로도 유명한 분이다. 이 교수는 자신이 가르치는 바를 기업에서 실현시킬 수 있어야 한다는 신념을 가지고 있다. 그러나 그의 도전 행로는 결코 만만치 않았다. 하이터치 개념으로 기업을 자문하여 크게 성공시키기도 했지만 직접 창업한 벤처사업은 부침이 심했다. 그는 성공과 실패를 모두 겪었지만, 바로 그런 것이 비전을 향한 여정이다. 비전형 리얼 옵션은 목적 있는 삶Goal Driven Life을 산다는 것이 핵심이다.

꿈 혹은 비전은 리얼 옵션을 통해서 점점이 이어진다. 출신 대학이 아니라 전공이 미래와 직결되어 있다. 학교 성적이 아니라 어떤 사람들과 만나고 있는가가 진로를 결정한다. 내가 오늘 어디에 있는가가 아니라 내일 어떤 존재가 되는가, 그리고 그것을 위해 어떤 시간을 보내고 있는가가 중요하다.

성공률 47퍼센트. 비전형 리얼 옵션의 성공률은 대단히 높다. 미래를 성공적으로 설계한 사람들이 분명한 목표를 갖고 준비하는 경향이 높다. 따라서 목적 있는 삶이 중요하다. 발전 방향을 정확히 아는 것, 그 방향의 가치를 파악하는 것, 그리고 그 방향이 자신의 역량에 합당한가를 정확하게 이해하는 것이 비전형의 핵심이다.

비전형이 성공률이 높은 이유는 학습효과가 크고 성과 또한 예측 가능하기 때문이다. 기대성과가 낮은 개인 비전에 도전하는 사람은 드물다. 경제적 보상이 아니더라도 종합적 가치가 크기 때문에 그 길에 들어선다. 찰스 핸디는 "인생은 이기는 것이 목적이 되어서는 안 된다"라고 말했다.[26]

비전형의 관건은 몰입도다. 3년 혹은 5년 후에 발생할 일이므로 장기간 몰입하기가 어렵다. 달성 가능성에 대해 회의감도 생긴다. 필요하고 중요한지 알면서도 지속적으로 투입하기가 힘들다. 결국, 비전형은 실행력이 결과를 좌우한다.

비전형 리얼 옵션으로
꿈을 이룬 사람들

Make Real Options for Your Vision

나는 비전을 '밥맛'으로 즐겨 비유한다. 밥맛 좋으면 좋은 비전을 갖고 산다고 생각한다. 밥맛 좋으면 건강하고, 건강하니 왕성하게 활동한다. 그러면 다시 밥맛이 좋다. 이런 선순환 Positive Cycle 구조를 가능케 하는 것이 바로 비전이요 목표다. 반대로, 밥맛이 떨어지면 지옥이 된다. 밥맛 없으면 기운 없고, 기운 없으면 매사 의욕도 없다. 일이 안 풀리고 또 다시 밥맛이 없어지는 악순환 Negative Cycle에 빠지는 것이다.

비전형 리얼 옵션 프로젝트도 가능한 한 밥맛 좋아지는 과제를 추구하는 것이 좋다. 당장 높은 가치를 확보하지 못한다고 해도 조급할 필요는 없다. 그래야 몰입도를 높일 수 있다.

비전은 크게 볼 때 두 가지 관점에서 만들어진다. 현재 하는 일에서 더 큰 목표에 도전하거나 새로운 분야로 도약을 꿈꾸는 것이다. 환경변화에 의한 최악의 상황에 대비하는 경우도 있다. 이 경우도 지속가능한 성장을 비전으로 정한 것으로 볼 수 있다. 단순히 생존이 문제라면 비전형보다는 위기형을 선택하는 것이 낫다.

비전형의 기본 방향은 점증형 성장곡선을 자신의 것으로 만드는 것이다. 기업이 연구개발을 하고 개인이 자기계발을 하는 이유가 모두 이 점증형 성장곡선을 위한 것이며, 지속적 성장을 보장하는 컴파운드 효과를 확보하려는 노력이다.

〈스포츠일러스트레이티드SI〉가 발표한 2010년도 최고 수입(광고 수입 포함) 운동선수들의 면면을 보면, 골프의 타이거 우즈에서부터 축구의 리오넬 메시와 야구의 알렉스 로드리게스에 이르기까지 무려 8개 종목의 선수들이 포함되어 있다. 가장 인기 있는 종목이 상위를 독차지할 것 같지만 결과는 그렇지 않다. 어떤 분야에서 활동하느냐가 아니라 얼마나 잘 할 수 있느냐가 중요하다는 점을 말해준다.

사업을 하는 사람은 독보적인 경쟁력을 갖고 싶어 한다. 운동이나 예술을 하는 사람은 최고의 리그나 무대에 서기를 바란다. 연구를 하는 사람은 최고의 그루Guru가 되고자 한다. 직장생활을 하는 사람은 임원과 같은 고위직이 목표다. 비전형 리더는 꿈꾸고, 도전하고, 경쟁한다. 다른 사람과의 경쟁이 아니라 자신의 한계나 자아와의 경쟁이다. 어떤 분야에서든 메이저리거로 살기를 희망하는 사람이 비전형 리얼 옵션을 즐긴다.

비전형으로 성공한 사람들은 한꺼번에 모든 것을 이루지 않았다.

많은 것들 중에서 한두 가지를 목표로 삼고 착실하게 하나하나씩 밟고 나아간다. 스티브 잡스처럼 점과 점을 연결하여 목표에 다다르겠다는 자세로 리얼 옵션을 반복적으로 선택했다. 그들은,

명문 그룹에 몸담는다

일류는 일류다. 그 값을 한다. 높은 경쟁률을 뚫고 나아가야 하지만 그만큼 가치가 크므로 리얼 옵션에서 제외시킬 이유가 없다. 방송인 김주하는 다니던 대학을 그만두고 아나운서 배출로 유명한 학교에 다시 진학했다. 그리고 자신의 리얼 옵션을 확실히 확보했다. 안철수 박사도 의사 출신이 아니었다면 지금과 같은 폭발적 인기를 누릴 수 없었을 것이다. 윤윤수 회장은 필라코리아를 창업하여 글로벌 필라의 주인이 되었다. 신발로 세계적 명성을 쌓은 한국 땅에서 이룬 일이었다. KBS 탤런트 출신인 김민성은 방송 선진국인 미국을 방문, 명품 미국방송을 한국에 도입하는 리얼 옵션에 도전했다.

희소가치를 찾는다

차별적 경쟁력이나 희소성 높은 역량을 갖는다. 강제규 감독은 영화계의 장벽을 느끼고 시나리오 작가로 시작했다. 시나리오에 강한 연출자가 되기 위해서였다. 세르게이 브린과 래리 페이지는 새로운 검색기 개발에 도전했다. 그들의 도전은 구글 창업이라는 리얼 옵션을 허락했다. 모두가 새로운 가치를 찾아내고자 했고, 시장은 그 가치를 인정해줬다.

비전형으로 성공한 사람들은

- 명문 그룹에 몸담는다
- 희소가치를 찾는다
- 최고 기량에 도전한다
- 브랜드 경쟁력을 즐긴다
- 특급 대우를 꿈꾼다
- 강한 영향력을 확보한다
- 비전 의식으로 승부한다

최고 기량에 도전한다

자신만의 브랜드가 될 최고 역량을 만든다. 일러스트레이터가 꿈이었던 나카야마 요코는 교직에 있으면서 틈나는 대로 자신의 기량을 축적했다. 단계적으로 쌓인 그의 역량은 수필가와 일러스트레이터를 리얼 옵션으로 선물했다. 손정의 회장은 대학시절부터 특허를 냈다. 사업자금을 마련하기 위해서였다. 남다른 아이디어로 무장한 도전정신이 결국 소프트뱅크라는 사업체를 리얼 옵션으로 제공했다.

브랜드 경쟁력을 즐긴다

매스컴이나 대중의 주목을 받는 사람이 된다. 강풀 강도영은 만화가가 꿈이었다. 하지만 일반 신문사에서 인정을 받을 수 없었다. 그래서 인터넷 개인 홈페이지에 자신의 만화를 올려 유명세를 얻는 리얼 옵션을 준비했다. 유명 야구선수 남우식은 어깨를 다치자 새로운 분야를 준비했다. 햄우유 영업맨으로 14년, 그리고 관리자로 14년. 드디어 최고경영자의 반열에 올랐다. 대중의 인기를 발판으로 마케팅 부문에서 리얼 옵션을 만드는 데 성공했다.

특급 대우를 꿈꾼다

아주 고가의 특급대우를 무리하다 싶을 정도로 요구한다. 김영세는 안정적인 직업인 교수자리를 박차고 나와 직원 두 명으로 회사를 차렸다. 그리고 자신의 가치를 보여주며 그만큼의 대우를 세상에 주문했다. 수학자와 성악가를 오가던 파파로티는 미국시장에 진출할 수 있는 기획으로 세계적인 스타로 올라섰다. 모두가 특급 대우를 꿈꾸며 차원이 다른 클래스에 진입하려고 노력했다.

강한 영향력을 확보한다

자신을 따를 수밖에 없게 만든다. 매력 있는 사람이 강하다. 한국청년회의소에서 일하던 김석호는 좋은 평판을 발판으로 인맥을 넓혀나갔다. 결국 점점이 이어지던 인맥은 그가 정치로 진출하는 리얼 옵션이 됐다.

비전 의식으로 승부한다

자신의 목표에 단순한 몰입력으로 도전한다. 메이저리거로서는 별로 두각을 나타내지 못했던 야구선수 토니 라루사는 법조인이 됐다. 그러나 야구에 대한 비전을 버릴 수 없었다. 그는 마이너리그를 선택하여 지도자로서의 강력한 이미지를 심어줬다. 버락 오바마 또한 여성과 약자를 대변하는 인권변호사에 인생을 투자하여, 할아버지의 조언에 힘입어 정치에 입문, 대통령이 되었다. 인권변호사에 대한 철학이 큰 리더로 향하는 리얼 옵션을 잡게 만들어줬다.

넓게 보는 것이 멀리 보는 것

대기업은 물론 일반 기업의 경영인들은 항상 미래를 걱정한다. 10년 후를 걱정하는 그들은 먼 미래를 마치 내일 이야기하듯 한다. 그리고 불안해한다. 준비하지 않으면 큰일 난다고.

청년들은 정반대다. 코앞에 닥친 일이 걱정이다. 등록금, 성적, 취업, 승진, 전세금. 10년 후가 아니라 당장 내일이 걱정이다. 내일이 해결되어야 그 다음을 또 생각할 수 있기 때문이다. 이들에게 비전이란 단어는 사치스럽다. 비전보다는 꿈이, 꿈보다는 희망이, 희망보다는 바람이 편안하다. 미래에 집착하는 자체가 스트레스다. 비전이라는 단어는 여유 있는 부자가 입에 올리거나 대기업의 광고일 뿐이라고 생각한다.

그런데 생각을 바꾸어보면 전혀 다르게 해석할 수 있다. 비전 지향적 습관이 부자를 만든다. 자신 자신과 뒤따르는 사람에게 공감할 만한 목표를 제시하기 위해서 비전이라는 용어를 쓸 뿐이다. 스티브 코비 박사도 '목표를 확립하고 행동한다'를 성공하는 사람들의 두 번째 습관으로 꼽았다.[27] 여기서 말하는 목표는 장기적인 비전의 이정표다. 장차 다가올 현실을 오늘 선택하라는 뜻이다.

우리나라에 한때 엄청난 벤처붐이 불었던 적이 있다. 정부도 적극적으로 지원하여 가히 벤처 천국이 되었다. 갑자기 수백억 원의 '잠정적 부자'가 속출했다. 비록 주식가치를 평가한 것이지만 분명 그들은 일시적으로 대박 부자들이 되었다.

"강남 룸살롱을 벤처 1세대가 완전히 점령한 적이 있었습니다." 엔씨소프트 김택진 사장이 한 말이다. 휘청거리는 벤처 사업가의 모습을 말한 것이었다. 그들의 표면적 비전은 도전하는 기업가였다. 그러나 그 비전은 가짜였다. 그들의 내면은 '편안히 돈 쓰는 사람'으로 가득 차 있었다. 결국 그들 대부분은 실패한 사업가로, 좌절한 개인으로 전락하고 말았다.

기업가 정신을 바탕으로 진정한 비전을 지켜나간 소수가 존경받는 이유가 여기에 있다. 어떤 회사는 개인 비전과 기업 비전을 일치시키기 위해서 직원들에게 '비전 카드Vision Card'를 만들어 지갑에 넣고 다니게 한다. 심지어 부서 보드에 직원들의 비전을 게시하여 공유하기도 한다. 왜 그렇게까지 해야 하는가. 미래의 목표에 집중하며 살아가기가 그만큼 어렵기 때문이다.

장차 다가올 현실을
오늘 선택하라!

스티브 잡스는 대학생활 6개월이 지나면서 겨우 철이 들기 시작했다.[28] 더 이상 양부모에게 폐를 끼칠 수 없다고 판단하여 그는 학교를 그만두었다. 무엇을 목표로, 어떠한 방식으로, 어디까지 갈 것인가에 대한 방향 설정도 안 된 상태에서 비싼 등록금을 투자하다니……. 그는 세상의 관행을 거부하고 아예 학교라는 틀을 박차고 나왔다. 그리고 자기의 본 모습, '스티브 잡스, 나는 누구이며 어떻게 살아야 하는가'를 고민하기 시작했다.

이 시점이 바로 스스로가 주인이 되는 때다. 이때부터 다른 사람이 아닌 나 자신이 스스로 선택하는 삶을 살기 시작한다. 미래의 방향을 선택하고 책임지겠다는 용기가 생기는 것이다.

대학을 포기하니 지식이 보이기 시작했다. 그래서 흥미가 가는 과목을 청강했다. 자신이 다니는 대학이 최고의 서체 교육을 시키는 곳이라는 것도 알게 되었다. 기숙사에 있을 수 없으므로 친구 집 마룻바닥에서 자기도 했다. 5센트짜리 빈병을 모아 팔아서 먹을 것을 사기도 했다. 매주 일요일은 제대로 된 음식을 먹기 위해 7마일이나 걸어서 예배에 참석하기도 했다. 그러나 잡스는 힘들지 않았다. 삶이 달았고, 배움이 즐거웠다. 서체를 배우면서 과학과 예술이 만나는 접점을 체험했다. 과학이 잘 하는 부분과 해결하지 못하는 부분, 예술이 잘하는 부분과 부족한 부분 등 그는 마음껏 상상의 나래를 펴며 자신의 재능과 비교해보았다. 10년 후, 잡스는 매킨토시를 설계하면서 그때 배운 아름다운 서체를 모두 활용했다.

스티브 잡스에게 서체 학습은 리얼 옵션을 준비하는 과정이었다. 왜냐하면 그에게는 이미 고등학교 시절부터 꿈꾸던 PC 개발자라는 비전이 있었기 때문이다. 바로 그 비전을 달성하는 데 필요한 옵션은 학력이 아니라 기술이었다.

인생을 수평으로 살면 그렇게 된다. 수직적인 삶은 위를 볼 수 없다. 그러나 수평으로 놓으면 달라진다. 왜 사람의 눈이 옆으로 달렸는가를 생각해보자. 넓게 보는 것이 멀리 보는 것이다. 시작에서 마무리까지 말이다. 적어도 무엇이 필요한지를 보면서 살면 된다. 그게 수평적이고 비전 지향적인 삶이다. 시간의 흐름과 대등한 입장에서 살아가야 한다. 그리고 가끔, 아주 가끔 왼쪽 끝을 오른쪽 끝과 맞대어 보라. 시작과 끝의 비전을 맞대보는 것이다. 멋지게 맞아 떨어진다면 당신은 행복한 비전을 즐기는 사람이다.

"대학을 포기하면서 진정한 대학생이 되었습니다." 명문 스탠퍼드 대학교에서 연설한 잡스의 고백은 수많은 인재들의 눈시울을 붉혔고 전 세계에 전파되었다. 진정한 비전이 무엇인가를 가슴으로 느끼게 해주었기 때문이다.

비전은 연속된 목표로 이루어진 징검다리와 같다. 목표에서 목표로 껑충껑충 뛰어 다음 단계로 도약하는 반복적인 과정을 요구한다. 자신의 역량에 비해 각 단계 간의 간격이 너무 크면 물에 빠진다. 반대로 너무 간격이 좁으면 발전 속도가 미미하다. 지루함과 싸워야 한다. 열심히 달려가면서도 목적지에 도달하지 못할 수도 있다.

비전을 설계하는 번거로움을 견뎌야 한다. 설계도는 대충 그릴 수 있지만, 결과는 참으로 직접적이다. 서진규 박사는 스스로에게 희망의 증거가 될 수 있는 비전을 추구하라고 강조한다.

《가발 공장에서 하버드까지》를 써

서 인생 역전의 대명사로 유명해진 서진규 박사의 강의는 시작부터가 달랐다. 미군 소령 출신답게 청중을 향하여 세련된 거수경례를 하면서 강연을 시작했다. 그녀는 어려움에 빠진 한국인에게 희망을 주기 위해 방송국에서 만든 자신의 영상물로 청중의 마음을 열었다.

강연은 한 편의 드라마를 연상시켰다. 어려웠던 성장환경, 그리고 도전과 좌절. 하지만 온갖 역경을 겪으면서도 희망이라는 동아줄은 결국 그녀를 하버드 박사로 만들어주었다. 빈손으로 미국으로 건너가 혼자서 딸까지도 멋지게 양육하여 하버드 대학교를 함께 다닌 대목에서는 우레와 같은 박수를 나왔다. 환갑의 나이에 간염과 싸우면서도, 미국 국무장관이 되겠다는 그녀의 야심찬 비전은 '희망의 진정한 의미'를 깨닫게 해주었다.

청중 모두 그녀의 강의를 가슴으로 들었다. 눈물을 흘리는 사람, 옷을 선물하겠다는 사람, 다이아몬드 귀걸이를 선물하겠다는 사장, 국무장관이 될 때까지 기도를 해주겠다는 목사님도 있었다.

한 많은 이 세상 야속한 님아
정을 두고 몸만 가니 눈물이 나네
아무렴 그렇지 그렇구 말구
한 오백 년 살자는데 웬 성화요—

꽃답던 내 청춘 절로 늙어
남은 반생을 어느 곳에다 뜻 붙일고

강연 도중 서 박사가 어려웠던 시절을 회상하며 부른 〈한 오백 년〉을 들으며 청중은 그 노래가 결코 남의 이야기가 아님을 공감했을 것이다. 대한민국의 기성세대가 겪은 기적 같은 역경극복의 시나리오를 대신 노래해준 그녀에게 사람들은 기립박수로 감사와 격려의 마음을 전달했다.

서진규 박사는 스스로 희망의 증거가 되었다. 그녀는 어려운 환경을 극복하고 세계 최고의 대학에서 공부를 하겠다는 비전에 도전하여 성공했다. 힘든 일을 하면서도 미국에 관심을 가졌고 영어 공부를 했다. 그녀의 비전은 결국 리얼 옵션이 되었다. 그녀는 이민을 가고 하버드에 등록하여 박사 학위를 취득했다. '내가 이런 상황에서도 해냈는데 왜 당신이 안 되겠는가!'라는 강렬한 메시지를 던져주었다.

내 눈에 비친 서진규 박사의 이야기는 단순한 역경 극복 사례가 아니었다. 그녀가 처한 환경만 보면 어쩌면 평범한 우리나라 누이들의 이야기와도 닮았다. 어린 시절, 그녀는 엿장수의 딸로서 대학에 진학하지 못한 채 여고생활을 마쳐야 했다고 한다. 그러나 나는 동의할 수 없었다. 왜냐하면 당시 고등학교를 다닌 사람은 생활이 상대적으로 넉넉했기 때문이다. 또 살림이 너무 어려워서 동대문 가발공장에 취직했다고 한다. 그 이야기 역시 동의할 수가 없었다. 당시 가발공장은 주요 산업으로서 취업하기가 여간 어렵지 않았다. 그런 직장을 잡은 것은 결코 고생을 들먹일 일이 아닌 시절이었다. 골프장에서 일을 하다가 미국에 건너간 일련의 행보 역시 고난의 여정으로 보기 힘들었다. 오히려 평균 이상의 혜택 받은 인생으로 보아야 마땅할 것 같았다.

그럼에도 서진규 박사가 위대한 것은 목표의 크기에 있다. 당시에는 가발공장도 생활이 충분한 직장이었다. 단순히 먹고 사는 것이 목표였다면 말이다. 골프장도 마찬가지다. 그러나 그녀의 목표는 세계 최고 대학에서 공부하는 것이었다. 목표가 원대하기에 현실이 부족하다고 보았다. 의식주 해결이 문제가 아니라, 내가 얼마나 목표에 가까이 가고 있느냐에 의해서 자신의 환경을 판단한 것이다. 자족하지 못하고 욕심을 부릴 필요는 없다.

자라면서 자녀는 부모의 기대가 부담스럽게 느껴진 순간들이 있다. 부모의 입장에서는 자녀가 바로 미래의 비전이요 옵션이다. 부모는 자녀가 제대로 교육받고 성장하여 자신이 하지 못한 일들을 대신 멋지게 해내길 소망한다. 부모는 그것이 힘든 일인지 안다. 해내기 쉽지 않다는 것도 잘 안다. 그렇지만 리얼 옵션에 최선을 다해서 투자한다. 자녀는 피하고 도망갈 것이 아니다. 고맙고 감사하게 생각해야 한다. 본인 자신이 희망의 증거라는 의미이기 때문이다.

연봉 3배론

Triple your Value

연봉 3배론은 내가 기업 자문을 할 때 즐겨 쓰는 화두다. 나는 팀장급에게는 도전의식과 업무방식의 창의성을 알아보기 위해 질문을 던진다. 임원에게는 연봉을 3배로 높여줄 만한 부하가 있는가를 물으며 일을 시키는 능력을 파악한다. 인재를 채용하고 활용하는 안목에 대한 질문이다. 부하직원에게 상사 중에서 연봉을 3배 높여 받아 마땅한 사람이 있는가도 질문한다. 조직의 미래상이 궁금해서다.

"아니오. 별 차이를 두고 일하기기 쉽지 않습니다." 팀장의 답이 부정적이다.

"아니오. 그런 부하 없습니다." 임원의 답도 부정적이다.

"아니오. 그런 상사 없습니다." 부하직원의 답마저 부정적이다.

세 계층 모두 온통 부정적인 회사들이 대부분이다. No! No! No! 그런데 이런 기업들이 세계 최고의 전문기업이 되고 5년 후 전략목표가 서너 배 성장하는 것이 비전이라 말한다. 정말 한심한 조직이다. 도대체 무엇으로 성장하겠다는 말인가. 믿을 것은 오로지 시장 활성화와 파트너(혹은 모회사)의 급성장이다. 그래야 물량이 증가할 테니까. 그런 사고방식이라면, 그 반대의 경우가 생기면 깨끗하게 두말 않고 망하겠다는 각오를 해야 할 것이다.

세계 최고의 기업이 되기 위해서는 모든 기능과 계층에서 비교우위에 설 수 있어야 한다. 상대를 지배Dominate하는 수준이라면 조만간 최고가 될 것이 분명하다. 지배할 수 없다면, 비교될 수 있어야 한다. 잘하는 것도 있고 못하는 것도 있는데 평균 수준은 더 높아야 한다. 이때는 렉시코그래픽Lexicographic하게 비교해야 한다. 다시 말해, 비교항목의 중요도를 따져야 한다. 기술, 품질, 마케팅, 설비, 자금력, 혹은 CEO, 임원, 팀장, 직원, 인력시장과 같은 순서로 따져봐야 한다. 물론 업종에 따라 순서는 가변적이지만, 중요한 영역에서 앞서야 한다. 구성원이 이렇게 비교하고 상대적인 경쟁력을 갖추지 않고서는 상대적인 성장을 기대하기 어렵다.

'연봉을 3배 높여 받는다면 무엇을 다르게 할 수 있는가?' 모두에게 의미 있는 질문이다. 직장인은 물론 취업을 준비하는 사람에게도 마찬가지다. 대답을 잘할 수 있어야 인재의 조건을 갖춘 사람이다.

가장 간단한 답변은 동종업종에서 자기 연봉의 3배를 받는 사람을 능가하는 역량을 보여주겠다는 것이다. 이 분야에서는 누가, 왜, 어떻게 그런 대우를 받는지만 알면 된다. 쉬운 일이다. 만일 회사의 임원 외에 비교대상이 없다면 초고속 승진 노하우가 답이 될 수도 있다.

좀 더 과감한 대답은 매출을 3배 신장시킬 사업개발에 도전하는 것이다. 회사의 성장과 자신의 성장을 등식으로 보려는 발상이다.

그것도 여의치 않으면 개인 브랜드와 희소성에 착안하면 된다. 업계에서 이런 사람을 구하기 힘들다는 평판이 돌면 돈은 저절로 해결된다. 그래서 고수는 돈을 쫓지 않고 고유 가치를 유지한다. 돈은 저절로 따라온다고 믿는다.

연봉 3배에 합당한 업무목표나 역량개발 방향을 알아두는 것은 중요하다. 실천할 수 있느냐 없느냐는 별개의 문제다. 적어도 무엇을 해야 하는지는 알고 있어야 한다. 목표는 당장 내일 달성해야 하는 것이 아니다. 미래의 리얼 옵션일 뿐이다. 진정한 프로의 미래 가치를 항상 염두에 둬야 한다.

인적 자원의 가치는 국제적으로 이미 극심한 차별화가 진행되고 있다. 싱가포르 노동자의 임금은 타이인 8명, 중국인 13인, 인도인 18인의 임금에 해당한다. 불과 2년 전만 해도 한국 대졸자 한 명의 임금이면 중국 대졸자 네 명을 채용할 수 있었다.

이와 같은 시대에 중요한 것은 과연 어떤 역량으로 자신의 가치를 인정받을 수 있느냐는 점이다. 연예인들이 야구경기에서 시구를 많이 한다. 다들 폼 잡느라고 난리다. 유니폼을 맞춰 입기도 하고, 특정 동작으로 세간의 관심을 끌려고 애를 쓴다. 낸시 랭은 공을 던지지 않고

싱가포르 노동자의 임금은

말레이시아 노동자의 3명
타이 노동자 8명
중국 노동자 13명
인도 노동자 18명

의 노동자 임금과 같다

바닥으로 굴려서 화제의 주인공이 됐다. 특히 브랜드를 중시 여기는 사람일수록 차별화에 신경을 쓴다. 어떤 이미지로 대중에게 각인되는 가가 자신의 가치와 직결되기 때문이다. 특급 연예인의 회당 출연료가 1억 원에 이른다고 하니 당연한 현상이다.

단지 보이는 것만이 역량은 아니다. 보이지 않는 기술이나 역량도 실력 행사를 통해서 결과물로 드러난다. 축적된 지적 자본은 언젠가는 미래 옵션이 되어준다.

연봉 3배론은 소수에게만 해당하는 이야기가 아니다. 평범한 사람도 언제나 새로운 발상을 할 수 있다. 내가 강연을 갈 때면 가끔 차량서비스를 제공하던 김 사장님이라는 분이 있다. 월남전에서 부상당해 장애를 갖게 되었지만 언제나 유쾌하게 살아가는 분이다. 차 트렁크에는 자전거를 넣어 두었다가 강사가 강의하는 시간에 자전거 하이킹을 하면서 건강과 여유를 챙긴다. 또 교통통신원도 해서 차가 막히면 통신신호등을 차 위에 올려놓고 갓길을 달리곤 한다.

그런데 그분 차의 뒷좌석에는 스크랩북이 있다. 자신이 모셨던 분들과 사진을 함께 찍고 사인을 받아 둔 것이 재미있다. 많은 명사들이 성공을 기원하는 덕담과 더불어 서명을 해주었다. (사실 그 자체도 일종의 리얼 옵션이긴 하다.)

"사장님, 책을 한번 써보세요. 갓길 달리는 인생. 그런 내용으로 명사를 모시는 일상과 자신의 인생 여정을 묶어보시죠. 그러면 아마 강연을 하실 수 있을 겁니다."

강사에게 차량서비스를 제공하는 역할만 할 것이 아니라 아예 강사를 해보는 것이 어떠냐고 권유했다. 이후 실제로 그분은 책을 출간했고, 그 덕분에 방송인 고故 최윤희 씨의 추천으로 영등포 구치소에서 강연을 하게 되었다고 한다.

비전은 만들어지고 구체화된다. 수입의 규모는 사실 그리 중요하지 않다. 3배의 가치가 있는 일이면 된다. 그 역시 보람 있는 일이다. 돈이 아니라 3배의 칭찬을 받으면 어떤가. 이 또한 즐거운 일이다.

컨설팅 회사인 매켄지를 세계적인 리딩그룹으로 키운 마빈 바우어는 "모든 성공적인 전문가 조직은 직위가 아니라 재능, 경쟁력, 그리고 리더십으로 개인을 판단한다"라고 말했다. 고가의 컨설팅 수수료를 요구하는 것은 수익을 내기 위해서가 아니라 매켄지의 컨설팅을 진지하게 받아들이는지 그 수준을 나타내는 강력한 척도이기 때문이다. 매켄지가 특별한 이유는 스스로를 최고라고 생각하고 스스로 이미지를 관리하여 높은 수준의 독특한 조직문화를 확보했기 때문이다. 미래의 리얼 옵션은 오늘의 투자와 시도를 요구한다. 투자하고 준비하면 비전은 성취된다.

자신의 강점을
살려라

Foster your Talent

대니얼 김 박사는 미국에서 활약하는 척추신경 전문의다. 스탠퍼드 대학교에서 오랜 기간 근무하다가 지금은 텍사스에 있는 앤더슨MD Anderson 병원에서 시술을 하고 있다. 그가 남다른 이유는 특허를 60개나 가졌고 벤처회사를 네 개나 설립했다는 점이다. 그의 회사가 만든 인공척추가 유럽에서 많이 이용되고 있다고 하니 가히 성공적인 도전이었다.

김 박사는 화공학과 출신이다. 의사 대부분이 생물이나 화학 등 순수학문을 공부하면서 의대를 준비하는 것을 감안하면 그의 여정은 시작부터가 달랐다. 의사가 되는 과정은 다를 것이 없었다. 고도의 집중력과 체력을 요구하는 신경외과를 선택하는 과정에서 도전지향적인 기질이 작용했을지는 모른다. 그는 운 좋게도 유명한 척추전문 지도교수를 만나 본격적으로 의료인의 길에 들어섰다.

김 박사는 펠로우십을 마치고 잠시 시립병원에서 일하다가 스탠퍼드 대학병원의 신경외과연구소를 책임지게 되었다. 이 시점부터 그의 미래 준비는 달라졌다. 그는 연구와 수술을 하면서 획득한 지식이나 기술을 전 세계에 알리는 수단으로 책을 선택했다. 우선 과감하게 전문 일러스트레이터와 편집자를 채용했다. 의학전문서를 쓰는 데 필요한 전문가를 확보했던 것인데, 더욱 차별화되고 고품질인 의학서를 쓰기 위해서 투자를 한 셈이다. 그리고 척추와 관련된 전문서를 여러 권 쓰면서 자신의 역량을 알렸다. 앨 고어나 시리아의 왕비를 수술하는 등 세계를 누비며 척추수술로 초청받는 의사가 된 것은 그런 차별적인 노력과 무관하지 않다.

김 박사의 또 다른 준비는 자신이 사용하는 의료기기 자체를 개선하는 것이었다. 기계과 학생들에게 장학금을 주고 지원하면서 그는 특허를 내기 시작했다. 한국에서 교환교수나 학생들이 오는 경우에도 자신의 미래 비전과 일치하는 방향을 추구했다. 일시적 방문이 아니라 미래에 도전하는 파트너십을 구상해나갔다. 10년간의 도전만으로 그는 이미 대단한 영향력을 발휘하고 있다.

중요한 사실은 그가 더 큰 비전에 도전하고 있다는 점이다. 명문의대인 베일러 대학교의 교수이면서도 남부의 하버드라고 할 수 있는 라이스 대학교의 기계공학과 겸임교수를 하면서 세계 최고의 의료기기를 만들어내겠다는 열정을 불태우고 있다. 그에게 미래 비전은 생활의 일부이다.

비전형은 리얼 옵션을 생각하면서 자신의 강점을 돌아볼 필요가 있다. 나의 강점은 나 자신의 것이다. 다른 사람들에게는 얼마든지 신선한 충격이요 모방하기 어려운 내용일 수가 있다. 새로운 영역에 들어선 순간이라면 더욱 좋은 시기다. 자신이 어떤 보따리를 들고 낯선 땅에 도달했는가에 집중하자. 다른 사람에게 멋지게 보이는 비전이 아니라 자신만이 추구할 수 있는 비전을 먼저 생각하자. 나에게는 당연할지 모르지만 다른 사람들에게는 오히려 획기적일 수 있다. 세상은 규모가 아니라 '관점의 차이'에 의해 바뀌기 마련이다.

검증되지 않은 비전은 비전이 아니다

Monitor your Journey

비전형 리얼 옵션에서 흔히들 빠질 수 있는 가장 큰 오류는 결과로서 비전을 판단한다는 점이다. 모든 조건을 갖추고 또 비전이 달성되는 순간까지 참고 인내해야 한다고 생각한다. 그러나 틀렸다. 비전은 계속해서 변한다. 무엇 하나 결정된 것이 없고 결정할 수도 없다. 눈에 보이는 실상으로서의 비전이 아니라 내면의 가치가 비전의 의미를 다르게 보이게 만든다.

비전형 리얼 옵션에 대한 신뢰도를 높이려면 비전을 실현하는 과정에서 그 비전을 검증할 수 있어야 한다. 검증을 통해서 자신감을 높이고 비전의 크기를 정교하게 조정해 나갈 수 있다. 함토벤으로 유명한 함신익 교수의 경우가 그렇다.[29] 그의 비전은 지휘자가 되는 것이었다. 그래서 지휘자 타이틀을 공식적으로 획득하기 위해 미국 유학길에 올랐다. 그가 막상 미국에 도착하니 여건이 그리 만만치 않았다. 다니는 대학이 많은 것이 배움에는 오히려 좋지 않다고 생각하여 그는 새로운 환경을 찾아 주변 대학에서의 청강을 계획했다. 일단 주변에서 가장 가까우면서 교육환경이 좋은 대학을 시작해 점점 더 좋은 대학으로 움직였다. 그리고 청강으로 시작된 일이, 결국 라이스 대학교 석사 졸업과 이스트만 대학교의 박사과정까지 밟게 만들었다.

함신익은 수업만으로는 학습이 부족하다고 판단하여 학교 학생들을 설득해서 자신만의 오케스트라를 만들었다. 비전을 이루는 과정에서 그 비전의 일부를 미리 체험하려고 시도했던 것이다. 그가 여는 공연마다 수많은 청중이 찾아오고 라디오에서 취재까지 나왔다. 유명세를 타면서 그의 오케스트라는 점점 커져 연주할 공간이 없게 되었다. 학교도 학생 한 명의 개인적 활동을 지원하기에는 무리수라고 판단했다. 함신익은 허락된 공간을 빌린 후에 학교 총장을 초대했다. 공연은 관객석뿐 아니라 통로까지 관객들을 가득 채울 정도로 대성공이었다. 함신익은 다음 날 총장을 찾아갔다.

"우리 오케스트라는 보셨던 바와 같이 대성공을 이루었고, 검증도 충분히 이루어졌다고 생각합니다. 하지만 학교는 지원을 하지 않고 있습니다. 대학의 대극장을 무료로 사용할 수 있는 권한을 부탁드립니다." 어느덧 그는 비전을 이미 성취한 모습으로 총장과 면담하고 있었다.

목표에 도달하는 과정에서
차근차근 **검증**해야
확실한 리얼 옵션이 될 수 있다

좋은 비전일수록 도전자가 많기 마련이다. 어려움을 극복하고 고지에 오른다고 하더라도 원하는 대가를 얻는다고 장담할 수 없는 것이 현실이다. 그러므로 목표에 도달하는 과정에서 차근차근 검증해야 확실한 리얼 옵션이 될 수 있다.

한국에 귀국하여 연구를 시작할 무렵, 산업계와 인연을 맺고 싶었지만 쉽지 않았다. 기업에게 이론적인 도움을 주는 한편 현장의 생생한 이야기도 강의를 통해서 제자들에게 가르치고 싶었다. 그러나 그런 연결고리를 이어줄 사람을 만나지 못했다.

언론을 통해서 우리 사회에 화두를 던지거나 영향력 있는 일침을 던지는 학자를 보면 부러웠다. 분명 그들 역시 과거에는 다른 준비를 하였기에 지금의 그런 권리가 생겼으리라. 존 코터는 "리더십이 변화를 선도한다"라고 주장했다.[30] 변화의 속도가 빨라질수록 리더의 역할 또한 더불어 변해야 할 것이다. 변화 속도와 역량의 준비가 빚어내는 게임이라는 생각이 들었다.

"신 교수님, 교수님 전공 분야에서는 기업에서 초청하는 경우가 많겠죠?" 실험연구를 많이 하는 반도체 부문의 교수가 저녁식사를 하면서 질문을 해왔다. 나로서는 할 말이 없었다.

"별로요. 저는 아직 A급 강사가 아닙니다." 특별한 활동도 없는 터라 내 능력이 부족하여 초청하는 회사가 없음을 변명했다.

"A급? 왜 A급이라야만 합니까. C급, B급 하다 보면 더 나아지기도 하는 것이지." 준비를 꼭 마치고 해야만 하는 것이 아니라는 말이었다.

그 교수의 말이 옳았다. 비전은 그렇게 한꺼번에 도달되는 것이 아니고 또 그럴 필요도 없다. 점진적인 발전과정을 체험하며 전진하는 것이 중요하다. 검증하지 않으면 자신이 누구인지를 알 수 없다. 본인의 능력으로 어디까지 갈 수 있는지를 확인하는 것이 중요하다.

다시 작은 시도들을 만들어가려고 노력했다. 전문잡지에 리더십 관련 글을 쓰고 국제학술대회에서 사례발표도 했다. 내 글을 읽은 사람이 연락을 주고 학술대회에 참석했던 기업인들이 초청강연을 부탁했다. 막상 연결되기 시작하니 B급, C급의 문제가 아니었다. 정말 도움이 될 수 있는가 없는가가 핵심이었다. 나의 역량은 나 자신이 아니라 클라이언트가 결정할 몫이었다.

똑같은 내용이 A급이 되기도 하고 C급이 되는 것도 경험했다. 비싼 강사료를 받아보기도 했고 같은 내용으로 무료봉사 강의도 해보았다. 그런 여정에서의 보람은 내가 무엇을 받느냐가 아니라 무엇을 사회에 기여할 수 있는가가 관건이었다. 비전은 더불어 점검하며 만들어가는 내가 속한 집단의 공동작품이었다.

6장

위기형 리얼 옵션

“못하면 안 되는데…….”

내 인생에서 위기감은 약속에서 비롯되었다. 주어진 일을 못 하고 약속을 지키지 못할 것 같아 불안했다. 절대적인 관점의 위기였다.

“뒤쳐지면 안 되는데…….”

그 다음 위기감은 경쟁 때문에 생겼다. 뒤쳐지거나 불합격할 것 같아 불안했다. 상대적인 관점의 위기였다.

“흔들리면 안 되는데…….”

마지막 위기감은 나 자신의 심리에 뿌리를 두고 있었다. 가변적인 상황에서 신념을 지키지 못할 것 같아 불안했다. 복합적인 관점의 위기였다.

위기는 불안과는 차원이 다르다. 불안은 일시적인 불확실성에 근거를 두고 있다. 대부분 상상 속에서 심리적 동요를 거치고서는 마무리되곤 한다. 그러나 위기는 현실이다. 큰 변화에 직면하는 경우가 다반

사다. 걱정하며 불안해했던 최악의 상황이 내 일로 대두된 상황이다. 위기를 극복시킬 새로운 옵션이 필요한 결정적 순간이다. 6장에서는 위기를 통해서 옵션을 만들고 관리하는 방법을 살펴보고자 한다.

위기형 리얼 옵션의 성공률은 19퍼센트다. 위기를 돌파하면서 새로운 가치를 만들어낼 가능성이 그 정도로 높다. 위기가 기회라는 말을 반증한다.

위기형의 성공률은 투자 수준과 몰입에 의해서 결정된다. 위기의식 때문에 온몸이 긴장하고 있으므로 방심의 여지가 없다. 완벽한 몰입을 기대할 수 있다. 몰입 덕분에 학습효과가 극대화되어 리얼 옵션에 대한 전문성과 신뢰가 높아진다. 신념을 갖게 되는 것이다. 자신을 구해낸 옵션이므로 다른 사람에게 추천하는 데에도 주저함이 없다.

우리 사회에 사이비 종교나 다단계 판매와 같은 타당치 못한 일에 빠져 곤경에 처한 사람들이 있다. 어렵지만 단계적으로 발전하지 않고 한꺼번에 많은 것을 얻으려는 사람들이기도 하다. 수술의 고통을 겪지 않고 치료를 한다든지, 5퍼센트의 은행이자가 아니라 20~30퍼센트대의 수익을 기대하다가 봉변을 당한다. 그들은 목표에 쉽게 도달할 수 있는 비법을 찾았다고 믿는다. 이런 사람들을 만나면 막무가내다. 세상에 그렇게 훌륭한 장사가 없다고 믿는다. 남들이 뭐라고 해도 자신이 믿는 방법이 답이라며 집착한다.

위기나 다급한 환경 탓에 판단 기능이 약해졌기 때문에 이런 일이 생긴다. 같은 나무인데도 어떤 가지에서는 이상할 정도로 큰 과일이

열리고, 똑같은 밭에서도 기대 이상의 결과를 보여주는 씨앗이 있다. 산포Variance가 존재하는 게 자연이다. 그렇지만 환경 자체를 바꾸지 않고서 그런 결과를 다시 기대할 수는 없다. 그야말로 우연히 생긴 일이기 때문이다. 인생을 행운에 맡길 수는 없지 않은가.

위기형에서는 위기의 본질을 정확하게 이해하는 것이 중요하다. 근원적 차원에서 문제를 해결하는 것에서 리얼 옵션이 만들어지기 시작한다. 우연한 위기 극복이 아니라, 반복적으로 그런 위기가 온다고 해도 재현이 가능해야 한다.

궁하면
통한다
R e a l i z e   y o u r   P e r p e t u a l   C r i s i s

위기는 여러 가지 모습으로 다가온다. 경제, 질병, 심리 면에서의 개인적 위기 외에도 크고 작은 위기가 주변을 맴돈다. 회사의 경쟁전략 변화, 인수합병 상황, 사업 구조조정, 컴퓨터시스템 구축, 공급망 구축 등도 모두 기회인 동시에 자칫 위기로 둔갑할 수 있다.[31] 좋은 의도에서 시작된 일이 결과에 따라서 위기로 판단되는 경우도 있다. 왜 이런 상황에 미리 대비해서 리얼 옵션을 준비하지 못했나 하는 후회가 따르지만, 이제라도 몰입하여 어려움이 반복되지 않도록 해야 한다.

위기는 공포를 느끼면서 시작된다. 비참한 마음이 들거나 그런 상황이 될 수 있다는 것을 감지하면서 위기의식이나 문제의식을 갖게 된다. 우선 경제적 관점에서 위기를 자주 느낀다. 개인적으로나 국가적으로 파산하거나 어려움에 빠질 상황이 걱정된다. 실연이나 질병, 노쇠, 죽음과 같은 건강상의 문제도 위기로 다가온다. 특히 괴로운 것은 비판받는 경우다. 약점을 문책당하거나 쓸모없는 인간 취급당하는 상황도 마찬가지다. 공포감과 더불어 위기감이 피부로 느껴진다.

공포를 느끼면서도 위기라고 생각하지 않는 사람은 없다. 신앙생활 덕분에 늘 평정심을 유지하는 사람은 믿음 자체가 리얼 옵션이다. 상황 자체를 긍정적으로 받아들일 수 있는 마음훈련을 한 셈이다. 일반적으로는 위기에 대처하기 위해서 미리 준비를 한다. 사고, 질병, 사망 등에 대비하기 위해 보험을 드는 경우가 대표적이다.

많은 사람들이 최악의 상황을 위해서 리얼 옵션을 만들어둔다. 야외행사를 준비하면서 비가 올 경우를 대비하여 플랜 B를 세운다. 사업이나 기획을 하면서도 마찬가지다. 가상의 시나리오에 대비해서 위기 대응방안을 생각해둔다. 이들 모두 일종의 리얼 옵션이다. 실제 상황이 발생하면 선택할 수 있기 때문이다.

정작 당황스러운 경우는 갑작스런 위기다. 걱정을 전혀 안 했는데 일이 생긴 것이다. 옵션을 준비할 이유조차 없었다. 정말 이렇게 될 일이 아니었다. 믿었던 건강이 무너지고, 가장 신임했던 친구가 배신한다. 함께하자고 약속했던 사업파트너가 등을 돌리고, 고속성장을 할 것으로 소문났던 시장이 갑자기 사라진다. 떨어진다는 유가가 급등을 반복하고, 이미 확보한 자원이 갑작스런 사고로 조달이 불가능해진다. 허탈감과 더불어 갑작스런 공포로 다가온다.

가수 김태욱은 자신의 목소리에 문제가 생겼다는 사실을 깨달았다. 갑작스런 위기였다. 공교롭게도 그즈음 그는 결혼을 준비하면서 웨딩서비스를 눈여겨보고 있었다. 그는 체계적인 서비스경영이 이루어지지 않는다고 판단하여 웨딩 사업에 뛰어들었다. 단기간에 준비한 리얼 옵션이었지만 그에게는 현실이 되었고 새로운 비전이 되어주었다.

MBC 무용단장이었던 김성일은 방송이 개편되면서 무용시간이 줄어들었다. 서서히 입지가 줄어들어 그는 결국 사표를 냈다. 그런데 다행스럽게도 안무가의 능력을 인정받은 덕분에 비보이 댄스뮤지컬의 연출을 제안하여 새로운 선택을 할 수 있었다. 독보적인 실력은 언제나 다양한 리얼 옵션이 되어준다.

무용수 홍신자는 대학에서 영문학을 전공했다. 그녀는 미래를 준비하기 위해서 미국에 유학 가서 호텔경영학을 공부했다. 학업에 도전했지만 비즈니스 분야가 맞지 않는다는 생각에 고민을 하면서 공연을 많이 보러 다녔다. 그리고 알윈 니콜라이의 공연을 보게 된 것이 결정적인 계기가 되어 무용이라는 옵션을 선택하게 됐다.

갑작스런 위기라 해도 몰입하고 준비하는 과정에서 결국 묘책을 찾을 수 있다. 궁즉통窮卽通, 즉 궁하면 통한다는 얘기는 언제나 그 사례가 풍부하다.

위기에 직면한 상황에서 고작 10퍼센트의 투자지만 그것은 무리가 따른다. 사느냐 죽느냐를 따지는 마당에 미래를 대비한 투자라니. 심리적 여유가 없다. 그러나 사생결단의 찰나적 위기가 아니라, 일종의 문제해결이 필요한 상황이면 얘기가 달라진다. 스스로 위기감을 예상하는 관점이 미래의 옵션을 챙기며 준비하게 만든다. 위기에 대처하는 최상의 방법은 위기 자체를 미리 감지하는 것이다. 다가올 위기를 대체할 수 있는 리얼 옵션을 준비할 필요가 있다.

긴 호흡으로
올바른 선택을 계속하라
Maintain your Stance

 안철수 교수는 청년들의 우상이다. 희망멘토 1위라고 한다. 서울시장 후보로 거론되면서 촉발된 그에 대한 세간의 관심이 가히 폭발적이다.

나 역시 안 교수에게 오래전부터 관심이 많았다. 처음 눈길을 끈 것은 '안철수 연구소'라는 회사명이었다. 신선하고 혁신적이라는 생각이 들었다. 델컴퓨터, 디즈니월드, HP, 존슨앤존슨, 킴벌리클락처럼 사람이름이 들어가는 회사명이야 외국에서는 흔한 일이지만 우리나라에서는 드문 시절이었다. 단연 차별화가 되었다. 물론 그런 작명 때문에 그의 브랜드 가치가 더욱 커졌는지도 모른다.

몇 년 전, 서울대 병원에서 의료 분야 전문가들을 대상으로 리더십 강의를 하게 되었는데, 강의 준비를 하면서 인터넷을 이용해 의료계 리더에 대해서 간단히 조사를 해보았다.

'유명한 의사'를 검색해봤다. 내가 기대했던 것은 물론 저명한 의학

박사 혹은 안철수 교수 같은 사람들이었다. 그러나 검색결과를 보며 실소를 금할 수가 없었다. 안중근 의사, 윤봉길 의사 등 애국 열사들이 먼저 제시되었던 것이다. 그중 우리가 알 만한 의사는 시골의사 박경철이었다. '나는 유명한 의사가 아니다'라는 그의 해명성(?) 글도 눈에 띄었다.

서울대 병원에서 강의를 하면서 깨달은 사실은 안철수 교수가 의사 출신이라는 점이다. 의료계는 자신의 이름을 이용하여 개원하는 경우가 많다. ○○○ 내과. ◇◇◇ 안과 등처럼 말이다. 그런 생각이 들자, 안철수 연구소가 전혀 특이해 보이지 않았다. 의사에게는 어쩌면 아주 익숙한 작명이고 자신의 출신에 충실한 선택이다 싶었다.[32]

안 교수의 훌륭함은 문제의식과 책임의식에 있다고 생각한다. 그는 의료계에 종사하면서 컴퓨터 바이러스를 퇴치해야겠다고 생각했다고 한다. 낮에는 시간적 여유가 없어서 새벽 3시에 일어나서 7시까지 매일 4시간씩 백신 연구를 했다. 그것도 무려 7년간이나 말이다. 그가 백신 회사를 차리기까지는 거의 1만 시간이라는 몰입이 있었다. 문제의식, 흥미, 열정, 책임감이 복합적으로 작용하지 않았다면 불가능했을 것이다.

안철수 연구소라는 리얼 옵션은 그렇게 태어났다. 자신의 본업이 아니라, 미래의 문제를 해결하려고 몰입하는 과정이 자연스럽게 새로운 가치를 찾는 계기를 부여했다. 자신의 고유 경쟁력에 최선을 다하고서도 새로운 영역을 찾는 데 성공했던 것이다.

안 교수가 연구소 의장을 하던 시절, 나는 임직원을 대상으로 그의

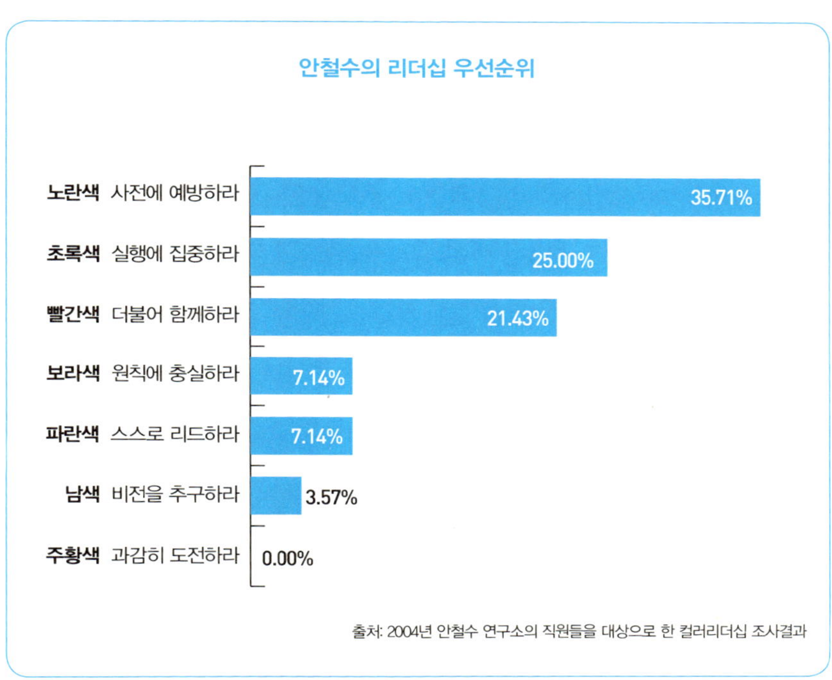

출처: 2004년 안철수 연구소의 직원들을 대상으로 한 컬러리더십 조사결과

리더십 컬러를 조사했다. 가장 높게 나타난 것이 노란색으로서 '사전에 예방하라'는 사이드 리더십이었다. 실행에 집중하는 초록색, 그리고 더불어 함께하는 빨간색(서번트 리더십)이 뒤를 이었다. 멀리 바라보며 미래를 걱정하는 그의 기질이 정치라는 또다른 리얼 옵션을 눈앞에 두는 결과로 이어졌다.

작은 일에 성실하기는 쉽지 않다. 지치지 않고 집중할 수 있는 자기 관리 능력과 안정된 믿음을 요구한다. 한두 번은 잘 처리하다가도 같은 일이 반복되면 금방 지치고 짜증난다. 사소한 일에 행운이 숨어 있다고 기대하고 믿는 것에도 한계가 있다. 따라서 자신의 가치관과 철학에 근거한 문제의식을 갖는 것이 중요하다. 조급할 일이 아니므로 단기간의 성과에 집착하지 않게 된다. 긴 호흡으로 올바른 선택을 하면서 나아가다 보면 준비된 리얼 옵션을 만나게 된다. 이것이 바로 위기형 리얼 옵션의 강점이다.

특허청의 체스터 칼슨이 주로 하는 일은 방대한 양의 문서를 복사하는 것이었다.[33] 하지만 그 당시 복사 기기가 좋지 않아 손에 검댕이가 묻고 시간이 많이 걸렸다. 게다가 사진은 정교하지 않아 복사한 뒤 원본과 대조해야만 했다. 좀 더 효과적인 복사 방법이 아쉬운 상황이었다.

사무실에서 업무만 하는 것으로는 문제를 해결할 수 없다고 판단한 그는 리얼 옵션에 투자하기 시작했다. 일을 마치면 뉴욕 공공도서관에 가서 사진학과 물리학을 공부했다. 그는 헝가리 과학자가 쓴 빛과 전기전도성에 관한 논문에서 정전기로 사진을 복사하는 데 성공한 적이 있다는 글을 읽고 직접 실험에 착수했다. 실험이 실패할 때마다 방법을 조금씩 바꾸며 그는 결국 정전기 원리로 글씨를 복사하는 데 성공했다. 전자복사기 제록스가 탄생한 것이다. 리얼 옵션에 대한 투자가 사무기기의 혁신을 가져왔고 당연히 체스터 칼슨의 인생도 바꿰었다.

칼슨이 리얼 옵션을 준비하게 된 데에는 매일 겪는 불편함이 원동력이었다. 그는 끊임없이 반복되는 일을 해야 하는, 아무것도 나아질 것이 없는 말단의 직책에 있었다. 기계처럼 반복하든지 아니면 정말 새로운 대안을 발굴해야만 했다. 매일 손에 묻어 있는 문제, 즉 검정 잉크를 보면서 그는 리얼 옵션에 대한 의지를 불태울 수 있었다.

사소한 일에 목숨을 걸 필요는 없다. 그러나 사소한 가치가 모여서 큰 가치를 탄생시킨다. 시작이 아니라 마무리의 크기에 의해서 옵션의 가치는 결정된다.

문제해결의 경험이
리얼 옵션이 된다

Discover your Goal from the Crisis

위기형 리얼 옵션은 치열하다. 상황이 어렵기에 집중하고 대안이 없기에 몰입한다. 만일 집중하지 못한다면 아직 위기가 아니거나 스스로 포기하려는 마음이 생기기 시작한 탓이다. 선택의 여지가 없어 뛰어든 일이 평생의 리얼 옵션으로 작용한다. 자신의 모든 에너지를 투입하기에 그만큼 영향력이 강하다.

메가스터디의 손주은 대표는 대학 졸업 후 돈이 없어서 과외선생을 하게 되었다.[34] 비인기 과목을 전공한 터라 20만 원의 월급을 받고 시작했다. 그런데 전교 200등 하던 학생을 5개월 만에 전교 15등으로 끌어 올린 덕분에 그 학생의 오빠를 가르치게 되면서 그는 곧 같은 아파트를 돌며 과외를 할 수 있었다.

다음 해에 그는 5,000만 원을 벌었고 그 다음 해에는 2억 원 정도를 벌게 되었다고 한다. 경제문제를 해결하려는 과정에서 자신의 강점을 발견하게 된 것이다.

손 대표에게는 더 큰 어려움이 기다리고 있었다. 교통사고로 두 자녀를 잃었던 것이다. 크나큰 위기였다. 그러나 그는 학생을 가르치는 일에 몰입하면서 스스로 고통을 치유해나갔고 새로운 비전을 구상할 수 있었다. 그는 기왕에 시작한 일이니 학생들을 제대로 가르쳐보자고 결심했다. 문제해결 차원에서 시작한 과외가 사교육 시장에서의 리얼 옵션에 도전하는 계기가 되었다.

그는 학생들을 가르치는 일에 몰입했지만 내세울 것 없는 경력 때문에 무명학원에서 시작해야만 했다. 처음에는 고작 여덟 명이 그의 수업을 들었다. 하지만 5개월 후, 개강 첫 날 2,000석이 매진되었다.

손 대표와 함께 식사를 할 기회가 있어서 질문을 던졌다.

"명강사의 공통점은 무엇입니까?"

그는 주저하지 않고 대답했다.

"가르치면서 점점 에너지가 생기는 사람이 있고, 반대로 에너지가 고갈되는 사람들이 있습니다. 에너지가 점점 생기는 것이 명강사의 공통조건입니다."

몰입하면서 더욱 에너지가 샘솟는 사람. 손 대표는 그런 면에서 대표적인 강사였다.

그의 문제의식은 거기서 머무르지 않았다. 자신의 강의를 가능한 한 많은 학생에게 기회를 줄 수 없을까 하고 고민하던 무렵, 집에 케이블TV가 설치된 첫날 홈쇼핑 채널을 보다가 깜짝 놀랐다. 왜냐하면 거기에 사교육 시장의 답이 있었던 것이다. 상품과 서비스가 고객을 찾아가는 방식이 아니라 고객이 방송을 통해 공급자를 찾아오는 방식을 착안하게 되었다. 정보기술과 관련한 사회과목이 그의 주력 과목인 탓에 새로운 가치를 창출할 수 있었다. 당시에도 인터넷 강의가 있었지만 오락적인 요소가 많았다. 최고급 강의로 승부한다는 신념을 가졌던 손 대표는 오락적 요소를 빼고 내용에만 초점을 맞추었다. 메가스터디는 그렇게 탄생했다. 한 개인의 위기와 문제의식이 사교육시장의 선도기업을 만들어냈던 것이다.

기업도 마찬가지다. 기아자동차는 현대에 인수된 뒤에도 한동안 고전을 면치 못했다. 기술교류를 통해 분명 좋은 차를 만들 수 있으면서도 시장에서의 외면을 극복하지 못했다. 브랜드 파워가 밀리는 탓에 기아자동차의 가치로 경쟁하기가 쉽지 않았다. 경영진은 물론 모든 구성원이 공감하는 위기였기에 파격적인 조치를 감행할 수 있었다. 디자인 총괄 부사장에 외국인을 영입하게 되었던 것이다. 외국인 임원이 리얼 옵션이 되는 배경에는 새로운 사고방식이 필요하다는 위기의식이 공유된 덕분이었다. 새로운 방식과 인력으로 기아자동차는 어느덧 디자인이 강점인 회사로 거듭났다. 위기대응의 과정에서 글로벌 인력과 새로운 경쟁력에 대해 눈을 뜰 수 있었다.

　수만트라 고샬은 "성공적인 기업은 금전적 인센티브가 아니라 야망과 가치관으로 만들어진다"라고 주장했다.[35] 가치경영이 가능하려면 구성원의 의식구조가 바뀌어야 한다. 문제는 '성인은 결정적인 파탄을 맞지 않고서는 변화하지 않는다'는 점이다. 오로지 경영환경이 바뀌어야만 구성원의 의식이 변할 수 있다. 기아자동차의 약점이 강점으로 발전하는 과정이 위기형 리얼 옵션의 의미를 가르쳐준다. 위기 인식, 의식 전환, 새로운 제안, 그리고 사활을 건 몰입. 이런 일련의 과정을 통해서 리얼 옵션이 탄생한다.

　위기 자체가 기회가 될 수는 없다. 위기를 극복하려는 의지와 에너지가 새로운 기회를 만들어낸다. 바로 그 위기 때문에 만들어지는 부산물이 리얼 옵션으로 전개된다.

기회를
위기감에서 찾는다

Remember your Crisis

위기를 처음 맞을 때는 반짝 긴장하다가 시간이 지날수록 무감해지는 경우가 많다. 위기 자체에 적응하여 삶의 일부로 받아들인다. 긍정적인 수용이라면 괜찮지만, 체념으로 이어지면 머지않아 더 큰 위기를 맞게 될 것이다. 자신이 위기에 빠져있음을 항상 인지해야 한다. 지속적으로 스스로 동기를 부여하며 미래를 준비해야 한다.

real option

절체절명의 위기에서 실망하거나 좌절하지 않고 새로운 목표를 선택한 다산 정약용의 행적에서 교훈을 얻을 수 있다.

"그대는 어찌하여 여기까지 왔던가? 여우, 도깨비에 홀렸던 겐가?

아니면 해신이 부르기라도 했더란 말인가? 그대의 집과 가까운 사람들은 모두 초천에 있는데, 어찌 또한 그 근본으로 돌아가지 않는가?"[36] 임금의 총애를 받아 승승장구하다가 한순간 좌절의 나락에 빠진 정약용. 그의 둘째형은 그와 함께 귀향을 갔고, 셋째형은 참수형을 받았다. 집안의 몰락을 의미하는 폐족을 당했던 것이다.

다산은 그런 위기의 순간에 중심을 잡으려고 스스로를 다그쳤다. 자신을 잘못 지키어 이 지경에 이르렀다고 자성했다. 생각은 담백하게, 외모는 장엄하게, 말은 적게, 행동은 무겁게 하겠다는 사의재四宜齋를 주막집에 적어놓고 다짐에 다짐을 거듭했다. 낙담하여 방황하는 자식들에게도 역경을 기회로 생각하라고 편지로 타일렀다.

"집에 책이 없느냐. 몸에 재주가 없느냐? 어째서 자포자기하려는 게냐? 폐족은 벼슬을 할 수 없을 뿐, 성인이 되거나 문장가가 되는 데는 아무런 결함이 없다. 거리낌이 없을 뿐 아니라 오히려 좋은 점이 있다. 과거시험에 얽매이지 않아도 되며 가난하고 곤궁한 괴로움으로 인해 또 그 심지를 단련할 수 있다. 폐족 중에는 재주가 우뚝한 선비가 많다. 하늘이 폐족에게 후해서 그런 것이 아니다. 권력에 눈멀지 않아 독서하고 궁리함에 진면목과 바른 골수를 얻을 수 있기 때문이다."

다산은 한국의 다빈치라고 해도 부족함이 없는 인물이다. 문학과 과학을 모두 섭렵한 천재 학자였고 백성을 위해 새로운 아이이어를 끊임없이 만들어낸 애국자였다. 귀양살이 18년을 미래 연구의 계기로 승화시켰던 선각자이기도 하다. 그의 역작은 대부분 좌절의 시기에 탄생했다. 마른하늘의 날벼락 같은 일을 당하고서도 자신의 가치에 충실했기에 가능한 일이었다.

다산 개인에게는 절망의 순간이었지만 국가에게는 축복이었다. 귀양살이를 마치며 그가 들고 나타난 엄청난 분량의 서적에 모든 학자들이 입을 다물 수 없었다고 한다. 세상을 탓하기보다는 자신의 본질에 초점을 맞춘 대가였다.

나는 강진에 있는 다산초당을 세 번 방문해보았다. 초당에 들어서면 세상을 잊을 정도로 고요하고, 천일각에 오르면 세상을 볼 수 있는 바다가 보인다. 나는 집중하는 동시에 멀리 보는 선생의 지혜를 배우고 싶었다. 마지막 제자의 산소가 초당 입구에 있었는데, 그는 다산의 18번째 제자라고 한다. 18년 유배기간 동안 18명의 제자라니. 1년에 한 명이라도 제대로 된 제자를 배출해야 한다는 학자의 자세가 부러웠다.

살아가면서 부침을 겪는 것은 피할 수 없는 일이다. 어려운 시기에는 평소 마음에 두었던 일을 선택하여 집중하며 때를 기다려야 한다. 물론 환경적인 어려움이 몸을 무겁게 만들 것이다. 심리적인 패배감에 눈길을 멀리 두기가 쉽지 않다. 다산은 사의재를 적어놓고 위기감이 오히려 주변을 맴돌도록 만들었다.

잊으면 위기가 아니다. 위기에 내재되어 있는 기회를 보지 못하고 다시 편안한 현실에 안주하게 된다. 그러고는 똑같은 위기에 자신도 모르게 끌려들어간다.

좋은 환경일수록 경계한다

Stay away from Fluke Praises

글로벌 기업으로 승승장구하던 포스코. 2000년대 초반, 경영진은 철강 부문의 경영환경이 심상치 않다고 판단했다. 중국의 약진도 신경쓰였지만 탄탄한 성장에 안주하려고 드는 조직문화가 더 큰 걱정이었다. 누적당기순이익 그래프에서 볼 수 있듯이 실제로 수익이 주춤할 조짐을 보이는 시기이기도 했다. 경영진은 위기를 선언하고 모든 간부들에게 자아성찰로 시작되는 혁신경영을 주문했다. 프로세스 혁신Process Innovation은 물론 6시그마, QSSQuick Six Sigma, 즉실천 등을 추진하며 혁신전문가를 육성하기 시작했다. 누적당기순이익 곡선에서 확인할 수 있듯이 그 시기의 위기의식은 지속적인 성장의 기반이 되고 있다.

크리스 아지리스는 말했다. "대부분의 전문가는 성공적인 삶을 살아온 사람이다. 실패라는 것을 경험한 기억이 별로 없다. 따라서 그들

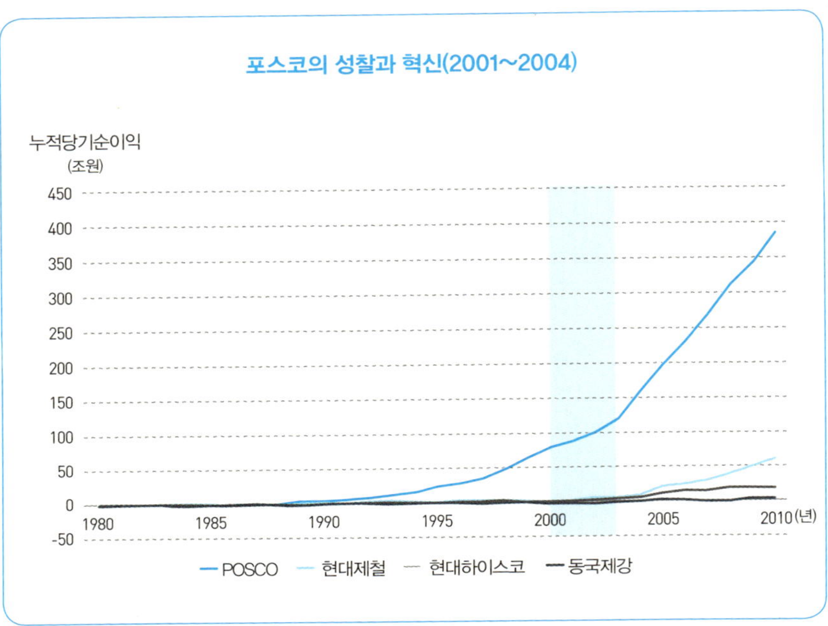

은 본질적으로 실패를 통해서 배우는 방법을 모르는 사람들이다. 자신들이 전혀 체험하지 못했기 때문이다."

위기가 없는 사람도 위기형 리얼 옵션을 선택할 수 있을까? 물론 가능하다. 미래의 위기를 볼 줄 아는 혜안이면 충분하다. 스스로 위기감과 문제의식을 조성하며 미래를 준비하면 된다. 작은 징후를 보았을 때 결단을 통해서 미리 대응해야 한다.

경쟁자보다 항상 두세 배의 시간을 투입하는 수학자가 있었다.[37] 수학 공부를 늦게 시작한 탓도 있지만 매사에 느긋한 성격도 한몫했다. 하버드 대학교에서 박사학위를 받을 때에도 졸업생 중에서 나이가 가장 많았다. 수학 부문에서 세계적인 상을 두루 받았지만 하나같이 때늦은 감이 있었다. 신통치 못한 두뇌의 소유자여서 시간으로 승부한다는 일본인 수학자 히로나카 헤이스케가 그 주인공이다. 수학계의 세계적인 대가로 인정받고 있는 그가 정말 우둔하겠는가. 그럼에도 불구하고, 그가 항상 자만심을 경계하는 데에는 이유가 있다.

하버드 대학교 세미나에서 있었던 일이다. 히로나카는 세간의 관심이 큰 연구과제의 초기 결과를 발표했다. 마침 세미나에 참석한 대가 중 한 명인 MIT 교수가 발표를 듣고서는 탄성을 연발했다. "뷰티풀! 뷰티풀!" 정말 훌륭한 아이디어라고 찬사를 아끼지 않았다. 히로나카는 자신이 추구하던 연구방법이 좋은 반응을 얻자 의심의 여지없이 많은 시간을 투입했다. 그러나 될 듯하면서도 기대했던 결과는 나오지 않았다.

어느덧 2년이나 지난 시점에서 청천벽력 같은 뉴스가 들려왔다. 독일의 한 젊은 수학자가 그 과제를 해결했다는 것이다. 2년 넘게 투자한 연구가 공염불이 되는 순간이었다. 발표된 연구과정을 살펴보니 의외로 보편적인 발상으로 해결책을 찾아냈다. 자신만의 발상에 지나치게 집착하여 다른 해결방안을 검토하지 않은 것이 실패의 원인이었다. 가슴이 쓰라렸다. 연구과제 포기는 물론 투입된 시간 시간이 더욱 아프게 다가왔다. 찬사가 판단력을 잠들게 만드는 마취제임을 뼈저리게 깨달았다. 이후, 히로나카는 태도가 더욱 분명해졌다. 칭찬을 경계했다. 자신을 바보라고 부르며 아예 칭찬이 비집고 들어올 틈을 허락하지 않았다.

과거에는 꾸중과 질책이 사랑의 표현인 시기도 있었다. 매를 미래를 위한 독려로 생각했다. 그러나 요즘은 칭찬이 "고래도 춤추게 한다"며 유력한 리더십 수단으로 대접받고 있다. 자칫 미래에 대해 낙관하게 만들 위험성이 큰 방식이다. 판단력을 흐리게 하는 칭찬은 경계해야 한다. 천재도 바보라고 생각할 수 있다. 일류 기업도 스스로 삼류 기업이라고 판단할 수 있다. 일류 대학도 삼류 대학임을 자처할 수 있다. 목표에 의해서 현실 수준이 결정된다. 위기는 그 목표에 의해서 결정되기 마련이다.

'항상 날씨가 좋으면 곧 사막이 된다'는 스페인 속담이 있다. 쾌청한 날씨도 매일 반복되면 경계의 대상이다. 냉정하게 개선의 여지를 보는 안목과 지속성장을 지향하는 목표의식. 그런 자세가 위기형 리얼 옵션을 준비시킨다.

새로운 축복을 찾아라

"너는 고친다고 하더라도 다른 사람처럼 살기는 힘들 것이다." 온몸에 화상을 입은 이지선. 그녀는 의사에게서 감당하기 힘든 말을 들었다. 희망이 없다는 것이다. 희망이 없는 상황에서 과연 무엇을 어떻게 리얼 옵션으로 가질 수 있단 말인가.

작가 이지선의 간증을 들었다. 청중 모두를 감동시키기에 충분했다. 모두 적어도 그녀보다는 상황이 괜찮았기 때문이다. 그녀는 죽었다 살아났다고 해야 할 정도로 모든 것을 잃었다가 새로운 인생을 살고 있었다.

"아무리 기도를 해도 들어주지 않더군요. 원래 하나님이 까칠하시잖아요. 만나면 혈액형을 물어보고 싶어요." 지금은 웃으며 말하지만 당시에는 눈물을 흘릴 수밖에 없는 사투였다. 수술을 수차례 받으며 최소한의 기능을 확보한 그녀는 미래를 향해 달렸다. 책을 썼고, 뉴욕 마라톤에 참가했다. 명문 컬럼비아 대학교에서 사회복지 석사학위를 받았다. 세상에 대한 그녀의 비전은 사고 이전에 비해서 다른 차원으로 발전하고 있었다. 옛날 모습으로 돌아가고 싶냐고 질문에, 그녀는 "노! 아니요"라고 대답했단다. 왜냐하면 지금 체험하는 세상을 그때는 볼 수 없었기 때문이다.

real option

생사를 넘나드는 위기가 아니더라도 앞이 깜깜해지는 일상의 위기는 얼마든지 있다. 남들에게는 대수롭지 않게 보일지 모르지만 당사자에게는 큰 고통과 스트레스로 시달리는 시간이다.

소규모 사단법인에서 행정 처리를 책임지고 있던 박 실장이 하소연을 해왔다. 신임 대표가 업무와는 무관한 사적인 개인자료를 만들라고 요구하는 등 도대체 공사 간의 구분이 없다고 한다. 게다가 대표는 툭하면 화를 내며 월급 값을 못한다고 닦달을 했다. 직원들과 함께 눈물을 쏟은 일이 한두 번이 아니라고 한다. 그러나 자신의 자리에 대한 임명권을 가지고 있는 터라 따지거나 싸울 수도 없는 노릇이었다. 옵션은 간단했다. 떠나느냐 남느냐. 사실 그것은 박 실장의 옵션도 아니었다. 떠나라는 해고명령을 듣느냐 안 듣느냐의 문제로도 볼 수 있는 상황이었다. 도대체 이 상황에서의 리얼 옵션은 무엇이란 말인가?

"실장님, 이런 사람 한 명 만족시키지 못하면 누굴 만족시킬 수 있는가에 집중하세요. 그만두더라도 그 사람만큼은 만족시키고 나오는 것이 중요합니다.”

내가 박 실장에게 부탁한 말이다. 상사의 까다로운 요구를 충족시키는 능력을 갖추는 것을 '선택'하라는 조언이었다.

다행히도(?) 그는 1년 후 다른 조직의 대표로 전직하였다. 몇 년이 지나, 박 실장이 당시를 소회하며 고맙다는 인사를 내게 전했다.

“교수님 말씀이 큰 도움이 됐습니다. 상사를 충족시키는 능력을 가져보려는 목표 덕분에 집중하게 되더군요. 정말 고맙습니다.” 그는 최선을 다해서 상사의 요구를 예측하고 미리 대응하려고 노력했다. 정확히 그 부분에 높은 우선순위를 두고 별도의 시간을 내어 구상하고 준비했다고 한다. 이제는 누가 와도 대응할 수 있다는 자신감을 키우게 되었단다.

눈에 보이는 목표가 아니라, 내면의 역량을 선택하여 성공한 셈이다. 힘든 상황에서도, 미래 역량을 선택하여 발전시켜나갈 수 있다. 스트레스를 받는 만큼 집중할 수 있고, 집중하는 만큼 단기간의 역량 강화가 가능하다.

1970년, 국회위원 김재순은 상공위원장을 맡으면서 세계기능올림픽대회를 알게 됐다.[38] 국제대회에 나갈 국가대표로 선발된 20명을 차례차례 만나 고초를 들어주며 격려를 했다. 대패질로 목수를 하는 사람, 창호로 인테리어를 하는 사람.

텔레비전 수리공과 양복을 고치는 사람 등을 두루 만났다. 그리고 안타깝게도, 개인 기량이 세계 최고인 그들이 생계를 걱정하며 살고 있다는 것을 알게 되었다. 하나같이 먹고 살기 위해서 그런 일을 한다며 부모 탓, 집안 탓, 배우지 못한 탓을 하는 것이었다. 나라가 발전하려면 이런 사람들이 신바람이 나야 할 텐데 큰일이었다. 김 의원은 그들에게 자긍심을 심어주려고 작은 월간지를 기획하여 출판했다.

월간 〈샘터〉는 그렇게 탄생했다. 소시민의 애환이 담긴 책. 김 의원은 현장의 땀 냄새가 배어나는 이야기를 심으려고 노력했다. 그는 국회의장을 거치면서 정계에서 은퇴했다. 그러나 그는 아직도 41년 역사와 더불어 500호를 맞이한 〈샘터〉와 더불어 우리 사회에 자긍심을 불어넣는 역할을 다하고 있다. 오늘의 문제는 분명 내일의 희망을 싹 틔우는 토양에 불과하다.

마음속에 떠오르는 진리

Hold on to the Truth

상쾌한 아침의 여유를 즐기던 시절이 있었다. 집 앞에 있는 체육고등학교 덕분이었다. 아침 여섯 시면 어김없이 기상 나팔소리가 하루의 시작을 알려주었다. 나팔소리가 꼬리를 감출라치면 "하나 둘, 하나 둘" 하고 외치며 뛰어가는 선수들의 목소리가 들려왔다. 씩씩하고 힘찬 구령소리였다. 가끔은, 아주 가끔은 나도 뛰어나가 먼발치서 선수들의 뒤를 따라 뛰기도 했다. 지금 생각해도 썩 괜찮은 하루의 시작이었다.

아침시간을 좀 더 풍요롭게 만드는 것은 독서였다. 한 시간 정도는 이런저런 읽을거리를 즐겼다. 창문을 통해서 아침햇살이라도 몰려들면 풍성함이 말없이 가슴에 다가왔다. 정말 감사할 만한 시간이었다.

그러던 어느 날, 햇살을 바라보는 내 눈에 책상 구석에 놓여있던 연필꽂이가 눈에 불현듯 들어왔다. 정확하게 말하면, 연필꽂이로 사용하는 작은 컵에 적혀 있는 글씨가 확대경으로 보듯이 커졌다.

"진리를 알지니 진리가 너희를 자유케 하리라."(《요한복음》 8장 32절)

오랜 기간 그 자리에 있었음에도 유독 그날 눈에 들어왔다. 이미 여러 차례 들어보고, 마주치고, 음미해본 구절이었다. 그러나 그날은 달랐다. 몇 달의 독서량을 감당하고도 남을 만한 감탄으로 이해되었다.

진리. 영어로는 'TRUTH'. 진리가 나를 자유케 한다는 말씀이야말로 믿음과 평안의 원천이라는 생각이 들었다. 오늘 어떤 일이 있어도 내일 또다시 해가 떠오른다는 자연의 진리. 불신과 배신으로 물든 사회조차도 결국 사람이 바꾼다는 사랑의 진리. 우리가 일희일비하는 세상사 역시 영생의 일부라는 복음의 진리. 진리에 대한 믿음의 분량이 일상을 살아가면서 평안을 누리고 평정을 지키는 수준일 터이다. 잘 알면서도 지키기 힘들고, 또한 그러하기에 진리일 것이다.

위기는 기대감이 무너졌을 때에 비롯된다. 공포를 느끼는 순간이기도 하다. 예견하지 못한 상황이 돌발적으로 발생한 상황이다. 그래서 위기극복의 최고 명약 또한 믿음과 의지라고 의사들이 말하곤 한다. 긍정적인 마음을 붙잡는 것이 중요하다.

얼마 전 많은 굴곡을 거쳐 그룹사에 인수합병된 회사를 진단하게 되었다. 오너경영체제에서 승승장구하다가 환율 변동에 잘못 대응한 것이 빌미가 되어 경영이 어려워졌다. 직원들이 무슨 잘못이 있겠는가. 다들 열심히 일했지만 회사는 손실에 직면했고 임금은 동결되기에 이르렀다. 금융권의 자금 지원에 의존하다 보니 결국 대기업에게 지분을 넘기는 상황이 되었다.

대기업이 인수를 하면 월급도 오르고 사업도 쉬울 것으로 기대했지만, 기업 간 지원은 한계가 있는 것이다. 구성원들은 다시 한 번 낙담하고 조직은 생기를 잃고 말았다. 바로 이런 상황, 최선을 다해 노력을 해도 풀릴 기미가 보이지 않는 이런 심리적 위기를 어떻게 벗어날 수 있다는 말인가.

어려울수록 내일은 밝은 법이다. 한동안 더 어려워질 수도 있지만 포기를 하지 않고 시도를 하는 한 가능성 자체는 희망이 된다. 어려움 속에서도 신나게 일하는 비결을 터득하는 기회로 삼는다면 그들의 앞날을 더욱 잠재력이 커지게 된다.

real option

미국 대학농구의 최고 지도자로 꼽히는 사람이 시셉스키 듀크 대학교 감독이다.[39] 가장 많은 승수를 쌓았으며 전국을 제패한 실적도 단연 최고다. 미국 올림픽 대표팀을 이끌고 금메달을 목에 걸기도 했다. 오로지 듀크 대학에서 쌓아올린 유일무이한 성적이다. 그런 그도 첫 3년 동안은 승리보다 패배가 두 번이나 많았다. 당시 사람들은 그의 능력을 의심했다. NCAA 토너먼트 준결승Final four에 오르는 데 6년이 걸렸으며 전국을 제패하는 데에는 무려 11년이나 걸렸다. 경쟁이란 그런 것이다. 도전과 실패를 하면서 배우고 쌓아올리는 것이다. 성공하는 리더는 오늘 하루의 승리가 아니라 전체적인 관점에서 이길 수 있는 기반을 구축하기 위해 바쁜 사람들이다.

'내일 또다시 태양이 떠오른다'는 진리 앞에 겸허해야 한다. 어려울수록 멀리 보아야 한다. 그래야만 일시적인 해결책이 아니라 근원적인 옵션에 도전할 수 있다. 조급증에 흔들리는 자신의 마음을 다잡고 리얼 옵션에 또 다시 투자하라. 그런 자세를 자신의 습관으로 선택하는 자체도 일종의 위기형 리얼 옵션에 해당된다.

체험형
리얼 옵션

Real option

우리의 행동 대부분은 선택을 전제한다. 어떤 행동이 무의식적으로 이루어지는 경우도 있지만, 체험이라 할 정도의 반복적 행위는 선택, 즉 결과를 예상하는 의사결정을 통해 이루어진다.

그것은 마치 경계선을 긋는 것과 같다. 선을 긋고 선택을 하기 때문이다. 선을 너무 좁게 그으면 조급하게 행동하게 되고, 반대로 넓게 그으면 행동할 시기를 놓치기도 한다. 친구의 사소한 단점이 눈에 거슬려 절교라는 선을 그었다가 훗날 장점을 보지 못한 자신의 결정에 후회하는 것과 같다. 때로 그런 단점을 간과한 것이 화근이 되어 더 큰 문제로 발전하기도 한다. 적당한 선에서 정리하지 못했기 때문이다.

처세라고 해도 좋고 지혜라고 해도 좋다. 말과 행동에 있어서 적정한 선을 유지하는 기술이 필요하다. 그런데 이 기술을 아무 노력 없이 얻을 수는 없다. 시행착오를 거치면서 체험하든 아니면 지식을 통해서든 습득되어야 한다. 지적 성장의 본질은 바로 그런 의사결정에 요구되는 선긋기와 밀접하게 관련되어 있다.

체험은 머리가 아니라 행동을 통해서 이루어질 때 지혜를 더해준다. 직관과 통찰력에 자신감을 더해준다. 사람들과 더불어 파트너십을 형성하는 과정에서도 신뢰도를 높여준다. 이런저런 모양으로 새로운 경험을 쌓은 덕분이다. 실수나 실패의 가능성에 노출되어 있지만 역량을 지속적으로 높여준다. 체험을 통해서 리얼 옵션을 만드는 사람은 올바른 태도를 갖추는 것이 핵심이다. 시도를 즐기기, 실패에 투자하기, 과정에 집중하기, 최선을 다하기, 그리고 주도적인 자세 만들기. 이들 습관이 리얼 옵션의 수준을 결정하게 된다.

체험형 리얼 옵션의 성공률은 13퍼센트다. 비전형이나 위기형보다는 낮지만 적지 않은 성공률이다. 시도하고 도전하는 것은 그만큼 가치가 크다. 상상해보라. 만일 체험형이 비전형과 결합된다면 성공비율은 60퍼센트에 도달한다. 순서로 본다면 도전하는 의지가 앞선다고 볼 수도 있다. 실행에 옮기는 행동력이 모든 것에 우선한다.

체험형은 인생을 배우는 데 결정적으로 기여한다. 방향성이 뚜렷하지 못하므로 성과나 환경변화에도 취약하다. 이런저런 시도를 하다보면 뭔가 답이 나오겠지 하는 막연한 생각으로 도전한다. 게다가 몰입도도 떨어질 수 있다. 다음에 또 할 수 있다는 생각에 치열함이 부족하다. 그래서 젊은 시절에는 효과적이지만, 가정을 꾸린 이후나 노년에 이런 옵션에 많은 투자를 한다면 즉흥적으로 인생을 살고 있다는 비판을 면할 수 없다.

지금의 젊은 세대들은 경험을 쌓을 목적으로 해외로 나가는 경우가 많다. 예전에는 상상하기도 어려운 일이었다. 그 대신, 시골에 재미있는 풍경이 있었다. 시골청년들이 입대하기 전에 도시에 나가서 갖은 고생을 체험하고 오는 것이었다. 젊어서 고생은 사서도 한다면서 세상 체험하기에 나선다. 심지어는 '무전여행'이라고 해서 몇 주 동안 돈 한 푼 없이 다녀보는 얼굴 두꺼운 시도도 했다. 자신의 의지를 시험해 보는 것이 유행이었다. 강해져야만 살아남을 수 있다는 처절함이 배어있던 시대다.

그 시절, 가까운 한 친척이 무작정 서울로 상경하여 동대문운동장에서 포장마차를 비롯해 이런저런 체험을 하다가 고향으로 내려왔다. 친척은 팔다 남은 과자를 가지고 내려오면서 마지막 버스에서조차 그 과자를 팔려고 애썼다는데, 그의 체험담을 참 재미있게 들었던 기억이 있다. 우리에게는 재미있는 얘기였지만 그에게는 눈물 나는 체험이었을 것이다. 그러나 나중에 그는 택시회사의 사장이 되었으니 그 체험은 값진 재산으로 축적되었음에 틀림없다.

해외로 나가야만 세상을 배울 수 있는 것으로 착각하는 사람도 있지만, 그렇지 않다. 본질적인 의미에서 그럴 이유는 전혀 없다. 자신이 약한 부분을 체험하고 도전하며 배우면 된다. 몰입력이 약하면 단기 집중력이 필요한 분야에서 배우면 된다. 정교하지 못하면 혼이 나는 환경을 찾아야 한다. 편집 교정과 같은 일이 그러하다. 사람 대하는 일에 소극적인 사람은 호텔, 백화점, 관공서 같은 서비스업에서 체험을 쌓으면 좋다. 그것이 바로 학습하는 자세다. 편의점에서 야간근

무를 하는 사람은 인내심을 시험하고 있는 것이다. 홀로 보내는 시간
이 자신을 생각하고 미래를 준비하는 계기가 될 수 있다. 목적은 체험
자체가 아니라 미래를 위한 학습에 두어야 한다.

마키아벨리는 인생은 고생하면서부터 배운다고 말했다. 우리가 아
직 약한 것은 체험이 부족해서다. 변화에 필요한 체험 말이다. 시도하
고 체험해야만 미래에 눈물 나는 후회를 최소화할 수 있다. 누구나 축
복이 주위를 맴돌고 있다. 다만, 체험이 부족하여 환경의 축복을 발견
하지 못하는 것이다. 과연 어떤 체험을 해야 하는가. 어떻게 체험을
연결해나아가야 하는가. 그러한 체험은 어떤 의미의 미래 옵션으로
다가올까.

시도 그 자체를 즐긴다

Plan your Trials

광고계의 천재 이제석 대표는 일찍이 건너간 미국에서 다양한 시도를 하면서 디자인 능력을 인정받았다.[40] 굴뚝에 총신을 붙여 만든 환경 광고, 내가 겨눈 총부리가 결국 내 뒤통수를 겨누게 된다는 반전 광고, 작은 계단도 장애인에게는 에베레스트 산과 같다는 카피 등으로 세간의 눈길을 사로잡았다. 그는 자신의 재능을 시험할 수 있는 기회를 보면 돈을 따지지 않는다. 공익 광고가 대표적이다. 무한한 가치를 가지고 있는 시도와 시험의 공간으로 본다. 현금으로 받는 일시적 대가가 아니라 자신의 역량을 공유시키는 기회의 장을 선호한다고 한다. 그런 이 대표의 자세가 다양한 선택권을 제공하고 있다. 실행력은 그렇게 체험을 즐기는 자세를 통해서 리얼 옵션을 만들어간다.

실행력이 성패를 결정한다는 것은 의문의 여지가 없다. 고지가 바로 눈앞에 있다고 해도 그곳에 올라서지 못하면 그만이다. 99퍼센트를 완주하고도 마지막 1퍼센트 때문에 실패한 경주가 되기도 한다. 실행력이란 그런 측면에서 어려운 주문이다. 최선을 다하는 모습을 마지막 순간까지 보여주어야 한다. 그래서 경쟁력이다. 남들도 쉽게 하지 못하기 때문이다.

졸저 《파이팅 파브》를 출간하면서 실행력과 주인정신을 강조한 것도 그런 의도에서였다. 책에서 나는 약점을 극복하고 실행력으로 성공한 리더들의 인생역전 드라마를 소개했다. 목표의식과 실행력을 높이라는 주문이었다. 그런데 내가 틀렸다. 설득으로 될 일이 아니었다. 실행력은 역시 체험을 전제조건으로 향상된다.

말은 쉽다. 어학이 부족한 사람에게 어학점수를 올리라는 주문. 학점이 낮은 학생에게 학점을 높이면 된다는 주문. 취업이 필요한 사람에게 이렇게 저렇게 하면 된다는 조언. 분명한 중복이다. 차라리 그 얘기를 듣는 시간에 작은 시도라도 더 하는 것이 낫다.

체험형 리얼 옵션은 시도 목적을 분명히 하는 것이 기본이다. 그 목적이 자신의 비전과 연계되지 않아도 좋다. 그렇지만 체험이라는 투자를 할 때에는 그에 상응하는 대가를 염두에 두어야 한다. 실행력 수준을 높이라는 주문이 아니다. 그것은 개인적인 역량에 해당된다. 수준이 높든 기대에 못 미치든 그 또한 안고 살아야 할 자신의 모습이다.

각종 시도가 자기 미래의 리얼 옵션에 어떻게 기여하는가에 초점을 맞추어 설명해보자. 한 가지 일을 네 번 하는 것과 네 가지를 바꾸어가면서 한 번씩 하는 것이 어떻게 다른가를 생각해봐야 한다. 예를 들어, 대학생이 등록금을 마련하기 위해서 매년 여름방학마다 편의점에서 일을 한다고 가정하자. 이런 체험이 어떻게 리얼 옵션으로 작용할까.

편의점 아르바이트는 그것을 단순히 등록금 모으기로 본다면 공부 시간을 돈과 바꾸는 행위가 된다. 지루하지 않게 매 학기마다 일하는 곳을 바꾼다면 아르바이트를 찾아야 하는 불편함은 있지만 지루함을 최소화시킬 수 있는 장점이 있다. 대신 어떤 일도 제대로 배울 수 없는 단점도 있다. 반면에, 같은 편의점에서 네 번이나 일한다면 주인과 상당한 신뢰가 쌓일 수 있다. 성실하게 일을 한다면 리얼 옵션으로 많은 것들을 얻을 수 있다. 주인과 약속하여 월급 대신 장학금으로 받을 수도 있다. 월급을 적립하여 한꺼번에 학과에 기부해달라고 부탁하여 일종의 산학장학금으로 받는 것이다. 이 경우 산학장학생이 자신의 리얼 옵션이 된다. 이쯤 되면, 그 경력을 이력서에 포함시킬 수 있을 뿐만 아니라, 편의점 운영에 대한 적지 않은 지식도 터득할 수 있다. 훗날 편의점 운영이 리얼 옵션이 될 수도 있다. 표면적으로 드러나는 금전적 가치는 같지만 리얼 옵션으로 이어지는 결과는 전혀 다른 차원의 얘기가 된다.

다양한 시도를 즐기기 위해 체험 설계라는 것을 해보는 것도 좋다. 일정 기간 동안의 여러 체험들을 아예 모자이크 판처럼 짜보는 것이다. 여행을 즐기는 사람이 지도에 가고 싶은 곳들을 동그라미를 그리거나 핀을 꽂아 표시하듯이 인생 여정을 대충 설정하고 시도할 주제를 기록해둔다. 일종의 버킷 리스트Bucket List라고 봐도 좋다. 언제 어떻게 할지는 정하지 않지만 무엇을 왜 하려고 하는지 정도는 정리해둔다. 비전형 리얼 옵션과 유사한 형태지만 훨씬 포괄적이고 체험 중심의 설계라는 점에서 차이가 있다. 결과의 가치가 아니라, 체험 자체에 의미를 부여하는 것에 초점이 맞추어져 있다.

모든 사람에게는 강점과 약점이 있다. 절대적 의미에서 모든 것이 훌륭한 사람도 비교의 관점에서 보면 높낮이가 생긴다. 체험을 통해서 저절로 체질화되는 개인적 기질이다. 우리나라 CEO들의 경쟁력을 보자.[41] 성공적인 기업 149개 회사 대표이사의 리더십을 소속사 임직원들이 직접 평가한 것이다. 한 회사에서 적어도 20명 이상이 참여한 결과이므로 신뢰성이 높은 결과다.

높은 자질부터 보면 도덕성, 성실, 열정 순이다. 한국 리더들의 강점이다. 그러나 그들도 의견수렴, 정치력, 협상력, 심지어 겸손 등에서는 상대적으로 낮은 평가를 받았다. 현재 한국경제를 이끌어가는 경영자들의 개인적 리더십 자질이다. 만일 회사나 공공기관에 입사하게 되면 이런 분들을 모시고 혹은 더불어 자신의 발전을 모색해야 한다. 다양한 체험을 하면서 어떤 역량이나 학습에 초점을 맞추어야 하는가를 판단하는 근거로 활용하면 좋을 것이다.

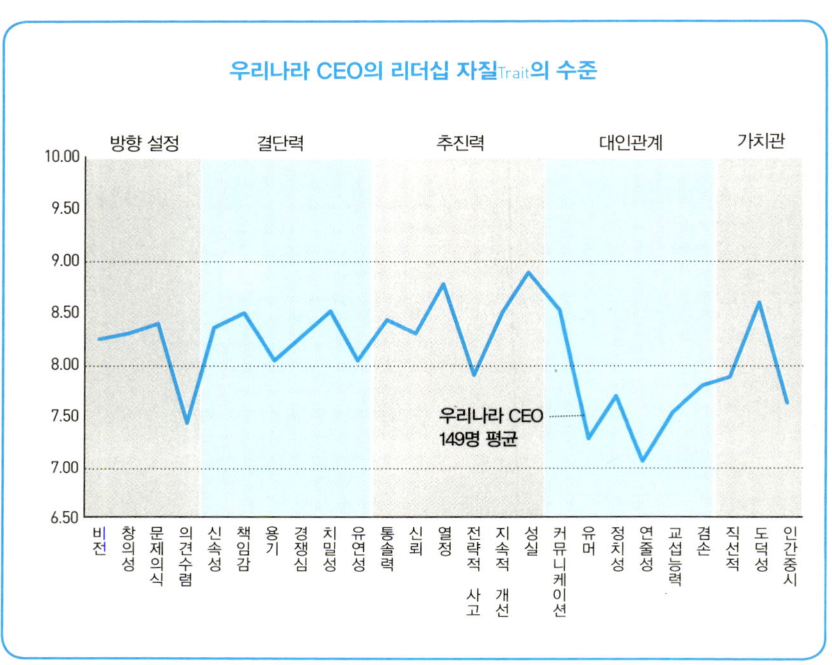

우리나라 CEO의 리더십 자질Trait의 수준
방향 설정
결단력
추진력
대인관계
가치관
10.00
9.50
9.00
8.50
8.00
7.50
7.00
6.50
우리나라 CEO
149명 평균
비전
창의성
문제의식
의견수렴
신속성
책임감
용기
경쟁심
치밀성
유연성
통솔력
신뢰
열정
전략적 사고
지속적 개선
성실
커뮤니케이션
유머
정치성
연출성
교섭능력
겸손
직선적
도덕성
인간중시

실패를 맛보아야 도전할 수 있다

Taste your Errors

체험은 불확실한 결과로 연결되는데, 특히 새로운 시도들이 그렇다. 위기에 직면하는 순간이다. 모든 변화가 성공을 보장하지는 못한다. 실패나 실망을 감수하고 나아가는 것이므로 주변은 물론 스스로도 걱정이 된다.

"가만있었으면 괜찮았을 텐데……." 새로운 시도가 실패로 판단되었을 때에 저절로 나오는 탄식이다. 투자를 하고도 부정적인 결과가 나온다면 두 배의 손실을 보는 것과 마찬가지다. 현상 유지가 아니라 후퇴를 한 것이다.

프로 골프선수 미셸 위는 남다른 시도로 마음고생을 해야 했다. 명문 스탠퍼드 대학교를 다녔으며 미국

아마추어 골프를 주름잡았던 미셸 위는 일찌감치 여성골프계의 타이거 우즈라는 평가를 받은 기대주였다. 데뷔 첫 해부터 몸값이 천정부지로 치솟아 골프가 아니라 후원사 계약만으로도 엄청난 돈을 벌었으며 메이저 대회에서 상위권을 기록하여 프로의 무대가 좁아 보였다.

미셸 위는 새로운 미래에 도전했다. 목표는 남자들의 무대인 PGA 골프시합에 출전하는 것이었다. 남자 대회에서 좋은 성적을 내면 차원이 다른 골프선수가 되리라는 계산이었을 것이다. 물론, 도전 그 자체가 그녀의 상품성에 대한 마케팅 전략이었을지도 모른다. 이 도전에서 그녀는 실패를 반복하면서도 굴복하지 않았다. 도전의 의미가 완전히 퇴색할 정도로 수많은 예선탈락의 고배를 마시고서야 비로소 LPGA로 돌아왔다. 철저히 한계만 입증하고 본래의 위치로 복귀한 꼴이 되고 말았다. 사람들은 비판했다. '그냥 있었으면 여자 대회라도 완전히 석권했을 텐데' 하고 말이다.

한성대학교 박영범 교수는 하와이에서 살던 당시 미셸 위의 어린 시절을 많이 보았다고 한다. 그는 아이들과 친구여서 사진도 여러 장 가지고 있었다.

"미셸은 너무 착해요. 치열한 승부를 하기에는 성격적으로 너무 순둥이입니다." 이 말을 들으면서 그녀의 PGA 참가는 더욱 도전적인 목표를 제시하기 위한 아버지의 판단이었는지도 모른다는 생각이 들었다. 시도하고 좌절하는 기간을 거치면서 좀 더 강인한 경쟁의식을 갖도록 하기 위해서가 아니었을까?

미래를 향한 도전은 항상 의사결정을 전제로 한다. 성공의 가도를 달리면서 더욱 잘해보겠다며 변화를 시도하는 경우가 특히 어렵다. 성공하는 경우도 있지만, 미셸 위처럼 실패로 평가받는 경우도 허다하다. 그러나 관점을 바꾸어 생각하면 미셸 위도 성공했다. 왜냐하면 돈을 더 버는 것이 목표가 아니었기 때문이다. 그녀의 도전하는 모습은 현실에 안주하지 않고 한계에 도전하는 스포츠 스타의 이미지를 대중에게 각인했다. 도전하지 않고 잠재적 공간으로 남겨둘 수도 있었다. 그러나 최선을 다하는 시도를 통해서 한계선을 찾으려는 노력이 많은 사람의 귀감이 되었다. 그만큼 성공한 것이다.

흥미롭게도, 최근에 여자 프로 골프계를 석권하고 있는 대만의 청야니가 남자 대회에 나가고 싶다는 마음을 피력했다. 역시 성공을 장담할 수는 없는 도전이다. 그러나 도전 자체를 즐기는 사람에게 결과란 큰 의미를 지니지 못한다. 도전 자체가 삶의 승부요, 목표다.

'밀물이 들어오면 모든 배가 뜬다. 그러나 닻을 내린 배는 오히려 물에 잠긴다'는 말이 있다. 역동적으로 체험하는 사람의 잠재적 가치를 비유하는 표현이다. 평소에는 모르지만 급격한 변화가 생기면 알게 된다. 누가 민첩하게 움직일 준비가 되어 있는지를. 행운은 가끔 찾아온다. 그러나 불행은 항상 인내심을 갖고 우리 주변을 맴돈다. 역동적인 체험에 강한 사람이 기회를 잡기 마련이다.

초등학교 시절, 나는 야구선수를 했다. 시장기 대회에서는 우리가 1등을 곧잘 했다. 그러나 도단위 대회에 나가면 참패를 면치 못했다.

닻을 내린 배는
밀물이 와도
출항하지 못한다!

지금 기억나는 점수만 보아도 창피하기 이를 데 없다. 0 대 9, 0 대 15……. 한번은 2회를 마쳤는데 12점이나 차이가 나서 선생님이 게임을 포기한 적도 있다. 2회 콜드게임 패라는 치욕을 당했다. 당시로서는 완전히 실패였다. 게다가 나는 투수였다. 그런 망신이 없었다.

지금 돌아보면, 그것은 결코 실패가 아니었다. 성공이었다. 나는 단체활동을 배웠고, 승부의 치열함을 배웠다. 리더십을 배웠으며 세상의 크기를 배웠다. 야구에서는 졌지만 성장기의 잠재력을 키우는 데는 크게 성공했다. 언제나 승자가 있고 패자가 있다. 그것은 일시적인 게임에서만 그렇다. 인생의 게임에서는 승자만 있다.

세계 최고의 비즈니스 리더였던 잭 웰치도 마찬가지다.[42] 그는 제너럴 일렉트릭GE에 평사원으로 입사하여 최연소 사장이 되었고 무려 21년간이나 회사를 이끌었던 신화적인 인물이다. 재미있는 사실은 그런 잭 웰치 역시 항상 이기는 삶을 살지는 못했다는 점이다.

웰치가 고등학생에서 하키 팀의 주장으로 있을 때의 일이다. 여섯 경기를 연속으로 지고 있던 상황에서 최대의 라이벌 학교와 마지막 시합이 벌어졌다. 웰치는 독한 마음으로 경기에 임했지만 결국 지고 말았다. 7연패를 당한 그는 하키 스틱을 얼음판에 내동댕이치고 씩씩거리며 라커룸으로 들어갔다. 그러자 라커룸으로 쫓아 들어온 어머니가 그에게 야단을 쳤다.

"이 바보 같은 녀석아. 패배를 어떻게 받아들여야 하는지 모른다면 넌 결코 멋지게 승리하는 방법 또한 알 수 없을 거다. 이 사실을 깨닫지 못하면 넌 더 이상 경기를 할 자격이 없어." 어머니는 친구들 앞에서 아들을 호되게 몰아세웠다. 잭 웰치가 자서전에서 자신에게 가장 큰 영향을 준 사람으로 꼽은 어머니의 가르침이었다.

잭 웰치의 어머니는 당장의 성적이 아닌 태도를 중요시했다. 그녀는 바꿀 수 있는 것과 바꿀 수 없는 것을 구분했고, 당장의 성과가 아니라 미래의 가능성에 주목했다. 한때의 실패로 좌절해서는 안 된다. 그 또한 미래를 위한 준비와 훈련과정의 일부이기 때문이다.

체험형 리얼 옵션도 마찬가지다. 실패도 있고 성공도 있다. 그러나 리얼 옵션의 판단 기준에 학습율이 포함되어 있다는 것을 기억해야 한다. 도전하고 학습하는 삶에 후퇴는 있을 수 없다.

보통설렁탕이 준 교훈

Focus on your Origin

내 인생에서 가장 비싼 설렁탕이었다. 이것을 먹기 위해서 나는 작심하고 먼 곳의 식당을 찾아왔다. 대로변의 널찍한 설렁탕집에 들어서니 오랜 전통이 느껴졌다. 벽에 붙어 있는 메뉴판에 '설렁탕, 곱빼기, 특설렁탕'이라고 큼직하게 적혀 있었다. 힘주어 주문을 했다.

"설렁탕, 아니 보통설렁탕 세 그릇 주세요!"

"오늘은 수육이라도 하나 시키시죠?"

동행한 사람들이 일부러 청하였다.

"아닙니다. 보통설렁탕을 먹으러 왔는걸요."

나는 숟가락을 들고 천천히 설렁탕 국물 맛을 보았다. 이랬을까. 그분에게도 이 맛이었을까.

　　　　　　　　　　보통설렁탕을 먹으면서 스스로 깨닫고 싶은 것은 집중력이었다. KD 운송그룹 허명회 회장의 집중력을 체험으로 느껴보고 싶었던 것이다. 허 회장은 완벽하게 집중하는 경영자였다. 한치의 빈틈도 없었다. 네 번을 만나 대화를 나누었지만 단 1분도 허튼 이야기로 시간을 낭비하지 않았다. 처음부터 끝까지 오로지 직원의 성공과 행복에만 관심을 보였다. 78세의 고령에도 불구하고 하루종일 교육에 참여하며 직원들과 더불어 모든 강의를 들었다.

"회장님, 왜 똑같은 강의를 계속 들으시지요?"

"교수님, 교육이 제일 중요합니다. 그런데 다들 교육받기 싫어하거든요. 사장이 안 하면 누가합니까? 그러니 내가 직접 보여주어야지요." 그렇게 솔선수범했다. 직원 모두가 듣게 하려면 자신은 반복해서 들을 수밖에 없다는 얘기였다. 버스 30대로 시작하여 세계에서 가장 큰 민간 버스회사를 일구어낸 비결은 허 회장의 집중력에 있었다.

허 회장은 1년 예산서를 항상 양복 안주머니에 넣고 다닌다. 버스노선을 모두 암기할 정도로 그의 모든 관심사는 오로지 회사의 성공과 직원의 행복이다.

허 회장 리더십의 핵심은 보통설렁탕이 잘 설명해준다. 그는 사업 초기에 다녔던 설렁탕집을 성공을 하고 나서도 가끔 들러 가까운 사람을 만났다고 한다. 특설렁탕을 주문한 적이 없단다. 초지일관初志一貫. 자신의 '첫마음'에 빈틈을 허용하고 싶지 않아서다.

나도 그 맛을 느끼고 싶었다. 그래서 굳이 보통설렁탕을 주문했다.

한 끼로는 충분한 음식이었다. 보통설렁탕을 먹으며 나는 한결같은 마음으로 자신의 임무에 충실한 리더십 철학을 함께 곱씹었다.

영화계의 거장인 임권택 감독도 마찬가지다. 그는 열일곱 살 나이에 미군부대에서 구두를 파는 사람들 밑에서 일하게 되었는데, 당시 구두장사를 하던 사람들이 1950년대 후반 영화사를 차린 것이 계기가 되어 임 감독은 영화계에 발을 들여놓았다. 그리고 온갖 장르를 넘어드는 영화 제작을 경험하면서 두각을 나타내기 시작했다. 정규적인 영화교육을 받지 않았음에도 불구하고 가장 한국적인 영화를 만드는 거인으로 발돋움했던 것이다. 주인정신을 갖고 시종일관 최선을 다한 결과다.

사소한 일상이라도 그 속에서 탁월한 능력을 보여주는 힘이 바로 체험형 리얼 옵션의 매력이다. 시도하고 체험하며 일상에 최선을 다하는 정성이 미래를 바꾼다. 피터 드러커는 "남의 앞마당을 너의 뒤뜰로 쓰지 말라"라고 말했다. 최선을 다하지 않으면서 욕심만 부리지 말라는 뜻이다. 결과를 걱정하지 말고 과정에 집중하라. 다양한 시도를 거치면서 집중하는 방법을 배우지 못하면, 체험형 리얼 옵션을 준비할 수 없다. 시간과 정력을 소모시키는 방황에 불과하다.

걸을 수 없다면
기어서라도 가라

Give your Best

 오늘 걷지 않으면 내일 뛰게 된다.
살아가면서 가장 많이 만난 단어가 바로 '최선BEST'이다. '최선을 다하
라Do your BEST!' 그런데 그 최선이란 것이 도대체 무엇인가? 한눈팔지 않
고 몰입하며 가용한 모든 자원을 투입하라는 말일 것이다.

페이스북을 만든 마크 주커버그는 "사람을 뽑을 때 중요한 것은 열
정과 실행력이다"라는 말로 자신의 인재론을 피력했다. 그는 지능지
수가 아니라 최선을 다하는 자세를 높게 평가했다. 태도가 동서고금
을 막론하고 조직생활의 최고 경쟁력이라는 사실을 가르쳐준다.

MBA 출신 회사원인 딘 카르나제스
는 진정한 울트라마라톤맨이 되기 위해 '서부 극한 달리기 대회'에 출

전했다.[43] 160킬로미터나 되는 거리를 20~30시간 동안 쉼 없이 달려야 하는 대단한 경기였다. 포장된 길이 아니어서 선수들은 험준한 산과 강을 맨몸으로 넘어야 했다. 서른 살 생일날 처음 시작했던 그의 달리기는 이제 극한의 도전에 이르렀다. 확성기를 통해 아나운서의 멘트가 흘러나왔다.

"여러분, 우선 이 믿기 힘든 행사의 출발선에 서는 용기를 가진 것을 축하드립니다. 이 지점에 서기 위해 쏟은 헌신은 그 자체만으로도 엄청난 성취입니다. 여러분은 이번 경험으로 영원히 변화하게 될 것입니다. 내일이면 평생 알아왔던 것보다 자신에 대해 더 많이 알게 될 것입니다."

딘은 뛰기 시작했다. 산도 넘고 강도 가로질렀다. 시간이 지날수록 낙오자가 늘어갔다. 토하면서 걸어가는 선수도 눈에 들어왔다. 딘도 극도로 지친 상태에 접어들었다. 평생 못 걸을 수도 있는 부상이 생길 것 같은 위기감도 느껴졌다. 설상가상으로, 150킬로미터 지점에서 길을 잃어 절벽으로 굴러 떨어졌다. 다행히 큰 부상이 아니었다. 그는 흙먼지를 뒤집어쓰고 절벽을 기어올랐다. 기다시피 되돌아가는 길은 참으로 멀게만 느껴졌다. 코스 기록원을 발견한 딘은 그만 기절하고 말았다.

잠시 후, 정신이 오락가락한 딘의 귀에 낯익은 목소리가 들렸다. 아버지였다.

"맙소사. 애야, 어떻게 된 거니?" 머리를 감싸 쥔 아버지의 뺨으로 눈물이 흘렀다.

“엄마는 어디 계세요? 엄마한테 이런 모습을 보이고 싶지 않아요.”

“걱정마라. 엄마는 결승선에 있단다.” 목 메인 소리로 아버지는 말했다.

“아버지. 이제 어떻게 할지 모르겠어요. 몸이 움직이질 않아요.”

“얘야 뛸 수 없다면 걸어라. 걸을 수 없다면 기어라. 무조건 앞으로 나아가렴. 절대 포기하지 말고.”

아버지는 조용하지만 단호하게 말했다.

“그럴게요, 아버지. 포기하지 않을게요.”

딘은 다시 일어나 흙길을 기기 시작했다. 울음을 참으려고 애쓰는 아버지의 소리를 들으며 앞으로 기어 나아갔다. 그는 그렇게 진짜 울트라마라톤맨이 되었다. 비틀거리며 완주를 마친 딘은 완전히 다른 사람이 된 것을 체험했다고 한다.

“160킬로미터를 걷고 뛰는 동안 나는 생존하는 법을 배운 것이 아니라 삶의 은총을 배웠다.” 그는 역경을 극복할 수 있는 인간의 능력을 깨닫게 되었다고 외쳤다.

인생에서 고비를 만나지 않는 사람은 없다. 험준한 산을 만나기도 하고 급물살이 흐르는 강에 빠지기도 한다. ‘그만 포기하고 싶다’고 생각되는 순간도 다반사다. 울트라마라톤맨 딘 카르나제스는 ‘진정한 최선이 무엇인가?’를 몸으로 가르쳐주었다. 그것은 바로 자신에게 내려진 은총을 깨닫는 순간까지 도전하는 것이다.

단순한 체험이 아니라, 자신의 능력과 한계를 발견하는 데 초점을 맞추어야 한다. 왜냐하면 창조주는 우리에게 어떤 어려움도 감당할 능력을 더불어 선물했기 때문이다. 신의 은총을 깨닫고 앞으로 전진하는 사람. 그가 바로 인생이란 울트라마라톤의 최종 목적지에 감사하며 도달할 사람이다.

자신에게 주어진 은총을 발견하는 것이 체험형 리얼 옵션의 도전과제다. 자기 능력의 한계를 알아가고 세상을 배워가는 즐거움으로 앞으로 나아간다. 바로 그런 여정이 최선을 다하는 삶이다.

〈전국노래자랑〉은 담당 피디만 130명이 바뀐 30년 장수 프로그램이다.[44] 1980년에 시작한 이 프로그램은 1984년부터 방송인 송해가 맡았으며 지금껏 대중의 사랑을 받고 있는 프로그램이다.

엠씨 송해의 장수 비결은 매순간 최선을 다하는 집중력에 있다. 그는 방송 시각에 한 번도 지각을 안 했다고 한다. 방송이 시작하기 전날, 그는 현지에서 목욕탕도 가고 밥도 먹으면서 주민들의 특성을 미리 파악한다. 그런 숨은 노력이 방송 중에 친근감 있는 교감으로 이어진단다.

처음에는 본인도 방송이 그렇게 오래 지속될지 몰랐다고 한다. "군 단위를 다 돌면 3년이면 끝이겠구나" 했지만 시단위로 확장이 되고 행정구역도 바뀌며 새로운 지역이 나타나고 우리 고장에 안 오니 섭섭하다는 말들이 많아 여기까지 왔다고 한다. 요즘에는 해외방송도

하는 수준으로 발전하여 온 국민의 사랑을 받고 있다.

혁신론의 대가인 게리 하멜은 새로운 가치를 만들어내기 위해서는 네 가지 요소가 필요하다고 강조했다.[45] 새로운 열정(미래에 대한 관심), 새로운 목소리(다양한 분야의 목소리), 새로운 대화(새로운 사람의 참여), 그리고 새로운 관점(새로운 안목). 똑같은 일을 반복하면서도 얼마든지 새로운 가치를 만들어낼 수 있다. 바꾸어야 맛이 아니다. 얼마나 깊은 관심과 열정을 가지고 있는가에 따라 다른 가치를 만들어낼 수 있다. 변화를 주는 것은 수단일 뿐이다.

최선을 다한다는 말은 무서운 말이다. 지키기 어렵다. 그 대신, 지키면 대단한 파괴력을 갖는다. 최선을 다했다는 말은 최선이 무엇인지 모르기 때문에 나오는 자기 최면일 수도 있다. 리얼 옵션은 행동하는 손과 발에서 빚어진다. 실행에 열정이 합쳐져야 가능한 일이다.

수동적으로 교육을 받던 학창시절과 직업을 갖고 월급 값을 해야 하는 프로페셔널 생활은 극과 극의 차이가 난다. 전자는 기다리면 미래의 옵션이 저절로 다가온다. 현재 해야 할 과제에 충실하면 된다. 졸업을 하고, 시험을 치르고, 또 다시 다음 단계의 요구조건을 준비하면 다소간의 차이는 있지만 큰 흐름은 뒤처지지 않고 유지할 수 있다.

그러나 보수를 받는 프로 직업인이 되면 얘기는 달라진다. 선택과 책임을 강요당한다. 가만히 지켜볼 수 없게 만드는 것이다. 게다가 직장을 고르는 선택의 폭이 너무 넓다. 여러 가지 조건을 미리 좁혀서 그렇지 본질적으로는 무한대의 선택폭이 가능하다. 혼란스러울 수밖에 없다. 어느 길을 선택하든 인생이 달라지기 시작한다. 남들은 기회가 많다고 하는데 나에게는 보이지 않는다. 그래서 새로운 가능성이 눈에 보이면 마음이 흔들린다. 뭔가 더 좋을 것 같은 기대감이 생긴다. 왜냐하면 판단을 정확하게 할 만한 경험이 부족하기 때문이다.

한국경영자총회의 조사에 따르면 2010년 신입사원의 퇴사율이 15퍼센트를 넘었다고 한다. 100명 중에서 15명 이상이 회사를 그만두고 이직을 하는 셈이다. 취업시장이 어려우므로 일단 원하지 않는 곳이라도 취업한 뒤 옮기는 현상일지도 모른다. 그러나 조사 결과에 따

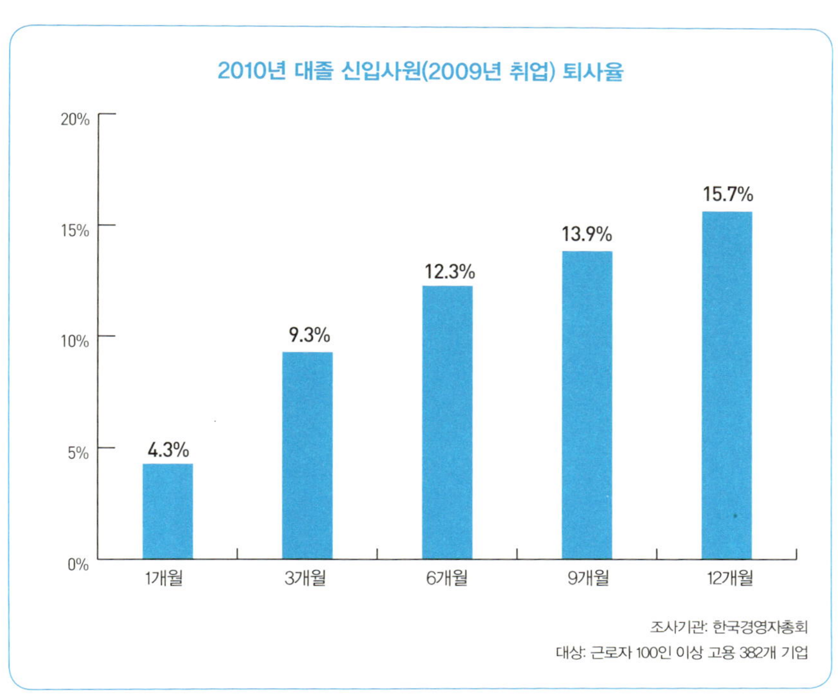

르면, 업무가 기대한 것과 다른 경우가 많다고 한다. 그만큼 적응력이 떨어진다는 의미다. 실행과정에서의 어려움을 체험하지 못한 것도 큰 이유 중 하나일 것이다. 결과만 보면 자칫 또다시 새로운 길을 모색만 하는 철새형 인재로 전락할 수도 있다. 목표에 도전하는 과정에 가치가 숨어 있음을 기억해야 한다. 새로운 환경을 찾아 나서기에 앞서, 최선을 다했는가를 스스로에게 물어봐야 한다.

사소한 행위를 통해
위대한 성취를 이룬다

Build your Proactive Attitude

모든 성취는 반복적인 행위, 즉 습관의 결실이다. 예외가 없다. 세상사가 모두 인과관계에 의해 결정되므로 당연한 이야기다. 다만 좋은 습관을 몸에 익히지 못하는 것이 안타까울 뿐이다. 그래서 성인들은 사소한 행위의 소중함을 강조했다. 작은 일에 충실한 자가 큰 과업을 감당할 역량을 갖추게 될 것이기 때문이다.

"아마 만나시면 놀라실 것입니다. 아주 젊으시거든요." 이미 30대 중반부터 상무로 승진했다고 한다. 사무실로 안내를 하던 임원이 초고속 승진의 대명사라며 열심히 소개를 했다.

그렇게 만난 사람이 LG CNS의 백상엽 전무다. 인상 좋게 생긴 젊은 중역을 만나자 호기심이 발동하기 시작했다. 도대체 뭐가 다를까. 마침 벽에 걸린 이상한 액자들이 눈에 들어왔다. 넥타이를 세련되게 표구한 동일한 크기의 액자들이었다. 거의 신제품 넥타이들이 두 동강난 모습으로 디자인되어 있었다.

"저거, 넥타이 같은데, 다들 잘려 있군요. 뭐죠?" 웃으면서 물어보았다.

"예, 넥타이 맞습니다. 모두 제 것입니다. 임원이 되던 해부터 기념으로 걸어보았습니다. 미리 잘리면 연말에 안 잘린다는 얘기가 있어서요. 하하하."

백 전무는 시원하게 웃으며 설명을 이어갔다. 부하직원을 모두 모아놓고 사수가 자신의 넥타이를 자르는 간단한 의식을 갖는다는 것이었다. 오늘의 성취를 가능하게 만들어준 과거 실적을 잊고 새롭게 시작해보자는 결의를 전파하기 위해서란다. 과거의 성공에 대한 기억이 새로운 도전을 방해해서는 안 되기에 스스로 마음을 다진단다. 벽에 걸린 많은 액자들이 그의 경력이자 브랜드가 되고 있음을 말해주고 있었다. 미래를 위해 과거의 실적에서 탈피하려는 자세가 배울 만했다.

인생은 역설적이고 모순 덩어리다. 즐겁게 살려면 좋은 추억을 기억하고 나쁜 일은 빨리 잊으라고 한다. 그런데 발전된 미래를 위해서는 즐거운 추억은 빨리 덮고 더 새로운 스토리로 채우라고 주문한다. 오히려 쓰라린 좌절을 오래 기억하란다. 그래야만 과거의 소중한 교훈으로 실패를 예방하고 성공에 겸허하게 되기 때문이다.

체험형 리얼 옵션은 '주도적인 태도'를 체화하는 것으로 마무리된다. 시행착오를 두려워하지 않고 긍정적으로 시도하는 자세가 모든 것에 우선한다. 반복되는 과정에서 분명 가치 있는 선택권을 만날 것이다.

말 많은 사람 겁낼 필요 없다는 격언이 있다. 그런 사람은 실천력이 떨어진다는 지적이다. 그러나 요즘은 정말 다르다. 언행이 일치하는 박력 있는 리더들이 도처에 있다. 정치인, 고위 공직자, 그리고 CEO들을 만나면서 느낀 공통점은 하나같이 박식하고 달변이라는 사실이다. 한 가지 더 있다. 말을 하면 즉시 지키는 사람들이었다. '만납시다'하고 말을 하면 그 즉시 수첩을 꺼내 날짜를 잡는다. 뭔가를 알아보겠다고 하면 반드시 확인하여 알려준다. 신뢰를 생명처럼 생각하는 사람들이다.

약속을 철저히 지키는 사람으로서 태도마저 주도적인 사람이라면 더없이 체험형 리얼 옵션을 준비하는 데 유리할 것이다. 지나치게 적극적인 실행력으로 주변사람을 피곤하게 하거나 경쟁심을 갖게 만들여지는 있다. 자칫 본의 아니게 무력감을 느끼게 만들 수도 있다. 그러나 그런 것까지 걱정하며 살 수는 없다. 긍정적 가치를 찾아 주도적으로 노력하는 자세에 박수를 치는 사회가 되어야 한다.

국가대표 양궁선수들이 아테네 코

린토스 운하에 설치된 번지점프대에 올라섰다. [46] 줄 길이가 무려 95미터. 바닥을 바라보는 것만으로도 오금이 저렸다. 폭이 좁은 운하를 맴도는 거센 바람 탓에 대단한 담력이 요구되는 상황이었다.

역시 리더는 본보기가 될 수밖에 없었다. 감독이 먼저 뛰어내렸다. 정말 죽을지도 모를 것 같은 기분이었다고 한다. 운하 양면의 간격이 좁아 꼭 절벽에 몸을 부딪칠 것만 같았다. 점프대로 돌아온 감독이 선수들을 둘러보았다. 그리고 순서 없이 자원하는 대로 뛰어내리도록 명령했다.

"자, 누가 제일 먼저 뛸래?"

"감독님, 저요! 잠시 후에 뵙겠습니다." 주저 없이 한 여자선수가 손을 들고 앞으로 나섰다. 당연히 남자들이 먼저 뛰어내릴 것으로 기대했던 감독에게는 의외였다. 나머지 순서도 마찬가지였다. 여자선수들이 차례차례 뛰어내린 후에야 남자선수들의 차례가 되었다. 그만큼 여자선수들의 의욕이 높았다.

흥미롭게도, 2개월 뒤 올림픽 개인전 성적이 그날 번지점프대에서 뛰어내린 순서대로 결정되었다고 한다. 약속이나 한 듯이, 가장 먼저 뛴 선수가 금메달, 두 번째 선수가 은메달, 그리고 세 번째 뛰어내린 선수는 예선 탈락의 고배를 마셨다. 남녀 양궁의 성적 또한 그대로였다. 열정을 갖고 훈련에 임했던 여자팀의 성적이 앞섰다.

오늘의 성적이 내일의 결과다. 연습은 시합처럼, 시합은 연습처럼. 오늘을 체험함에 있어 빈틈을 허하지 말라. 현재의 주도적 자세가 미래의 옵션으로 구체화될 것이다.

취미형
리얼 옵션

Real option

나는 지금까지 살아오면서 '미친 놈'이라는 소리를 세 번 들었다.

"미친 놈. 운동이 그렇게 좋냐?" 학창시절, 나는 틈난 나면 집밖에서 운동을 했다. 공을 가지고 승부를 내고 싶어 안달했다. 형이 여러 번 화를 내며 야단을 쳤다. 운동선수를 했지만 그것이 직업이 되지는 않았다.

"미친 놈. 아예 가서 살아라! 살아!" 고등학교 1학년 시절, 나는 주말이면 바둑을 두기 위해서 기원(지금으로 치면 피씨방)에 가서 살았다. 좀처럼 화를 내지 않는 어머니도 난리를 치셨다. 그러나 나는 프로 바둑기사가 되진 않았다.

"You are crazy, man. Please go home!" 미국에서의 교수 시절, 나는 매일 출퇴근을 두 번씩 했다. 퇴근 후에 저녁식사를 하고 또 출근했다. 자정이 지나서야 두 번째 퇴근을 했다. 동료 교수가 뼈있는 농담을 던졌지만 멈추지 않고 5년을 그렇게 했다. 어느덧 내 전공의 마니아가 되어갔다.

때로 과도한 열정으로 균형을 잃는 경우가 생긴다. 분별없이 몰입하는 자신을 발견한다. 그런 열정이 생활로 이어지기도 하고 일탈 혹은 취미로 남기도 한다. 중요한 것은 열병을 앓는 삶을 살았다는 사실이다. 열정에 솔직한 삶은 언제나 아름답다. 그러나 그 열정을 오랜 기간 유지할 수 있는가는 또 다른 문제다. 재미있어서, 즐거워서, 신나서 몰입하는 일에서도 리얼 옵션은 만들어진다.

취미형 리얼 옵션 프로젝트의 성공률은 10퍼센트다. 열 명 중에서 한 명이 성공한다. 십중팔구 성공한다는 말이 있다. 웬만하면 성공한다는 의미다. 취미형은 그 반대다. 십중팔구 실패한다.

취미형이 매력적인 것은 사실이다. 왜냐하면 자신이 가장 좋아하는 것을 선택할 수 있기 때문이다. 트래킹, 영화감상, 독서, 여행, 각종 운동에서 자신을 즐겁게 하고 휴식의 근간이 되는 것이 바로 취미다. 마음이 닿아 있으므로 실행이 즐겁다. 여기에는 재미있게 할 일을 찾는 노력도 포함된다. 미래의 목표가 아니라 오늘 이 시간에 즐거운 마음으로 매진하다가 생기는 자연스럽게 선택권이 탄생된다.

얼마 전 재즈 음악가 윤효정의 연주를 본 적이 있다. 그는 무대를 휘어잡는 카리스마를 발휘하며 노래 중간에 재미있는 즉흥연주를 하곤 했다.

"인생을 행복하게 사는 방법이 있습니다. 첫째는 맛있고 싼 음식점 두 군데를 알아두는 것이고요, 둘째는 취미가 직업인 사람입니다. 셋

째는 악기 하나를 잘 다룰 줄 아는 겁니다." 취미가 직업인 사람, 삶이
재미고, 재미가 돈인 사람이다. 본인이 그렇단다. 바로 취미형 옵션에
성공한 사람이다.

대니 메이어는 어린 시절부터 요리
와 레스토랑에 관심이 많았다.[47] 열두 살 무렵, 그는 캠프에서 하는
요리대회에서 우승을 했고 친구들에게 요리를 해줄 정도로 요리를
즐겼다.

그는 대학 시절에도 맛집을 찾으러 다녔지만 정작 직장은 도난방지
중소기업에서 일하게 되었다. 그리고 1년 만에 최고의 세일즈맨이 되
어 뉴욕 시를 담당하게 되었다. 그는 일을 하면서도 틈만 나면 맛집을
찾거나 요리를 했다. 뉴욕레스토랑 스쿨에서 경영 수업도 들었다.

마침내 때가 왔다. 회사에서 그를 사업 확장을 위해 런던지점에 보
내려고 했다. 그러나 그는 "네가 좋아하는 일을 하면 되지 않느냐"는
외삼촌의 제안을 듣고 레스토랑 사업을 본격적으로 시작하였다. 평소
의 취미가 리얼 옵션이 된 것이다.

취미형 리얼 옵션의 강점은 몰입도와 예상성과에 있다. 좋아서 하
는 일이므로 몰입이 되는 것은 당연하다. 예상성과에도 욕심이 없다.
할 수 있다는 자체만으로도 고마운 일이다. 경제적인 효과에 집착하

지 않는다.

그런데 바로 그 예상성과가 속을 썩인다. 재미도 있고 돈벌이도 적잖이 쏠쏠할 것으로 기대했는데 상황이 다르게 전개된다. 막상 직업으로 결정하니 부담이 되고 즐겁던 마음에 수심이 생기기 시작한다.

커피 마시는 것을 즐기다가 커피숍을 차린다. 게임을 좋아하니 아예 피씨방을 연다. 독서를 좋아하여 서점을 운영하고, 꽃이 좋아서 꽃집을 차린다. 이들 모두가 재미도 있고 먹고사는 데에도 문제없을 것 같지만 경영은 열정만으로 해결되지 않는다.

세상 만만하게 보면 안 된다. 재미만 생각하여 선택하겠다는 발상으로는 성공률이 고작 10퍼센트에 불과하다. 텃밭 10평 가꾸는 것은 쉬워 보이지만 막상 수천 평 농사를 지으면 상황이 전혀 달라진다. 그래서 취미형 리얼 옵션도 프로젝트 개념으로 준비해야 한다. 이쯤되면 더 이상 취미가 아닐 수도 있다. 하지만 즉흥적인 결정이 아니라 차근차근 준비를 해야만 행복한 리얼 옵션으로 전환시킬 수 있다.

몰입하라!
미쳐야미친다

《못생긴 나무가 산을 지킨다》는 고도원 기자의 책은 간결했다.[48] 지나친 정보로 독자를 압도하기보다는 가벼운 지식과 정돈된 형식으로 공감을 이끌었다. 그 점 때문에 나는 고 기자의 글에 관심을 갖기 시작했다. 지금도 내 이메일로 '고도원의 아침편지'가 한결같이 날아든다. 그중 삭제하는 것도 많긴 하지만, 읽으면 심금을 울리기에 충분한 메시지들을 자주 만나게 된다. (내가 매일 읽지 않는 이유는 내 일상의 흐름을 깨지 않기 위해서다. 현재 내가 몰입하는 방식과 분위기는 내가 관리해야 하기 때문이다. 그런 과정에서는 작은 글 하나도 마음을 쓰게 만들기 십상이다.)

'고도원의 아침편지'의 주인장인 고도원은 어느덧 아침편지 문화재단의 이사장이 되었다. 기자에서 작가로, 작가에서 공직자로, 공직자에서 다시 방송인으로……. 삶의 여정이 역동적이다.

고도원 이사장의 취미는 독서다. 독서가 주업이 되었으므로 취미형 리얼 옵션을 선택한 경우로 볼 수 있다.

독서라는 그의 취미는 즐거움이 아니라 고통스런 과정을 배경으로 시작되었다. 책을 좋아하는 아버지가 회초리를 들면서까지 쉬운 책, 어려운 책 가리지 않고 밑줄을 그어가며 많이 읽게 하셨다고 한다. 시골교회 목사가 열악한 환경 속에서 선택한 교육방식이었는지도 모른다.

고도원은 잡지 기자, 신문 기자, 대통령 연설담당 비서관과 같이 책을 자주 접하는 일을 해온 덕분에 오랜 세월 책에 그만의 밑줄을 긋는 등 독서기록을 쌓을 수 있었다. 그러던 어느 날 그것을 다시 읽으며 정리하다가 '한 줄의 짧은 글귀'가 사람을 웃기고 울린다는 것을 체험하게 되었다. 심지어 한 문장이 삶의 방향을 바꾸게 하는 큰 힘이 될 수 있다는 것을 알게 되었다. 무수히 많은 책을 읽으면서 핵심을 보는 역량이 생겼다. 산 전체를 보면서 모두를 대표할 수 있는 나무를 고르는 법을 터득한 것이다. 그는 그런 나무들을 골라서 모양새와 의미를 설명하며 깊은 메시지를 나누려는 시도를 했다. 바로 그 시도가 《못생긴 나무가 산을 지킨다》라는 베스트셀러를 만들었다. 또한, '희망이란'이라는 제목의 이메일을 지인에게 보낸 것이 아침편지의 첫 시작이 되었다.

자신의 감동을 가까운 사람들과 나누고 싶었다. 그리고 모든 것이 바뀌었다. 수백만의 아침편지 수신자가 생겼고, '숲속의 옹달샘'이라는 치유의 공간이 탄생했다. 책에 대한 몰입이 지혜를 뽑아내는 능력으로 발전되었고 그것들이 모여서 리얼 옵션이 되었다. 드디어 다른 사람의 삶을 바꾸는 일이 고도원의 직업으로 선택되었다.

몰입도는 개인성과에 상당히 큰 영향을 미친다. 업무에 완전히 몰입한 그룹은 그렇지 못한 그룹에 비해 두세 배의 매출기여도가 있는 것으로 조사되었다. 기업에서의 업무에도 이런 정도의 차이가 있다면 개인의 삶에는 더욱 그러할 것이다. '정신일도하사불성精神一到何事不成.' 집중하면 못 이룰 일이 없다는 격언은 예나 지금이나 마찬가지다.

취미에서 새로운 가치를 발견하려면 깊게 몰입해야 한다. 그 분야에서의 수준은 물론 자신이 밟고 지나가는 여정이 다른 사람에게 어떤 영향을 줄 수 있는지도 알아야 한다. 물론 우연히 그런 가치를 발견하는 일이 다반사다. 하지만 먼저 알면 그만큼 유리하게 미래를 설계할 수 있다.

자신에게 재미있는 일이라서 취미다. 시간과 돈이 문제지 몰입하는 것이 가능한 분야다. 기왕에 선택한 일이니, 주어진 여건에서 최대한 심취하라. 1년에 등산을 한두 번 가면서도 등산을 취미라고 말하는 미지근한 사람이 되지 말라. 한 달에 책 한 권 겨우 읽으면서 독서를 취미로 적지 말라. 그러한 자세로는 남들이 보지 못한 가치를 찾아내기 힘들다. 미쳐야 한다. 미쳤다는 소리를 들을 정도로 집중하고 깊게 숙고하라. 고객의 고객을 생각하는 수준. 문제의 본질을 파헤치는 안목. 업의 본질을 섭리에서 찾는 자세. 이들 모두 몰입해야만 보이기 시작한다.

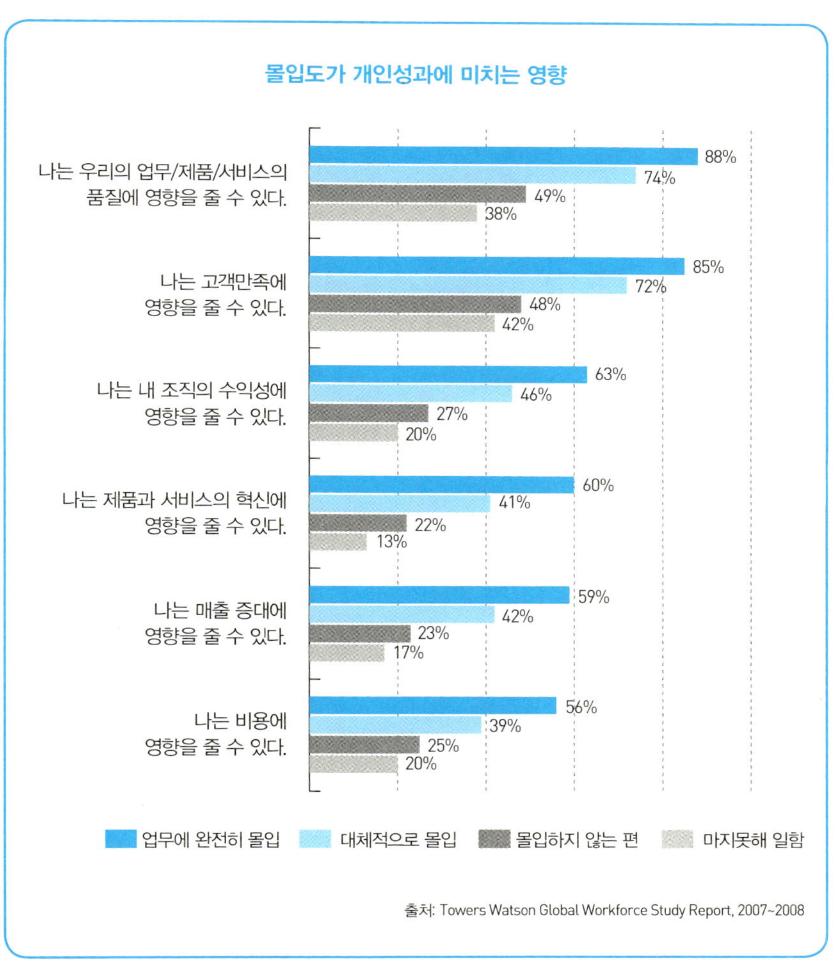

몰입도가 개인성과에 미치는 영향
나는 우리의 업무/제품/서비스의 품질에 영향을 줄 수 있다.
88%
74%
49%
38%
나는 고객만족에 영향을 줄 수 있다.
85%
72%
48%
42%
나는 내 조직의 수익성에 영향을 줄 수 있다.
63%
46%
27%
20%
나는 제품과 서비스의 혁신에 영향을 줄 수 있다.
60%
41%
22%
13%
나는 매출 증대에 영향을 줄 수 있다.
59%
42%
23%
17%
나는 비용에 영향을 줄 수 있다.
56%
39%
25%
20%
업무에 완전히 몰입
대체적으로 몰입
몰입하지 않는 편
마지못해 일함
출처: Towers Watson Global Workforce Study Report, 2007~2008

가장 재미있게
갈 수 있는 길

E n j o y   y o u r   T r a i t s

취미처럼 새로운 시도를 즐겁게 할 수만 있다면 절대적으로 유리한 인생을 살 수 있다. 생활수단을 찾는 여정이 즐겁기 때문에 경제적 여건과는 상관없이 자아실현 가능성이 커진다.

직업 자체를 즐기는 사람으로는 단연 리처드 브랜슨이 대표적이다. 그는 작은 레코드 가게로 시작하여 음악, 항공, 모바일, 인터넷으로 세계적인 기업인 버진 그룹의 총수가 되었다. "상상한 것보다도 더 많이 이루어졌다"라고 외친 그는 상상한 것을 모두 현실로 보여준 선구자이다.

브랜슨은 어린 시절부터 글자를 읽는 데 어려움을 겪는 난독증을

지니고 있었다.[49] 그는 사립학교에 들어갔지만 난독증 탓에 책을 제대로 읽을 수가 없었다. 그래서 여러 해 동안 집중력 훈련을 했지만, 그런 노력에도 불구하고 학업을 제대로 따라가지 못하여 매를 달고 살았다. 최악의 상황에서 좌절하던 그는 자신이 '뛸 수 있다'는 것을 깨달았다. 그리고 공부를 포기하고 오로지 운동에 전념하기 시작했다. 축구, 럭비, 단거리, 장거리 가리지 않고 그는 모든 경기에서 상을 휩쓸었다. 어느덧 학생 스포츠의 영웅이 되자, 학교 문제는 완전히 사라졌다. 선생님들은 더 이상 그에게서 성적 향상을 기대하지 않았다. 전관왕에 오르는 순간, 브랜슨은 매를 맞는 과거를 떠올리며 대단한 자랑스러움을 스스로 만끽했다. 자신이 가장 잘 할 수 있는 일에 매진하여 스스로의 신뢰를 형성한 셈이다.

그러나 안타깝게도 영광의 순간은 짧았다. 축구를 하다가 무릎을 다쳐 더 이상 운동을 할 수 없게 된 것이다. 모든 것이 원위치로 되돌아왔다. 또다시 낙제생의 길이 앞을 가로막았다. 보다 못한 부모는 그를 다른 학교로 전학을 시켰다. 그러나 상황은 마찬가지였다. 공부에 별다른 흥미를 느끼지 못한 그는 엉뚱하게도 교장의 딸과 연애를 하여 물의를 일으켰다. 낙제생이 연상인 연인과 여학생 기숙사를 들락거리다 발각되어 퇴학에 직면하게 되었지만, 자살극을 연출하며 간신히 퇴학만은 면제받았다. 이제 더 이상 선택의 여지가 없다고 판단한 그는 집중력과 기억력을 키워 난독증을 극복하는 데 도전했다. 도표나 숫자를 못 읽는 대신 상상력을 통해 전체적인 흐름과 틀을 이해했다. 이러한 독특한 훈련은 훗날 그의 탁월한 직관과 판단력의 기초가 되어 천재적인 사업수완을 발휘하게 만들어주었다.

어린 시절의 고난을 통해서 브랜슨은 한 가지 인생교훈을 터득하게 되었다고 한다. 그것은 바로 '성공할 수 있는 또 다른 길을 찾아라'는 것이었다. 아무리 어려운 상황에 처한다고 하더라도 좌절할 필요가 없다는 것이다. 모든 어려움에는 새로운 길이 있기 마련이므로.

살아가다 보면 종종 인생 성적표를 정리하게 된다. 실적이 좋은 사람은 과거의 성취를 뿌듯한 회상으로 재현하며 즐긴다. 일이 뜻대로 풀리지 않는 사람은 실패의 원인을 찾아 새로운 실마리를 찾는다. 핵심은 미래를 위해 또 다른 길을 찾는 것이다. 가장 재미있게 갈 수 있는 길을 찾아서 현재 어려운 상황을 잊으면 된다.

새로운 시도를 취미삼아 하는 사람은 취미형 리얼 옵션이 제격이다. 새로운 도구 개발하기, 새로운 방법 고안하기, 새로운 게임 만들기. 좌우간 남들이 못한 것을 해내는 것 자체를 즐기는 사람들이다. 연구가 취미인 사람이다. 재미삼아 했던 여러 가지 일 중에서 어떤 일이 경제적 가치로 이어지면 그 자체가 직업이 된다. 브랜슨도 그런 부류의 사람이다. 남다른 시도에서 짜릿한 흥분을 느낀다.

새로움을 즐기는 것이 취미라면 당신은 행운아다. 돈 드는 일만 골라서 하지만 않으면 된다. 돈 되는 일에도 관심을 가져보라. 마케팅 분야의 세계적인 대가인 필립 코틀러는 '좋은 회사는 고객의 요구를 만족시키고, 위대한 기업은 시장을 창출한다'고 말했다. 단순한 고객 만족 차원이 아니라 수익성에 도움이 되는 방향에서 고객을 만족시키는 것이 필요하다고 강조했다. 누가 시장을 창출하고 수익성을 보장하게 될지 생각해보라. 새로운 시각으로 보이지 않는 가치를 찾는 사람이라야 가능하다. 몰입에 능통한 취미형 인재가 능력을 발휘할 상황이다. 한 가지만 다듬으면 된다. 수익성을 볼 수 있는 경영에 대한 안목을 쌓아야 한다. 취미와 경영의 합작품에 눈뜰 시점이다.

좋아하는 일에서
가치를 발견하라

Search for your Value

자신의 취미를 발전시켜 사업을 하거나 좋아하는 일을 좇아 직업을 바꾼 사연은 심심찮게 볼 수 있다. 개인의 즐거움뿐 아니라 생활 기반을 마련했으니 여간 부럽지 않다. 이들 모두의 공통점은 자신이 좋아하는 일에서 남들이 보지 못한 가치를 발견했다는 것이다.

real option

어떤 사람이 젊은 나이에 남성모델을 하면서 취미로 의자를 모으기 시작했다. 디자인이 독특하면 가격을 불문하고 수집하여 창고가 좁아서 걱정일 정도였다. 이렇게 의자가 그의 최대 자산이 되었다.

의자 부자가 된 그가 생각해낸 사업이 스파게티 음식점이라고 한다. 자장면을 즐겨 먹던 구세대에 비해 신세대는 스파게티를 찾을 것으로 판단했다. 뿐만 아니라 자신이 수집한 의자로 손님을 각별하게 모실 수 있다는 생각이 들었다.

"재미있지 않아요? 5천 원짜리 스파게티를 수백만 원짜리 의자에 앉아서 먹는 모습이." 바로 그 모습이 그가 그리는 음식점의 그림이었다.

그는 실제로 가끔 의자들을 교체해서 가게의 분위기를 확 바꾸어준단다. 취미로 모아둔 의자가 자신의 비즈니스 리얼 옵션으로 활용되고 있는 것이다.

한편 KFC의 핼랜드 센더스는 주유소를 운영하면서 음식점을 찾는 손님을 자주 만나게 되었다. 어려서부터 요리가 취미였던 그는 주유소 뒤에 있는 작은 창고를 개조해서 식당을 열었다. 2년 뒤 식당이 맛있는 집으로 소문이 나자 그는 아예 주유소를 정리하고 본격적인 음식 사업에 뛰어들었다.

의자를 모았든 요리가 좋아서 닭을 튀겼든 그들의 취미는 직업을 바꾸는 발판이 되었고, 사업은 성공했다. 취미에 경영개념을 부가하여 지속적인 성장이 가능하게 만들었다.

삼성의 이민혁 상무는 어릴 적부터 낙서대장이었다. 그는 38세에 삼성의 임원이 되어 놀라운 디자인 능력으로 수백만대 규모의 밀리언셀러 핸드폰을 성공시켰다. 그의 어린 시절 취미가 모두가 부러워하는 리얼 옵션으로 이어진 것이다.

디자이너 이달우는 '마음 스튜디오'를 운영하고 있다.[50] 그가 만든 마음 티백을 찻잔이나 컵에 담그면 사람이 욕조에 두 팔을 걸친 모양이 된다. 사람들은 신기하고 재미있어 넉넉한 마음으로 차를 마시게 된다.

그는 대학시절 고안했던 마음 티백을 디자인 페스티벌에 출품했고 이 아이디어는 곧 그의 리얼 옵션이 되어주었다. 감성 지향적 디자인에 공감한 고객들의 주문이 이어져 어느덧 창업이라는 선택을 하게 만들었던 것이다.

"아이디어가 떠오르면 클라이언트가 요구하지 않은 것도 해봅니다. 예를 들어, 로고 작업만 맡아도 유니폼, 쇼핑백 등 2차, 3차 디자인까지 샘플을 만들지요. 다른 계산이 있기보단 관련 제품을 만드는 게 재미있어서 하는 건데 그걸 본 클라이언트가 다음에도 저를 찾지요."

이민혁 상무와 이달우 대표는 자신의 재능에서 가치를 찾았다. 돈을 추구한 것이 아니라, 재미있는 일을 하는 것에 초점을 맞추었다. 무슨 목적이나 목표가 있어서가 아니라 자신의 마음이 끌리는 방향으로 노력한 모습이 회사와 클라이언트의 성공에 기여했다. 그러는 사이에 그들 스스로의 가치는 점증했다.

관심 분야에 대한 **재미**는
지치지 않는 **열정**을 갖게 해준다

풍월당을 처음 개점한 박종호는 정신과 의사이자 클래식 음악 애호가였다. 클래식 음악에 깊은 조예를 갖추게 된 그는 한국의 클래식 음악시장이 매우 열악하다는 것을 알게 되었다. 취미를 살려 최초의 클래식 음악 전용 음반 매장을 구상한 것이 결국 직업을 바꾸어버렸다.

김순응 대표는 대학에서 경제학을, 대학원에서는 경영학을 공부했다. 그리고 23년간 은행에서 근무하면서 요직을 두루 거치며 임원으로 내정되기까지 했다. 그러나 그는 항상 그림에 대한 관심의 끈을 놓지 않았고 결국 미술품 경매 전문회사인 (주)서울옥션의 CEO 자리를 제안 받고는 직업을 바꾸었다. 이후 다시 K옥션과 현재의 아트컨설팅 회사를 설립하기에 이르렀다.

박종호 대표와 김순응 대표는 좋은 직업을 가지고 있었음에도 취미가 좋아서 전직을 한 사람들이다. 그들의 결정은 쉽지 않았을 테지만 오랜 기간 리얼 옵션을 준비한 덕에 용기를 낼 수 있었을 것이다. 흥미를 느끼는 분야에 대한 깊은 관심과 지식, 즉 지적 자본이 그들의 선택권을 만들어냈다. 주어진 시간의 일부를 투자하여 쌓은 지식이지만 오랜 기간 관심을 가졌기 때문에 가능한 일이었다. 관심 분야에 대한 재미는 지치지 않는 열정을 갖게 해주었고, 기업에서 터득한 경영관리 역량 또한 리얼 옵션의 가치를 키우는 데 기여했다.

타인의 취미를 도와라

중앙대학교 최고경영자 과정에 특강을 가서 낯익은 사람을 한 명 만났다. 연예인 엄용수였다. 그는 방송인이면서 기획사 대표로 활동하고 있었다. 그를 보니 문득 대학시절이 생각났다.

대학 1학년 시절, 나는 바둑을 두러 기원에 가곤 했는데 그러다보니 자연스럽게 고수들과 친분이 생겼다. 그중 한 사람이 항상 바둑을 두면서 노래를 흥얼거렸다. 그는 특히 가수 조영남과 조용필의 노래를 비슷한 목소리로 즐겨 불렀다. 가만히 보니 안경만 걸치면 영락없는 조영남이라는 생각이 들었다.

"한번 개그 콘테스트 같은 것에 도전해보세요. 검은 뿔테 안경 걸치고 조영남 노래를 모창하면 정말 잘하실 것 같아요." 당시 그는 대학을 중퇴하고는 일 없이 기원에서 바둑을 두거나 정치 선거판에 기웃거리며 지내고 있었다.

그 사실은 그가 나를 따로 불러 선거운동을 업으로 한다고 설명해
서 알게 되었다. 세상은 참으로 희한한 인연으로 삶이 엮여진다.

그것이 전부였다. 나는 2학년이 되면서 바둑을 두지 않았고 그와의
인연도 끝났다. 다만 이름만 기억하고 있었다. 엄용수.

그 후, 2년쯤 지나서 우연히 방송 뉴스에서 그가 신인 개그 콘테스
트에서 입상했다는 소식을 들었다. 방식도 내가 얘기해준 그대로였
다. 텔레비전으로 나는 그를 볼 때마다 그 시절이 회상되곤 했다.

강의를 시작하면서 그런 사적인 인연을 이야기하고 마이크를 엄용
수에게 넘겼다. 아뿔사! 그는 그런 사실은 정확히 기억하고 있었지만,
나에 대해서는 전혀 떠올리지 못했다.

"제가 원래 기억하기 힘든 사람입니다. 하하하."

그 당시, 나의 생뚱맞은 제안이 아니었더라도 엄용수는 연예인이
리얼 옵션이 되었을 것이다. 왜냐하면 주위 사람이 그의 독특함을 추
천했을 것이므로.

패션모델 홍진경이 김치 사업가로
명성을 날리고 있다.[51] 홈쇼핑과 인터넷에서 '더 김치'를 브랜드로 하
는 김치를 판매하는 새로운 인생 리얼 옵션을 선택한 것이다.

'더 김치'의 탄생은 홍진경의 어머니 덕분이었다. 손맛 뛰어났던 홍
진경의 어머니는 사람 접대를 마다하지 않았다. 그녀의 집은 김치를

먹으러 오는 손님들로 늘 문전성시를 이루었고, 연예인과 모델 친구들까지 어머니의 김치를 좋아했다. 홍진경은 이러한 집안 풍경에서 리얼 옵션을 생각해낸다. 그러다가 '공짜로 나눠주느니 김치로 사업을 해볼까'라는 생각이 들었다. 어차피 맛깔스런 김치를 담가서 나누는 것이 어머니의 즐거움 아니었던가. 본격적으로 그 길에 매진해보자는 판단이었다.

처음에는 어머니가 반대를 했다. 소규모로 김치를 담그는 것과 대량생산은 다르기 때문에 제 맛을 내기 힘들다는 이유 때문이었다. 그래서 생각해낸 것이 100퍼센트 국내산 재료만을 사용하고 조미료를 첨가하지 않는 방식이었다. 새로운 사업이 늘 그러하듯이 그녀는 여러 가지 시행착오를 겪었지만 결국 성공했다. 어머니가 즐겁게 할 수 있는 일을 활용하여 새로운 영역으로 뛰어든 것이다.

홍진경처럼 주변사람의 취미가 자신의 리얼 옵션으로 발전되기도 한다. 옆에서 지켜보는 사람이 자신의 숨어 있는 가치를 발견하기가 더 쉽기 때문이다.

취미에 몰입되어 다른 것이 보이지 않는 당사자보다는 주변사람의 관점이 오히려 신선할 수 있다. 이런 경우에는 동업의 형태로 선택권이 형성되기도 한다. 나비를 채집한 사람에게는 박물관, 곤충 채집을 즐기는 사람에게는 교육재료, 음반을 모은 사람에게는 음악카페, 심지어 책을 모은 사람에게는 북카페에 이르기까지 개인의 취미를 비즈니스와 접목시킨 사례들이 많다. 독특한 취미를 가졌다 싶으면 그것을 사업으로 연결시킬 사람들이 몰려든다. 혼자가 아니라 더불어 미래를 준비하는 시대가 된 것이다.

9장

멘토형 리얼 옵션

선생님이 멘토이던 시절이 있었다. 너무나 많이 가르쳐주셔서 기억에
남는 것이 적었다.

친구가 멘토이던 시절이 있었다. 별다른 차이점이 없어서 서서히
익숙해지고 말았다.

선배가 멘토이던 시절이 있었다. 경쟁의 늪에서 허우적대는 선배를
보며 믿음이 떨어졌다.

그러다가 어느 날 갑자기, 아주 갑자기 수많은 멘토가 있다는 사실
을 깨달았다. 멘토의 모든 것이 아니라 일부분을 배우기로 마음먹었
다. 그 순간, 선택방식은 달라지기 시작했다. 켈러와 베리는《영향력
있는 사람들*The Influentials*》을 출간하면서 사람들이 의사결정을 할 때 어떤
사람들의 이야기에 귀를 기울이는가를 조사했다.[52]

광고에 가장 의존하는 선택은 영화나 옷을 고르는 일이었다. 반면
에, 퇴직설계나 투자에 관해서는 전적으로 다른 사람의 추천에 의존

했다. 중요하고 장기적인 일에는 영향력 있는 사람을 만나려고 노력
하는 것이다. 멘토는 그런 방향에서 만나고, 신뢰를 쌓고, 귀를 기울
여야 한다.

　예전에는 '인복이 많다'고 생각되는 사람을 만나면 속으로 쓴웃음을
짓곤 했다. 그가 유리한 환경을 자랑한다고 생각했기 때문이다. 그런
데 내가 틀렸다. 그들은 환경에 숨어 있는 축복을 발견하는 사람들이
었다. 사람에게서 희망과 감사를 배우는 긍정 마인드의 결과였다.
　멘토형 리얼 옵션의 성공률은 7퍼센트다. 자신을 잘 아는 사람의 조
언에 귀를 기울이기에 충분한 수준이다. 멘토는 미래에 대한 불확실
성과 투자 수준을 동시에 낮추어준다. 리얼 옵션을 준비하기가 그만
큼 쉬워진다. 올바른 멘토를 만난다면 예상 성과도 정확하게 알 수 있
다. 멘토 자신이 직접 경험한 길이므로 미래를 볼 수 있는 것이다. 멘
토를 잘 만나는 것이 그래서 중요하다.
　경영학도인 김 교수는 탁월한 능력의 소유자이면서도 늘 대응적인
Reactive 자세로 일을 선택하는 사람이다. 그는 대학시절부터 모범생으
로 유명했다. 강의노트는 반드시 숙지했고, 어떤 일을 맡겨도 깔끔하
게 마무리지었다. 그런 그에게 물어보았다.
　"인생을 살아오면서 본인이 주도적으로 선택한 것은 뭐지요?"
　"선택이요? 저는 사실 선택한 것이 없습니다. 다른 사람이 추천한
대로 살았던 것 같습니다. 전공도 그렇고, 대학원, 직장, 벤처, 교수를
거치는 모든 과정에서도 지도교수나 선배의 얘기대로 살았습니다."

김 교수는 워낙 유능했으므로 어떤 분야에서도 기대 이상의 성과를 거두었으리라. 그럴 자신이 있었기에 두려움 없이 선택하고 나아갔을 것이다. 그러나 그 역시 벤처회사 대표를 하면서 고배를 마시는 시행착오를 경험할 수밖에 없었다. 왜냐하면 멘토가 추천한 옵션이 김 교수 자신의 배경을 전제로 준비된 것은 아니기 때문이다.

멘토형 리얼 옵션의 관건은 자신이 가고자 하는 비전과 일치하는 정보를 줄 수 있는 사람, 즉 멘토를 만나는 것이다. '정확한 판단력'을 지닌 멘토를 만나는 것이 핵심이다. 또 다른 관건은 의사결정 시점, 즉 타이밍에 대한 것이다. 이 두 가지가 합쳐져야만 정확하고 시의적절한 선택이 가능하다.

인생을 살아가면서 자신의 선택을 도와줄 사람들을 비교해보라. 멘토(부모), 전문가, 선배나 경쟁사 임직원, 친구나 동료 등이 모두 나의 선택을 도와주는 역할을 할 수 있다. 충분한 정보를 갖고 남들보다 빠른 시점에서의 선택을 도와줄 수 있는 사람은 멘토나 전문가다. 특히, 나 자신을 잘 아는 리더가 그러하다. 나만을 위한 조언을 하기에 듣고 금방 실천에 옮길 수 있다. 아무리 전문가라고 하더라도 나를 전혀 모르는 리더는 결정과정에서 뜸을 들이게 만든다. 믿을 수 있는가를 검증해야 하기 때문이다. 또한 남들에게 공유하지 않은 중요한 정보를 나에게만 미리 알려줄 아무런 이유가 없다. 맞는 말이긴 하지만, 뒷북치는 선택을 하게 될 가능성이 크다.

선택을 잘 하는 친구도 정보는 충분하지 않지만 빠른 선택에 도움

의사 결정 시점	100 (늦음)	**고전하는 동료** 나를 경계하는 팔로워	**경쟁열세 임원** 시장을 관망하는 팔로워	**전문가** 나를 전혀 모르는 리더
	10 (보통)	**능력 있는 동료** 나를 긴장시키는 경쟁자	**경쟁비교 임원** 시장에 동참하는 경쟁자	**멘토/전문가** 나를 조금 아는 리더
	1 (빠름)	**능력 있는 친구** 좋은 리더를 둔 친구	**경쟁우위 임원** 시장을 개척하는 리더	**멘토(부모)/전문가** 나를 아주 잘 아는 리더
		부족	적당	충분
		미래정보와 지식 수준		

이 된다. 친구 본인 역시 선택을 도와주는 훌륭한 멘토를 만나고 있을 가능성도 있다. 반면에, 고전하는 친구나 동료의 선택은 시기적으로 늦고 효과를 보장하기 힘들다. 본인 스스로 선택이라는 어려운 과제를 끌어안고 씨름하고 있을 것이 자명하다.

내 인생 최고의 고수

Accept the BEST

내 인생 최고의 고수를 만나는 날. 워커힐 W호텔에 들어서는 내 마음이 기대감으로 들떠 있었다.[53] 빌 클린턴을 만나러 온 것이다. 탁월한 의사결정 능력, 8년간 미국경제를 호황으로 이끌었던 시대감각, 르윈스키 사건 당시 무너지지 않았던 냉정함 등 그에게서 리더의 선택을 배우고 싶었다. 크고 작은 시행착오를 겪으면서도 더 큰 영향력으로 세계를 바라보았던 고수이기에 그의 리더십이 부러웠다.

고수를 만나는 일은 인내심을 요구했다. 일정 자체도 한 시간은 족히 기다리게 만들어져 있었다. 《빌 클린턴의 마이 라이프》 출판기념회로 진행되는 자선행사인 터라, 적지 않은 기부금을 내고서 책을 확보했다. 그런데 막상 지정된 테이블에 가보니 나만 책을 들고 있었다. 무슨 상관이랴. 내 인생 최고의 고수를 만난다는데 투자를 아낄 일이 아니었다.

테이블 앞자리에 앉은 윤 원장은 역시 재담꾼이었다.

"신 교수님, 오랜만입니다." 그는 반갑게 인사를 하더니 테이블 분위기를 바꾸기 시작했다.

"역시 인생은 간단합니다. 고수를 만나서 배우고 실천하면 되지요."

윤 원장은 작정하고 고수론高手論을 설파했다. 우리 모두 클린턴이라는 고수를 만나러 왔다는 것을 전제로 하는 화두였다. 무릎 관절이 좋지 않았는데 관절염 고수를 만나게 되었단다. 시키는 대로 하니까 이제는 골프를 치는 수준을 유지하게 되었다. 머리가 자꾸 대머리가 되어서 걱정인데, 그 역시 고수는 해답을 알더란다.

그렇게 우리 테이블은 고수 배우기에 재미를 들였다. 모두 고개를 끄덕이며 경험담을 털어놓았다. 의사는 남자 성형의 흐름에 대해 얘기했다. 인터넷 서점 사장은 독서의 흐름을 알려주었다. 강의로 따지면, 비싼 강사료를 받고 전달되었을 주제임에 틀림없다. 고수를 만나러 온 자리이기에 주옥같은 교훈이 편안하게 공유될 수 있었다.

테이블의 고수론이 대충 정리되었음에도 불구하고, 클린턴은 아직도 등장하지 않았다. 할 수 없다 싶어 이번에는 책을 들척거리기 시작했다. 과연 그는 무엇이 다를까. 예습이라도 하듯이 핵심을 찾으려고 노력했다. 답은 사람이었다. 클린턴은 이미 일곱 살 때부터 사람 만나는 의미를 아는 어린이 같았다. 시골 촌놈이 어찌 그리도 사람 만나기를 좋아했는지. 대학을 졸업하기 전에 이미 15명 정도의 결정적인 고수와 동역자를 만났다. 클린턴 역시 고수론의 대가였던 셈이다.

드디어 학수고대하던 클린턴이 등장했다. 그는 김영삼, 김대중 대통령과 함께 나타나 우애를 과시했다. 김영삼 대통령이 축사를 통해 클린턴의 리더십을 칭찬했다. 김대중 대통령도 역시 그의 탁월한 국제 안목에 감탄사를 더했다.

주인공인 클린턴이 연단에 섰다. 모두가 기다리던 순간이었다. 그는 우선 두 전직 대통령에게 차례로 감사의 말을 전했다. 호텔에 모인 한국의 리더들에게 감사의 말을 전했다. 한국 출판사와 독자들에게도 감사의 마음을 전했다. 그런데 그것이 전부였다. 정작 본론은 없었다. 모두 행복한 인생을 살라며 마무리 인사를 했다. 사회자의 안내 멘트가 흘러나왔다. 함께 사진 찍을 사람은 앞으로 나오라고.

기다린 것을 생각하면 참으로 싱거운 연설이었다. 고수의 비법을 배우겠다고 잔뜩 기대했는데 말이다. 그의 입장에서 생각하면 이해는 되었다. 자신이 할 모든 이야기가 책 속에 담겨 있는데 무슨 말이 더 필요하겠는가. 리더십의 모든 것이 사람에서 시작하여 사람으로 마무리된다는 메시지를 던진 것인지도 모르겠다.

행사를 마치고 호텔을 나서며 나는 빙그레 웃었다. 섭섭할 뻔했다. 테이블에서 얘기되었던 고수론이 아니었으면 말이다. 클린턴의 성공 노하우를 짬짬이 읽어둔 것도 천만다행이었다. 최고 고수 클린턴을 만나 성공노하우를 배우러 왔지만 정작 기다리던 과정이 본론이었다. 그게 바로 인생이다. 목표 자체가 아니라, 목표로 가는 과정에 삶의 목적이 있는 것이다.

내 인생 최고의 고수는
지금 만나서
배울 수 있는 사람이다

목표는 대강의 방향을 가르쳐주면 된다. 대충 이런 정도다 하면 충분하다. 정교할 필요가 없으며, 목표 달성에 지나친 기대감을 걸어서도 안 된다. 리더십의 즐거움은 불확실성에 있다. 확실성을 추구할수록 보폭이 작아지고 통제력에 집착하기 마련이다. 본질은 목표로 향하는 골목에서 어떤 고수를 만나고 있는가에 달려 있다. 즐겨라. 고수들에게 듣고 배우고 실천하는 것에 가치를 부여하라. 내 인생 최고의 고수는 지금 만나서 배울 수 있는 사람이다. 시간이 지나면서, 그 고수들조차 서서히 사라지는 것을 경험하게 될 것이다. 당신 스스로 고수가 되는 여정을 걷고 있기 때문이다.

멘토는 기다리지 않는다

Find your Mentor

요즘처럼 변화무쌍한 시대에 최대 경쟁력은 '판단력'이다. 그런데 판단력은 그냥 생기지 않는다. 의사결정을 통해 배울 수도 있지만, 판단력을 요하는 체험 기회가 많지 않고 개별적인 특성 또한 많아 기르기가 쉽지 않다.

앞서 소개했지만, 나는 세상 보는 안목을 선생님에게서 배웠다. 어쩌면 멘토에게서 배우고자 한 그런 태도가 현재의 직업을 선택하게 한 주요인이었는지도 모른다.

대학 2학년 시절, 나는 우연히 교수님 두 분을 찾아갔다. 그때 두 교수님이 긴 시간 정성껏 설명해준 덕분에 나는 많은 것을 여쭤볼 수 있었다. 그분들은 나로 하여금 무엇을 선택할지를 결단하게 해주었고 보이지 미래에 대한 확신감을 키워주었다. 뿐만 아니라, 그분들은 후원자로서 격려와 지원을 마다하지 않았다. 중요한 시점마다 할 수 있다는 용기를 주었고 편지를 써서 나의 잠재력을 추천했다.

두 분의 멘토링은 작은 일로 시작되었다. 나는 교수님을 귀찮게 하는 것이 죄송해서 명절에 댁으로 인사를 갔다. 사모님께 식사를 준비하게 한 수고를 또다시 끼치게 되었지만, 덕분에 진정한 멘토링이 시작되었다. 두 교수님은 미래에 대한 나의 걱정과 준비사항을 정확히 가르쳐주었다. 교수를 하려면 무엇이 필요한지, 돈 없이 유학을 가려면 어떻게 해야 하는지 등 자세히 가르쳐주었다.

두 교수님을 3년 정도 뵈자, 내 미래가 그림처럼 눈앞에 그려졌다. 그 그림은 내 인생의 청사진Blueprint이었고 믿음이었다. 당시 나의 목표는 꿈이 아니었다. 비전이었고 미래에 다가올 현실이었다. 왜냐하면 그분들의 가르침대로 계속 준비하고 있었기 때문이다. 내가 나만의 리얼 옵션을 결정하게 된 데에는 이처럼 두 분 멘토의 영향이 컸다.

멘토와의 만남은 정말 소중한 일이다. 가고자 하는 길을 미리 경험한 인생 고수를 스승으로 섬기면서 살 수 있다면 얼마나 유리하겠는가. 멘토는 경쟁상대가 아니다. 삶의 지혜를 가르쳐줄 역량을 지닌 훌륭한 안내자다.

미국에서 귀국하여 여러 대학의 교수들과 팀을 이루어 기업 자문을 시도했다. 나는 팀 내에서 가장 어렸지만 그 일을 기획하고 주도했다. 열 명 내외의 전문가들과 함께 일을 하다 보니 저절로 나 자신의 상대적 경쟁력을 비교할 수 있었다.

내 나이 40대 초반까지는 배울 점이 도처에 있었다. 가능한 한 많은 것을 배우고 싶었고 닮고 싶었다. 적극적으로 연마하여 더 잘하는 수준에 도달하고 싶었다.

40대 중반에는 주위의 수준이 눈에 들어왔다. 어떤 팀을 구성해도 주도적인 역할을 한다 싶었다. 상상하고 도전한 만큼 높이 올랐으며 멀리 갔다. 교만하게 들릴지 모르지만, 그런 나이였다. 빨리, 멀리 그리고 깊게 이해되었다. 40분 강의에 파워포인트를 600장을 사용하는 강사를 만났는데도 시종일관 즐거웠다. 그때는 그랬다.

40대 후반이 되자, 유능한 후배들이 보이기 시작했다. 함께하면 나보다 더 잘하는 대목이 눈에 띄었다. 그들은 나를 배우려 했지만 나 또한 그들을 배우는 상황이 종종 발생했다. 그런 것이 순리다 싶다. 이해할 수 있었고 포용할 수 있었다. 세분화된 이슈별로 그들이 나의 멘토가 되어도 문제될 것이 없어 보인다. 그렇다. 배우기로 마음먹으면 멘토는 끊임없이 우리들의 주변을 맴돌고 있는 것이다.

풀리처상을 수상한 알프레드 챈들러는 미국, 영국, 독일 대기업들의 경영스타일을 조사하여 성공적인 조직 구조와 운영을 연구했다. 그리고 시장수요와 경쟁수준이 기업의 조직을 변화시킨다는 것을 분석해냈으며, 시대가 발전하면서 권한이양이 증가한다는 점도 찾아냈다. 우리들의 삶도 유사한 측면이 있다고 생각한다. 우리도 자신이 처한 환경에 적응하려는 구조를 찾아서 노력하게 된다. 집안에 어른이 없으면 선생을 멘토로 생각하게 되고, 형제가 없으면 또 그 빈자리를 멘토나 의형제 개념으로 채우게 된다. 한 가지 분명한 것은 정보기술과 지식의 역동성이 커지면서 선택에 대한 지혜도 다각적으로 정교화

된다는 점이다. 과거에는 소수에게 모든 것을 배우는 종합 멘토십으로 충분했다. 하지만 후배들은 세분화된 주제별로 배우는 이슈 멘토십이 유리할 수도 있다. 시대가 구조를 선도하는 것은 기업이나 개인이나 마찬가지다.

판단력의 핵심은 '멘토십'이다. 자신의 판단에 대한 정확성을 높여주는 멘토십에 눈을 뜨면 된다. 형식과 구조는 수단에 불과하다. 우리가 자연의 섭리를 배우고, 킹 목사가 간디의 책에 영향을 받고, 초일류 기업이 계속 컨설팅 회사의 코칭을 받는 것 모두가 본질이 똑같다. 선택의 정확성을 높이기 위한 끊임없는 모니터링과 학습 노력이다.

멘토는 멘티Mentee를 찾거나 기다리지 않는다. 멘티가 찾아나서야 한다. 켈러와 베리는 영향력 있는 사람은 정치, 뉴스, 환경, 자연과 동물세계, 국가와 사람, 역사의 순서로 각별한 관심을 보인다고 한다.[54] 큰 결정에 필요한 지식을 확보하는 데 바쁜 사람들이 판단을 잘 하기 때문이다. 반면에 스포츠나 드라마에 푹 빠진 사람은 영향력 없는 사람들이었다. 멘토의 영향력이 궁금하다면 그분의 관심 이슈가 무엇인가를 파악하는 것도 좋은 방법일 것이다.

멘토의 외적인 위상은 중요하지 않다. 세상을 보는 안목과 멘티에 대한 관점과 애정이 멘토십 수준을 좌우한다. 누구를 만날 수 있는가가 아니라 무엇을 배울 수 있는가에 집중하라. 멘토를 찾는 것도 능력이다.

멘토의 믿음에 투자하라

Learn your Lesson

멘토를 만난다 해도 그의 말을 어디까지 듣고 실행해야 하는가는 또 다른 문제다. 멘토를 너무 많이 의존하면 나 자신의 주도적 기능이 우려된다. 그렇다고 모든 것을 스스로 결정하고 진행시킨다면 멘토를 둔 의미가 없다. 과연 멘토의 의견을 어느 정도 의사결정에 반영해야 하는가.

나는 지금도 멘토링 받는 것을 즐긴다. 편견으로 인해서 혹여 엉뚱한 시행착오를 겪게 될 것이 걱정되기 때문이다. 내가 가고자 하는 여정에서 일가를 이룬 분들의 말씀을 듣는 것은 참으로 소중한 기회다.

한번은 멘토링을 받기 위해서 10년 정도 앞서가는 분을 음식점에 정중하게 모셨다. 이렇게 멘토링을 받는 것이 나의 특징이다. 간단한 선물도 준비한다. 진지하게 들어야 그분의 말씀이 내 행동의 일부가 될 수 있다는 판단에서다. 물론 예의를 갖추는 일이므로 마음도 편하다. 배움에는 수업료가 있다. 직업병인지도 모르지만.

"왜 저술활동을 중단하셨지요?"

그날 내가 드린 중요한 질문 중 하나였다. 10년 전 뵈었을 때의 그분은 온통 '미래 맞추기'에 몰입하고 있었다. 당시, 일본을 보면 한국이 보인다며 출판사에 보낼 원고를 보여주었다. 아니나 다를까 1, 2년 사이에 일본 배우기 관련 책이 즐비하게 서점을 덮었다. 정확한 예측이었다. 그러던 분이 그 이후 책을 더 이상 쓰지 않았다.

"내가 좀 돈이 필요했어. 그래서 그냥 돈을 버는 데 시간을 써버린 거야. 강의에 모든 시간을 투자한 셈이지."

책으로 새로운 방향을 제시하기보다는 강의로 세상의 흐름을 논했다고 한다. 신문에 한국의 10대 명강사로 꼽히기도 했으니 원하는 목적을 이루었을 것이다. 중국의 흐름에 대한 강의를 많이 한다고 얘기를 들었다.

"신 교수는 인도를 공부하는 것이 어때?" 아직도 기억이 생생한 실감나는 멘토링이었다. 자신은 중국의 흐름으로 한국의 미래를 점치지만, 앞으로는 인도가 변수이므로 주목하라는 귀한 말씀이었다.

나는 그분의 말씀을 정확히 기억하지만 실행에 옮기지는 않고 있다. 나의 비전과는 조금 다르기 때문이다. 다만 일본에서 중국으로, 중국에서 인도로 옮겨가며 세상을 바라보는 안목을 내 여정에 적용하려고 노력한다. 적어도 전문가라면 그런 노력을 할 책임이 있다.

그분은 한겨울 한강의 풍경을 바라보며 강태공처럼 읊조렸다.

"신은 참 오묘해. 한강이 단단하게 언 것 같지만 여기 저기 구멍이 있지. 물고기도 숨을 쉬어야 하잖아. 세상 다 살아갈 구멍이 있는 법이지.”

은퇴한 대가 교수님 두 분을 동시에 모신 적도 있다. 내가 직접 배운 적은 없지만 한결같은 원칙과 안목으로 살아가는 분들로 유명했다.
“교수님이 제 나이라면 무엇을 다르게 살아가시겠습니까?”
그날 내가 준비한 질문이었다. 정말 듣고 싶은 질문이었다. 한 분이 말씀하셨다.
“반 발자국 앞서간다는 기분으로 살 것 같아. 두 발은 빠르더군. 나란히 가면 가치가 없고. 약간 앞서간다는 느낌, 그런 것이 어떨지.”
정말 행복했다. 반 발자국의 의미. 아마 나에게 들으라고 하는 말이다 싶다. 너무 덤벙대며 서두르지 말라는 말씀이었을 것이다. 다른 한 분의 말씀도 가슴에 길게 여운을 남겼다. 그분은 ‘사소한 욕심에 기운 빼지 말라’는 조언을 해주었다.

멘토의 의견을 얼마나 적용해야 되는가는 사실 쉬운 문제다. 멘토의 말을 들어보면, 그 순간 결정된다. 내가 선택할 수 있는 것과 없는 것이 저절로 깨달아진다. 왜냐하면 내가 질문을 하며 나를 잘 아는 사람이 지혜를 나누어주기 때문이다.
‘품질은 복사할 수 없다 You can not copy quality’며 개선에 있어 차별성을 강조한 에드워드 데밍 박사는 모든 사업은 고객에게서 비롯된다고 했다. 그는 반복고객과 고객추천이 수익성을 보장한다면서, 제공하는

자신이 처한 상황에
가장 가까운 **고수**를 만나
조언을 들을 수 있다는 자체가
행운이다

제품이나 서비스에 만족하여 다시 돌아온 고객과 그들이 열광적으로 추천하여 끌어들인 고객이 성공을 결정한다고 했다. 멘토십도 그런 범위에서 결정하여 실천하면 된다. 우선 자신의 고객을 정의하라. 그 고객이 박수치는 방향과 범위에서 실행에 옮기면 된다. 다시 한번 말하지만, 실천 범위는 듣는 순간 결정될 수 있다.

나는 매년 한두 차례 멘토십 자리를 만든다. 모시는 분은 다르지만, 즐겁고 소중한 시간이다. 대학시절의 습관이 이렇게 오래갈 줄은 몰랐다.

인생은 방향설정과 실행력의 조화로 압축된다. 젊음은 실행에는 유리하지만 지혜로운 의사결정에는 도움이 필요하다. 참신한 판단을 할 가능성도 크지만 그만큼 위험에 노출되어 있다. 검증받지 못한 방향설정 능력이기에 시행착오를 면할 길이 없다.

전반적인 멘토십도 있지만 부분적인 멘토십도 가능하다. 자신이 처한 상황에 가장 가까운 고수를 만나 조언을 들을 수 있다는 자체가 행운이다. 젊음의 상징인 패기를 덮고 리스크를 피하라는 주문이 아니다. 리스크 자체의 크기를 인지하고 도전하라는 것이다. 멘토형 리얼 옵션은 멘토의 영향력을 인정하는 것에서 시작된다. 결정은 나 자신의 몫이다.

SNS의 정보를
경계하라

Build your Network

베스트셀러 작가 이외수 같은 유명 인사는 트위터의 팔로워가 백만 명이 넘는다고 한다. 이와 같은 경우 멘토링이 동시다발적으로 이루어질 수 있다. 따라서 명사들이 페이스북이나 트위터를 통해서 공유하는 관점은 많은 사람의 판단에 영향을 준다. 이벤트가 있을 때 실시간으로 전파되는 그들의 메시지는 우리의 일상적 선택에 직결되어 있다.

오래전 이외수 작가는 기인으로 통했다. 그는 목욕과 이발을 안 하고 사는 것으로 유명했다. 나는 그의 솔직함, 자유로움, 배짱이 부러웠다. 타인을 의식하지 않는 삶은 상상도 못할 시대였기 때문이다. 그런 그의 기행奇行이 '속 시원한 인생'으로 보이기는 했지만 그의 삶에서나 가능하지 않았나 싶다. 그의 용기와 발상은 독특했지만 나는 배우고 싶지는 않았다. 그의 삶과 나의 삶은 커다란 격차가 있다고 생각했기 때문이다.

시간이 많이 흘러, 지금 이외수 작가는 날카로운(?) 세상보기로 청춘들의 박수를 받고 있다. 그의 생각에 동의하는 사람도 있고 비판하는 사람도 있다. 동의를 하고 뜻을 따르기에 팔로워다. 자신이 하고 싶은 말을 대신 말해주고 생각지도 못한 발상으로 세상을 풍자한다. 배우고 싶고 닮고 싶다. 그래서 늘 궁금해한다. 이번 사태를 어떻게 바라보는지.

그러나 착각하지 말자. 그것은 멘토링이 아니다. 멘토십은 쌍방향 인지認知가 기본이다. 멘티의 상황을 잘 파악하고 있는 관계에서만 효과적이다. 공자가 두 제자를 두고 똑같은 질문에 대하여 정반대로 가르침을 주었다는 얘기가 그러한 상황을 잘 반영한다. 자기주장이 강한 제자에게는 절제와 겸손을 주문했고, 반대로 소극적인 제자에게는 오히려 과감하게 도전하라고 가르쳤다. 받아들일 수 있는 상황에 따라서 판단력에 대한 조언이 달라진다.

만일 부모님 말씀보다 명사들의 이야기를 더 믿는다면 꿈 깨기 바란다. 자신을 가장 잘 알고 있는 사람의 조언보다 누구에게나 던져지는 '열린 지식'을 신봉한다면 보통 심각한 문제가 아니다. 쌍방향 이해가 전제되지 않는 상황에서의 조언은 그저 책을 읽다가 중요한 문장에 줄긋는 행위에 불과하다. 일종의 정보라고 보면 된다. 세대를 통해 전해오는 속담이나 격언과 같은 것이다.

소셜 네트워크를 통한 멘토링을 바란다면 무엇보다 서로 친분이 있는 관계를 만들려고 노력하라. 찾아가서 만나든 아니면 자세한 상담을 할 수 있는 사이로 발전시켜라. 선진국에서는 조금만 혼란스러워도 심리 상담이나 치료를 받으려고 발품을 판다. 그리고 전문가를 만나는 비용을 지불한다. 나의 문제를 해결해줄 멘토라면 심리 전문가와 다를 바 없다. 무작위의 정보가 아니라 내 문제에 초점이 맞추어진 전문적 정보를 사야 한다.

데이비드 오길비는 세계적으로 유명한 카피라이터이자 오길비 앤 매더Ogilvy & Mather의 창립자이다.[55] 또한 광고계의 번영을 이끈 '현대 광고의 아버지'로 불린다. 그는 영국에서 태어나 옥스퍼드 대학교에 진학했지만 2학년 때 중퇴했다. 이후 요리사와 판매원과 같은 엉뚱한 일에 전전하다가 어느 날 갑자기 리얼 옵션에 대한 연결고리를 만났다. 그러고는 크게 점프하기 시작했다.

오븐 영업사원으로 일하던 스물네 살 때의 일이다. 그는 회사의 권유로 세일즈맨을 위한 가이드북을 만들게 되었는데 그중 한 부를 형이 일하던 런던의 광고대행사 매더 앤 크로우더Mather & Crowther에 보냈다. 이 일은 그가 광고계에 입문하게 된 계기가 되었다. 훗날 〈포춘〉지는 햇병아리 시절 오길비가 작성한 세일즈 가이드북을 '가장 훌륭한 세일즈 매뉴얼'이라 평했다. 형이라는 인적 네트워크 덕분에 광고계에 진입할 수 있었던 것이다.

"모방하지 않아야 한다. 모방은 표절과 가장 가까운 형태인 동시에 열등한 사람의 표식이다." 디자인에 관한 오길비의 명언이다. 인생 설계도 마찬가지다. 멘토의 인생을 모방할 것이 아니라 자신만의 새로운 인생 설계에 참고해야 한다.

기회는 작은 목소리로 찾아온다

영화 〈버킷 리스트〉의 주인공, 잭 니컬슨은 독특한 외모와 느릿한 말투로 팬들의 사랑을 받는 배우다.[56] 그는 심술궂은 표정이지만 천진난만한 웃음을 가지고 있다. 그런 그의 인생은 세 번의 충고 덕분에 새롭게 빚어졌다.

고등학교를 갓 졸업한 잭은 뚜렷한 꿈이 없었다. 그는 대학을 가야 할지, 아니면 야구선수에 도전해야 할지 망설였다. 그렇다고 프로선수가 될 자신도 없었다. 그런데 부모의 걱정에도 아랑곳하지 않는 그에게는 한 가지 독특한 습관이 있었다. 그것은 충고를 즐겨하지 않는 사람의 말에 귀를 기울이는 것이었다.

"너는 재능이 있는 애야. 네가 여기에 남는다면 작은 연못에 사는 큰 물고기는 되겠지. 그렇더라도 너는 바뀌지 않아. 큰 무대로 나가면 다른 역할을 하며 살아갈 수 있을 거야." 모처럼 조언을 해주는 누이의 말을 믿고 그는 '기회의 땅'인 대도시에 가기로 결심했다.

아직 철부지였던 시절이라, 연예인을 보면서 살겠다는 생각에 할리우드로 왔다. 그리고 영화사 MGM에 잡일을 하는 보조원으로 가까스로 취업했다. 문서수발을 하며 잡일을 처리하는 단순직이었다. 또다시 그는 아무런 생각도 없이 하루하루를 보내며 지냈다.

"자네, 연예인이 될 생각을 해본 적이 있나?" 복도에서 마주친 유명 영화감독이 그에게 느닷없이 질문을 했다.

"아니오. 안 해보았습니다." 잭의 대답은 멍청했다. 할리우드의 모든 젊은이들의 꿈인 연기에도 관심이 없다니. 그 얘기를 들은 상사에게 평생 잡일꾼으로 살 생각이냐며 혼이 나고서야 그는 비로소 생각을 고쳤다. '기회의 직업'인 연예인에 도전하게 되었던 것이다.

그는 연예인 학원에 등록하여 공부를 시작했지만, 정작 자신의 기량이 문제가 되었다. 목소리가 좋지 않다는 주위의 비판에 부딪쳤다.

이번에는 친구의 조언이 귀에 들어왔다.

"잭, 앞으로 너를 만나는 모든 사람이 충고를 할 거야. 네 목소리를 바꾸어야 한다고 말이야. 그런 말에 절대 신경 쓰지 마. 그냥 네 자신의 목소리 스타일로 버텨." 억양이 강하고 느려터진 목소리를 강점으로 만들어보라는 충고였다. 잭은 남들이 단점으로 지적하는 자신의 개성을 '잠재역량'으로 삼는 계기로 만들었다. 잭 니컬슨의 인생은 그렇게 주변사람의 충고에 의해서 바뀌었다. 충고를 고깝게 듣지 않고 기회로 받아들인 덕분이다.

기회는 느닷없이 찾아오고 소리 없이 지나간다. 안타깝지만 그것이

기회를 놓치지 않으려면
듣는 노하우를
깨우쳐야 한다

현실이다. 수많은 사람이 더불어 살기 때문에 기회는 시간에 민감하다. 때를 놓치면 기회도 함께 사라진다. 기회를 놓치지 않으려면 듣는 노하우를 깨우쳐야 한다. 꼭 유명하고 성공한 리더들이 아니어도 좋다. 당신을 아끼기에 즐겨하지 않던 충고를 던지는 주변사람의 말을 경청하라. 애정이 가득한 그 조언을 인생의 기회로 전환시켜야 한다.

조심할 것은 긍정적인 마인드와 점증하는 목표에 이르는 말인가에 대한 판단이다. 부정적 조언과 예방적 충고를 구분하려고 노력해야 한다.

멘토와의 인연이 깊어지면 자칫 기대감이 커진다. 조언을 주는 것에서 나아가 실행에 옮기도록 도와주면 좋을 텐데 하는 기대감이다. 그러나 꿈도 꾸지 말아야 할 생각이다. 경험을 들려주고 마음을 나누는 것만도 감지덕지할 일이다. 지혜를 배우는 것으로 족하다. 멘토형 리얼 옵션의 필요조건은 신뢰할 만한 조언을 듣는 일이다. 충분조건은 어떤 상황에서도 그들에 대한 감사한 마음을 잊지 않는 것이다.

멘토십을 강조하면서 인간관계를 너무 목적지향으로 몰고간 측면이 없지 않다. 좋은 관계 자체로도 충분한 가치가 있는데 뭔가 얻어내려는 태도가 빡빡한 심성을 긁는다. 사실 세상을 보는 시각은 개인적이다. 인적 교류를 문제해결의 수단으로 보기도 하고 불필요한 행위로 치부하기도 한다. 자연섭리에 순응하는 사람도 있고 주도적으로 질서를 만들려는 사람도 있다. 한 번 옳으면 항상 옳다고 주장하는 사람이 있는 반면 지금 옳아도 크게 보면 틀릴 수 있다고 보는 시각도 있다. 자신의 철학과 가치관이 결국 힘을 발휘하는 인생이 되어야 한다. 자신의 색깔을 지켜야 한다.

10장

대리형 리얼 옵션

다른 사람이 나보다 나을 것이라고 생각하는 습관이 있었다. 그는 나보다 더 머리가 좋을 것 같았다. 나보다 더 체력이 강할 것 같았다. 나보다 더 부자일 것 같았다. 나보다 더 마음의 여유가 있을 것 같았다.

그래서 '귀가 얇다'는 소리를 많이 들었다. 남들 얘기를 너무 믿는다는 지적이었다. 믿고, 듣고, 배우는 기질을 갖고 태어난 모양이다.

그러나 이상하게도, 내가 그들보다 더 앞설 때가 많았다. 그럴 때마다 고개를 갸우뚱했다. 나는 운이 좋았을 뿐, 그들에게는 피치 못할 사정이 생겼을 거라고 생각했다.

나이가 들면서, 누구의 말을 어느 정도 듣고 믿어야 하는가가 더욱 중요한 질문으로 다가왔다.

다른 사람의 체험은 지켜보는 사람에게 교훈이 된다. 새로운 환경에 대한 적응 과정을 보여주기 때문이다. 성공은 성공대로 실패는 실패대로 진로를 결정하는 데 도움이 된다. 이렇게 다른 사람의 경험을 통해서 자신의 미래 선택권을 결정하는 것이 대리형 리얼 옵션이다. 투자가 없기에 쉽게 배우지만 그만큼 리스크가 크다.

대리형 리얼 옵션을 준비하면서 리스크를 최소화하는 최고의 방법은 신뢰를 쌓는 것이다. 누구에게서 무엇을 배워야 하는가를 정리하고, 과연 대리 체험이 믿을 만한 것인가도 확인해야 한다. 다양한 계층의 주변사람들이 자신에게 어떤 역할을 하고 있는가를 직시하라.

4퍼센트. 스물다섯 번 중에서 한 번 성공한다. 대리형 리얼 옵션 프로젝트는 성공률이 가장 낮다. 직접 체험이 아니라 다른 사람의 시도에서 힌트를 얻기 때문에 그럴 만도 하다. 세상에 공짜는 없다. 투자가 적은 대신 불확실한 결과를 감수해야 한다.

대리형은 다른 사람을 통해서 리얼 옵션을 확보한다. 일종의 벤치마킹이다. 다른 사람이나 조직의 우수사례를 본받아 자신의 미래 선택에 반영시킨다는 발상이다. 막상 실행에 옮기는 과정에서 투자가 필요하긴 하지만, 선택을 하는 준비단계가 비교적 자유롭다.

동시에 여러 개의 리얼 옵션 프로젝트를 지켜볼 수 있는 장점도 있다. 모든 결과를 직접 확인할 필요는 없다. 주변사람의 성공사례를 활용하는 것만으로도 4퍼센트의 성공률을 확보할 수 있다는 것은 괜찮은 확률이다. 투입 관점에서 보면, 가장 유리한 리얼 옵션 유형이다.

대리형은 학습효과와 불확실성에 주의해야 한다. 다른 사람을 통해서 리얼 옵션을 준비하는 과정은 학습을 포기해야 한다는 점이 약점이다. 지켜보는 것으로도 충분한 학습이 된다면 여간 똑똑한 사람이 아니다. 직접 체험하지 않기 때문에 환경변화에도 취약하다. 똑같은 환경에서 나의 옵션이 진행될지를 확신할 수 없다. 예상하지 못했던 변수를 만나기 마련이며 그와 동시에 성과 또한 기대에 미치지 못할 것이다.

바꾸어 생각하면, 그런 대리형의 약점에 성공요소가 숨어 있다. 학습효과를 높이고 불확실성을 낮추는 방법을 찾으면 된다. 우선 자신의 상황과 얼마나 유사한가를 냉정하게 판단해야 한다. 대리 체험자가 내 대신 실천하고 매일 보고를 한다고 가정해보자. 그럼 마치 본인이 직접 리얼 옵션 프로젝트를 하는 것과 똑같은 상황이 된다. 매일 듣고 보면 마치 내가 그렇게 하고 있다는 착각이 생길 것이다. 그러므로 신뢰가 관건이다. 대리 체험자에 대한 신뢰 수준이 실질적인 성패를 좌우한다.

기업을 자문하다 보면, 자신감이 몸에 배어 있는 인재들을 만난다. 비서실이든, 기획실이든, 재무실이든 별 차이가 없다. CEO에게 직접 보고하는 사람들이다. 회사의 최고경영자를 자주 만나는 사람이니 엄선하여 선별된 사람일지도 모른다. 하지만 본질은 오히려 반대일 것이다. CEO가 판단하는 습관을 곁에서 체험하면서 리더의 판단력을 터득한 것이다. 직접 체험한 것은 아니지만, 간접 체험을 통해서 높은 수준의 경영역량을 배우면 자신도 모르는 사이에 인재가 된다.

대리형 리얼 옵션을 선택하는 경우에 또 한 가지 명심할 일은 성과에 대한 기대감이다. 친구 따라 강남 가는 격이니 눈높이를 낮추어야 한다. 앞서 체험한 사람은 이미 그런 생각을 먼저 할 정도로 나보다는 앞서가는 사람이다. 뒤따라가는 주제에 욕심낼 일이 아니다. 또한 염치없는 일이기도 하다. 못해도 본전이요 비슷하면 행운이다. 이렇게 겸허한 태도가 더 강한 집중력에 연결되도록 마음을 다스려야 한다. 공짜로 얻은 지혜다. 이제부터 땀으로 그 대가를 치르는 기분으로 도전해야 한다.

동역:
파트너십에 투자한다

마케팅의 대가 잭 트라우트와 알 리스는 그들의 저서 《마이 포지셔닝》에서 인생 여정을 성공률로 제시했다.[57] 그들은 '성공에 이르는 말Success Horse'을 타야 원하는 목표에 도달한다는 것에 착안했다. 열심히 일하는 근로마Hardworking Horse의 성공률은 고작 1퍼센트다. 모든 말이 다 열심히 달리기 때문이다. IQ마는 1.33퍼센트고, 창발마는 25퍼센트다. 한 개인이 아무리 난다 긴다 해도 27퍼센트의 성공률로 만족해야 한다는 주장이다. 개인의 능력만으로는 한계가 있다.

트라우트와 리스는 누구나 선택할 수 있는 타인마를 33퍼센트로 제시했다. 능력 있는 사람을 잘 살피고 지혜를 훔치면 큰 도움이 된다는 뜻이다. 그 다음 높은 성공률이 바로 파트너마 Partners Horse다. 좋은 동역자를 만나면 40퍼센트의 성공률이 보장된다. 가족마의 성공률은 무려 67퍼센트다. 자신을 신뢰하고 무한 협조해주는 가족이 성공하는 경우

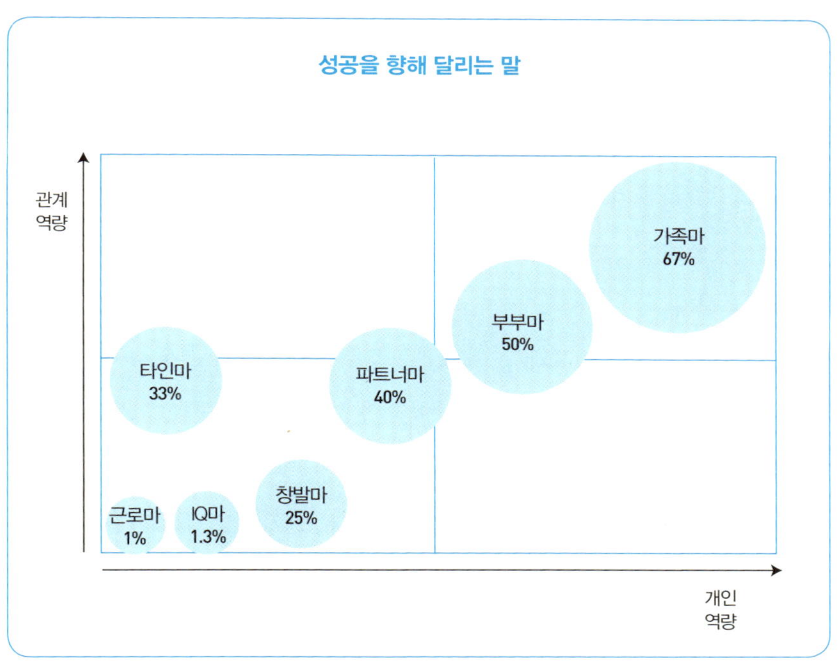

에는 미래를 그만큼 쉽게 해결할 수 있다.

트라우트와 리스가 제시한 성공률의 특징은 관계 역량이 개인 역량보다 높다는 것이다. 그러므로 서로 협력하고 힘을 모아야 한다. 화합 그 자체에 미래의 가치가 내재되어 있다.

대리형 리얼 옵션은 믿음에서 시작된다. 경쟁보다는 동역이다. 경쟁하면 상대를 제압하기 위해서 무리한 아이디어라도 다른 것을 찾아야 한다. 동역하면 서로 도와주면서 상생 가치를 찾게 된다.

그러나 현실에서는 동역이 좋다는 것을 잘 알면서도 경쟁하게 된다. 사람을 비교의 관점에서 보기 때문이다. 그것은 우리를 위축되게 만드는 요인이기도 하다. 성장하는 과정에서 경쟁에 익숙해진 체질 탓인지도 모른다. 시원치 못한 대학과 전공, 도움 안 되는 동창, 그렇고 그런 가정형편과 인맥 등 온통 약점과 콤플렉스뿐이다. 위를 올려다보면 그렇다. 그래서 더욱 지고 싶지 않다. 나를 비웃는 그들을 이겨내고 싶다.

생각을 바꾸면, 빙그레 웃게 만들어주는 자랑거리도 있다. 뜯어보면 나도 괜찮은 사람이다. 성실함이라면 그 누구라도 해볼 만하다. 정말 열심히 살려고 노력한다. 남들이 유별난 시도를 한다며 새로운 환경을 찾아 서성이는 시기에 나는 자신에게 집중할 수 있었다. 그들과 마찬가지로 나만의 경쟁력을 준비해왔던 것이다. 아래를 내려다보니 그렇다. 각박하게 경계하고 살 이유가 없다.

문제는 자꾸 위를 보게 되어 스트레스를 받는다는 사실이다. 조금만 뒤처져도 눈에 불이 나고 혈압이 올라간다. 가까운 사람이 성공하면 속까지 거북하다. 그렇다고 해서 사람을 믿고 경계심을 풀자니 그 또한 쉬운 일이 아니다. 이용당하고 들러리만 서는 자신을 발견하게 된다. 무심코 보낸 시간들 때문에 자책감이 든다. 사람 때문에, 사람으로 인해서 일상이 힘들어지는 것이다.

대리형을 선택하는 사람에게 가장 중요한 덕목은 '이기려고 기를 쓰지 않는 태도'다. 더 부자 되기, 더 출세하기, 더 우아하기, 더 성공하기……. '더'라는 단어를 최소화시켜야 한다. '더'라는 비교우위 관점보다는 자신에게 합당한 목표를 추구하는 것이 좋다. 환경에 의해 흔들리지 않는 이정표를 세우기 위해서 '더욱'이 아니라 '함께'라는 관점을 가슴에 새겨두어야 한다. 함께 부자 되기, 함께 출세하기, 함께 우아하기, 함께 성공하기…….

사람은 행복한 동행의 목적이다. 행복한 세상을 지향하는 모든 사람에게 그러하다. 동행하는 과정에서 자신의 목표를 믿고 신뢰하라.

'360도 리더십 피드백 평가'로 유명한 마셜 골드스미스 박사는 리더에게 가장 중요한 것이 긍정적인 기운이라고 강조한다. 그래야만 역할모델을 할 수 있기 때문이다.

우스갯소리로 세상에 펴야만 사는 두 가지가 있다고 한다. 낙하산과 우리의 인상人相이란다. 인상을 펴야 더불어 가는 사람으로 살기 시작할 수 있다.

파트너십의 핵심은 소통체계다. 체스터 바나드가 강조한 대로 단순하고 직접적인 것이어야 한다. 그는 소통기능의 핵심을 "소통체계를 확보하여 분명한 목적을 가지고 최소한의 노력을 투입시키는 것"이라고 했다. 파트너십을 확보하는 과정에서도 이들 세 가지를 유지할 수 있어야 한다. 휴먼네트워크의 형성, 파트너십의 목적, 관계 유지를 위한 동기부여가 확보되어야 한다.

친구 :
의욕을 일깨워준다

Follow your Friends

시골의사 박경철은 요즘 명사로 통한다. 직업이 의사인 사람이 투자 전문가로 맹활약하고 있는 것만으로도 세간의 관심을 끌기에 충분하다.

박경철이 대전의 한 병원에서 근무하던 시절의 이야기다.[58] 친구가 서울에 올라가 함께 강연을 듣자고 연락을 해왔다. 그는 병원의 눈치가 보였지만 미국에서 갓 MBA를 마치고 귀국한 친구라 차마 거절하지 못했다.

강사의 복장은 파격적이었다. 모자와 찢어진 청바지. 강연 내용은 더욱 기가 막혔다. 다짜고짜 칠판에 알파벳으로 'WWW'를 쓰더니 앞으로 온 세상이 이 안에 들어올 것이라고 목소리를 높였다. 30분도 채 안 되어 맨 앞줄만 남고 모든 사람이 강연장을 빠져 나갔다. 강연은 그렇게 황당하게 끝났다. 박경철 역시 황당했다.

그런 그에게 함께 간 친구가 돈을 빌려달라고 했다. 강연이 너무 좋아서 강사를 만나 얘기를 더 들어야겠다는 것이었다. 다음 날, 친구에게서 다시 전화가 왔다. 이번에는 대뜸 한 달치 월급을 빌려달라고 사정했다. 박경철은 이런 말 저런 말로 말리다가 한 달치 월급의 90퍼센트를 친구에게 빌려주었다. 친구는 그 돈으로 이메일 회사를 차려 일년 반 만에 250만의 가입자를 끌어 모았다.

그 백수 친구가 바로 '깨비 메일'의 창업자인 한이식 나라비전 대표라고 한다. 그리고 'WWW'를 외치던 강사는 다름 아닌 '다음커뮤니케이션'의 이재웅 사장이었다. 한 대표는 골드만삭스에 980억 원 정도의 지분을 받고 회사를 넘겨 인생역전에 성공했다. 사실 따지고 보면 한 대표도 일종의 대리형 리얼 옵션에 투자하여 성공한 사례다. 워낙 인터넷 시장 초창기의 일이라 그야말로 인생대박에 성공했던 것이다.

친구의 역전드라마를 곁에서 지켜본 박경철. 그는 자성의 마음이 들었다고 한다. 미래의 잠재 가치를 읽어낸 친구를 무지와 무시로 일관했던 자신을 돌아보았다. 또한 창의적 발상과 직관이 없는 자신을 한탄했다. 그리고 스스로에 대한 문제의식이 미래를 바꾸었다. 그는 주식투자라는 새로운 영역에 도전하여 시행착오를 반복하며 학습하기 시작했다. 세상을 바꾸는 1퍼센트의 리더가 되겠다는 목표로 투자분석가로 향하는 리얼 옵션을 선택했다. 10년간 본격적으로 리얼 옵션에 투자한 결과 그는 다양한 선택권을 눈앞에 두게 되었다.

살아가면서 친구의 체험을 통해서 리얼 옵션을 만들 수 있다면 그야말로 큰 행운이다. 좋은 친구를 둔 덕이다. 박경철은 친구의 체험을 그대로 따라서 선택하지는 않았다. 다만, 미래를 바라보는 관점, 나도 노력하고 투자하면 다른 사람보다 뛰어난 직관을 가질 수 있다는 자신감이 리얼 옵션의 시발점이 되었다. 친구의 체험이 그의 의욕을 자극한 것이다.

중국의 양란은 대학 졸업 후 오락 프로그램 MC로 활약하고 있었다. 그러던 중 동료 MC가 갑자기 제명당하는 것을 보면서 이대로는 언제나 위험에 노출될 수밖에 없다고 판단했다. 그래서 유학을 선택하여 자신의 역량을 쌓은 뒤 다시 앵커로 활약하게 되었다. 이와 같이 선택하고 행동에 옮기면 미래는 바뀐다.

친구를 통한 대리형의 전제조건은 '좋은 친구를 두는 것'이다. 친구에게서 배울 것이 많다는 것은 안다. 그런데 정작 좋은 친구를 만나기는 쉽지 않다. 리엔지니어링의 대가인 제임스 캠피의 관점을 생각해 보자. "리더십은 포부Ambition의 부산물이다." 그는 포부가 인간관계 설정의 기반이 된다고 강조했다. 자신의 포부를 향해서 달려가는 중에 함께 혹은 먼저 달려가는 친구를 찾아라. 그 친구가 믿을 만한 대리형 리얼 옵션을 제공할 것이다.

선배 :
미래에 집중시킨다

Follow your Seniors

방송인 강호동은 자신의 주종목인 씨름에서뿐 아니라 연예인으로도 성공한 사람이다. 〈무릎팍 도사〉〈1박 2일〉〈스타킹〉과 같이 그가 진행했던 프로그램마다 시청률이 고공행진을 했다. MC로서의 역량만 놓고 따진다면 분명 그는 리얼 옵션으로 새로운 가치를 찾은 사례다.

강호동은 고등학교를 졸업하자마자 씨름판의 천하장사에 올라 세상을 놀라게 했다. 우연한 행운인가 싶었더니, 다음 해에 그는 또다시 천하장사에 등극하여 자신의 실력을 입증했다. 그러던 그가 돌연 은퇴를 선언했다. 그의 파격적인 행보에 모두들 의아한 눈길을 보낼 수밖에 없었다.

"제가 천하장사를 하는 동안 이만기 형님이 은퇴하고 대학강단에 섰습니다. 그걸 보면서, 실기實技로는 A+지만 지식 없이 살아온 내 삶이 자꾸 걸렸죠. 이론을 겸비하려면 대학에 가야겠다고 마음먹었습니다.”

그렇게 은퇴를 선언하고 대학문을 두드렸지만 체육특기생 기한이 지나 진학도 하지 못하는 딱한 처지에 되었다. 그러나 다행스럽게도 개그맨 이경규 덕분에 그는 연예계의 길에 들어설 수 있었다. 천하장사 시절, 〈별이 빛나는 밤에〉라는 라디오 프로그램에 출연하여 보여준 입담 덕분이었다. 이경규가 “네가 성공하지 못하면 나도 같이 옷을 벗겠다”라며 설득했다고 한다. 잠재력이 있다고 판단한 다른 분야의 선배가 과감한 도움의 손길을 내민 것이다. 엠씨 강호동은 데뷔 이후 자기관리에 완벽하게 성공했다. 그는 프로그램마다 철저히 준비했다. 자주 나오면 식상할 수 있다는 생각에서 무리한 동시출연도 자제했다. 다른 어떤 개그맨보다 안정적인 출연을 거듭해왔으며 인기 프로그램의 메인 엠씨로도 활약할 수 있었다.

몇 년 전, 나는 시내 유명 냉면집에서 점심식사를 하게 되었다. 먼저 자리를 잡고 지인들과 얘기를 나누는데 손님이 많은 탓에 옆자리에 강호동이 합석을 했다. 우리는 순간 얼굴에 웃음기가 돌았다. 이유없는 기대감에서였다. 그러나 실망스럽게도, 그는 인사도 없이 앞자리 친구와만 대화를 나누며 식사를 마쳤다. 우리는 그를 건방지다고 뒷담화를 했다. 그러나 돌이켜보면 그런 모습이 경쟁력의 원천이라고 생각이 든다. 대중식당에서조차 오로지 자신이 만나는 사람에게 최선을 다하는 집중력. 주위를 두리번거리며 산만한 태도로 살아가지 않으려는 결단. 그는 주어진 목표에 몰입하는 사람만이 경지에 오른다는 것을 몸으로 보여주었다.

누구에게 배우냐가 아니라
언제 배우냐가 관건이다!

　방송인 강호동의 리얼 옵션은 이만기 선배를 통해서 착안되었다. 선배의 진로를 보면서 자신의 인생 여정을 설계한 것이다. 비록 계획했던 교수의 길로 이어지진 않았지만, 그는 과감하게 선택했고 몰입했다. 그 선택이 모든 것을 바꾸었다. 그의 미래뿐 아니라 개그맨 세계도 바뀌었다. 재미있는 결과는 그가 교단에 서는 리얼 옵션을 다시 추진한다면 그 역시 그리 멀지 않다는 것이다. 조금 돌아가는 것이긴 해도 기회는 아직도 그 자리에서 도전자를 기다리고 있다.

　선배는 가장 가까운 곳에서 앞서 달려가는 사람이다. 올바른 가치를 향해서 달려가는 것이 확실하면 시기적으로 배울 것이 많다. 굿 타이밍을 제시하는 리더가 되어주며, 바로 뒤쫓아 따라가기 때문에 더 잘할 수 있는 방안을 생각나게도 해준다. 이들 모두 긍정적인 효과다.

　그 대신, 창의적인 자신을 찾는 데 방해요인이 되기도 한다. 선배의 그릇 크기가 본의 아니게 리얼 옵션의 모양새를 예단하게 만든다. 자신의 미래상을 그리는 데 필요한 도전의지를 꺾는 상한선이 되어버리는 것이다.

　선배라는 단어를 입에 올린다는 것은 우리가 젊다는 뜻이다. 현재 나의 강점이 선배의 강점과 비슷한 경우에 대리형 리얼 옵션이 성공한다. 그러나 대리형이 아니라 비전형 리얼 옵션과 접목시켜 투자하고 준비하는 것이 바람직하다. 팔로워가 아니라 나 자신의 리더로 살아야 하지 않겠는가.

부모 :
푯대를 제시해준다

Follow your Parents

미국 조지 W. 부시 전 대통령은 대학 졸업 후 10년을 '탐험의 시기'로 규정했다.[59] 그는 닻을 내려 스스로를 정박시키고 싶지 않았다고 고백한다. 부시는 관심 가는 일을 시도했고, 관심이 사라지면 다른 것을 찾아서 움직였다. 대학시절, 그는 방학이 되면 다양한 시도를 하며 자신의 정체성을 찾으려고 노력했다.

그가 석유 탐사 잡역부로 일했을 때의 일이다. 여름방학 내내 일을 할 생각으로 계약을 했지만 그는 일이 너무 힘들어 꾀가 났다. 그래서 마지막 한 주를 일찍 그만두고 여자친구와 놀러갈 계획을 세웠다.

"회사는 너를 믿고 고용했고 너는 정해진 날까지 일하겠다고 약속을 했다. 네가 계약서를 작성했잖니. 그런데 그것을 위반하려고 하는구나." 아버지의 말씀에 아들 부시는 기분이 상했다.

"실망스럽다, 아들아"라는 아버지의 말을 들었을 때는 너무나 부끄러웠다고 한다. 그리고 약속을 지키는 것이 얼마나 중요한지를 알게 되었다.

부시는 도전적이고 행동 지향적이어서 많은 것을 시도하며 배워나 갔다. 증권거래소, 스포츠용품 판매원 등을 거치면서 현장에서 지혜 롭게 살아가는 사람들을 배우려고 노력했고 소를 키우는 방목장에서 는 '이론에서는 우등생, 실전에서는 열등생Book Smart, Sidewalk Stupid'이 되지 말아야 한다는 것을 배웠다. 그럼에도 불구하고 그는 전체적으로 아 버지의 여정을 밟고 있는 자신을 발견하게 되었다.

고등학교와 대학교를 갈 때도 아버지의 선택을 따랐으며 베트남전 쟁이 발발했을 때에도 쉽게 자원입대를 결정할 수 있었다고 한다. 역 할모델인 아버지의 선택이 있었기에 두려움 없이 걸어갈 수 있었다.

미국 역사상 172년 만에 나온 부자父子 대통령이어서 아들 부시가 어 린 시절부터 정교하게 훈련되었으리라 생각하지만 실상은 그렇지 못 했다. 그는 거침없고 버릇없는 행동으로 화를 키우기도 하고 술에 취 해 아버지에게 혼나기도 하는 평범한 젊은이였다. 그러나 아버지의 행보는 그에게 항상 푯대가 되어주었다. 그는 체험이라는 공간을 배 회하면서 결국은 아버지의 가르침에 결정적인 영향을 받았다. 아버지 는 멘토 혹은 대리인으로서 좌충우돌하는 아들에게 절제하는 태도를 가르치며 미래의 옵션을 열어주었다.

철의 여인 마거릿 대처도 마찬가지다.[60] 그녀는 어렸을 때부터 아버지의 영향을 받아 정치에 관심을 갖게 되었다.

"저는 아버지 덕분에 선거에서 승리할 수 있었습니다. 선거 때 국민에게 호소했던 것 모두가 어린 시절 아버지께서 제게 가르쳐주신 것이었습니다."

어린 시절, 시의원을 거쳐 시장을 역임하던 아버지를 둔 그녀는 끊임없는 손님의 행렬과 마주했다. 응접실 손님들의 대화를 어깨너머로 들으면서 성장한 대처 여사는 자연스럽게 정치와 사회 문제에 관심을 갖게 되었다. 그녀는 웅변대회에 나가면서부터 연설을 즐겼는데 그 소재들 또한 독서와 아버지 응접실 풍경에서 착안한 것이었다.

"나는 항상 정치에 매료되어 있었습니다." 고려대학교를 방문한 대처 여사의 고백이다. 아버지의 체험이 자신의 리얼 옵션이 된 것이다. 그녀에게는 주저함이 없었고 두려움도 없었다. 어린 시절부터 몸에 밴 익숙한 여정이었다.

부모의 직업이 자녀의 삶에 큰 영향을 미치는 것은 당연하다. 자라면서 가장 많이 알게 되는 일이므로 편안하고 두려움이 없어진다. 부모가 자신의 일을 즐기는 경우에는 더욱 그러하다. 적성은 물론 사전에 대비할 여건 측면에서 유리하다.

내 둘째 딸은 나와 똑같은 전공으로 대학과 대학원을 다녔다. 고등학교 시절부터 딸에게 진로에 대해 적극적으로 추천하기도 했다.

"누군가가 내가 가는 모습을 지켜본다는 것, 그것이 얼마나 재미없는 일인지 혹시 아세요?"

딸의 불평이다. 아버지가 먼저 가본 길이니 도움 받을 점도 있지만, 언제나 비교되고 모니터링되는 느낌을 받는다고 한다. 그럼에도 나에게는 이런 마음이 있다. 내가 갔던 길을 추천한 이유는 단지 성공률이 높아서가 아니라 재미있기 때문이라고 말이다.

공대생 1학년 전체를 놓고 학과를 설명할 일이 있었다. 전공 선택을 도와주기 위한 학교 차원의 행사였다. 여러 학과 교수들이 자신의 전공을 설명하여 더 많은 학생들을 자신의 학과에 진입시키기 위한 자리이기도 하다. 무엇을 강조해야 할까…….

"나는 우리 아이에게 내 전공을 추천했습니다. 부모가 자식에게 같은 분야를 가라고 추천하는 것은 생각보다 쉽지 않은 일이지요." 학생들은 '우—' 하고 웃음을 터뜨렸다. 여러 가지 의미가 섞인 웃음이었다. 물론 나도 함께 웃었다.

어떻게 받아들이든 상관없이, 부모의 체험을 대리형 리얼 옵션으로 생각하는 것은 슬기로운 일이다. 해외의 많은 명문대가 입학생 선발 과정에서 부모나 친척 중에 동문이 있는가를 중요시한다는 점에 주목하자. 학교 입장에서 보게 되면 애정과 관심이 큰 동문의 로열티를 높게 평가하지 않을 이유가 없다.

자신이 가는 길을 소중하게 생각하는 사람에게 추천한다는 것. 그것은 확신이 있을 때에만 벌어지는 일이다. 부모의 체험이 전수되는 것은 자연계의 이치다. DNA가 형성되는 과정이기도 하다. 경제학자 호프스테드도 "문화가 비즈니스의 급소에 해당된다"라고 말했다. 문화는 생각하고 사고하는 패턴을 차별화시키며 부모에게서 자녀에게로 전수된다. 부모의 리얼 옵션을 잇는 것은 가업과 가족 문화의 승계이기도 하다. 청출어람靑出於藍이라는 말도 있듯이 부모세대의 준비를 발판으로 더 큰 목표를 추구하는 것은 최우선적으로 고려해야 할 리얼 옵션이다.

타인 :
리스크를 줄여준다

Learn from Others

삼인행三人行. 세 사람이 같이 가면 배울 것이 있다는 말이다. 배움으로 치면 모든 생물의 활동에는 지혜가 있다. 그러나 그런 지혜가 자신에게 직접적으로 도움이 되는가는 또다른 얘기다. 아무리 영향력 있는 조언이라도 도움이 될 때가 있고 안 될 때도 있다. 오마에 겐이치는 "전략적으로 생각하는 사람만이 주어진 상황의 본질을 정확하게 이해하고 자신에게 가장 유리한 방향으로 활용한다"라고 말했다. 더불어 가는가의 관점이 아니라 무엇을 결정하게 만드는가에 관심을 가져야 한다.

남의 말을 쉽게 받아들이는 사람을 귀가 얇다고 한다. 쉽게 설득당한다는 의미다. 사고하는 습관이 유연한 탓일 수도 있다. 응용가능성을 빠르게 찾아내는 사람이다. 다른 사람의 말이나 행동에서 미래 옵션을 준비하는 사람은 '전략적 사고'에 눈떠야 한다. 듣고, 믿고, 선택하는 전 과정에서 필요한 개념이다. 어깨 넘어 듣게 된 조언이 도움이 되는 경우도 있지만 그 반대의 경우가 더 많기 때문이다.

어떤 사람이 늦은 시각에 집 근처 산에서 산책을 했다. 인적이 드문 곳에서 마침 낯선 사람을 마주치게 되어 인사를 했다. 처음 보는 사람이요 다시 만날 일도 없는 관계였다. 이런저런 얘기를 하는 중에 그 사람이 주식을 하느냐고 묻더란다. 그러고는 특정 회사에 대한 정보를 주었는데, 그 회사의 주식이 한동안 급등하는 횡재를 했다고 한다. 행운의 여신이 함께하는 순간이다. 그러나 만일 그 반대 상황이 발생했다면, 아야 소리도 못하고 낭패를 당할 수밖에 없었을 것이다.

다른 사람을 통해서 리얼 옵션를 준비하는 것은 아주 쉽다. 많은 성공사례 서적들이 있으며 명사들의 자서전이나 강연도 있다. 그들의 성공담을 믿고 또 그들이 제시하는 방향을 선택하여 투자하면 리얼 옵션이 될 수 있다. 거듭 말하지만, 문제는 성공률을 보장할 수 없다는 점이다. 너무나 많은 사람에게 공개된 정보이고 이미 과거에 발생한 일이므로 투자과정에서 경로 자체가 바뀔 수도 있다. 불확실성에 적나라하게 노출된 상태에서 진행되는 일이다. 내가 아니라 누구라도 선택할 수 있는 옵션인 것이다. (거꾸로 생각하면, 이런 의구심 때문에 소수만이 자신의 옵션으로 선택하는 경향이 있기도 하다.) 따라서 핵심은 리스크를 줄일 수 있도록 배경, 기질, 목표 등의 유사성에 대해서 치밀하게 관심을 가져야 한다.

리스크를 줄이려면 우선 통계치의 빈도를 높여야 한다. 잘 모르는 사람이므로 유사한 배경의 사람에게 여러 번 같은 질문을 던져보며

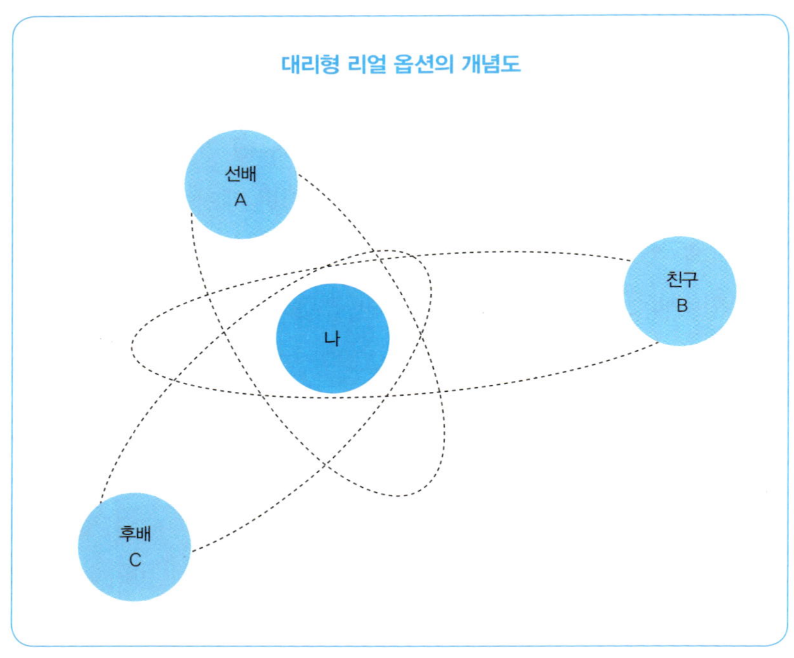

답변을 축적해야 한다. 사람을 믿을 수 없으므로 응답결과의 빈도를 가지고 신뢰도를 높이는 것이다.

성공적인 대기업의 그룹경영 철학에는 원심력 경영이라는 개념이 있다. 더불어 경영하는 협력업체들의 수준을 자신들의 수준으로 판단한다. 유관기관이나 기업의 수준을 지속적으로 모니터링하면서 주변을 맴도는 기업의 경쟁력 강화를 위해서 노력한다. 그리고 원심력 그룹에 속한 기업의 경쟁력이 그룹 전체의 경쟁력임을 인정한다.

개인도 마찬가지다. 자신이 귀를 열 수 있는 주변사람들의 정보나 선택권의 수준에 관심을 가져야 한다. 바로 그 수준이 자신의 대리형 리얼 옵션의 가치를 결정하게 될 것이다.

다른 사람은 근본적으로 다른 문화를 배경으로 활동하는 사람이다. 과장해서 말하자면, 외국인이요 외계인이다. 생각하는 방식과 토해내는 언어가 다르다. 기업문화 전문가로 유명한 트롬페나르스는 "인간은 타인의 문화를 마스터할 수 없다"라고 말했다. 항상 초보의 마인드로 조심스럽게 타인을 바라보라는 교훈을 가르쳐준다. [61]

타인의 경험을 내 것으로 만들어가는 과정은 항상 조심스럽다. 초보자의 자세로 조심스레 걸음마를 해야 한다. 이 경우, 다른 유형과 접목시켜서 리얼 옵션을 추진하는 것을 추천한다. 비전형이나 멘토형으로 미래를 준비하는 사람에게는 타인의 경험담이 큰 도움이 된다. 성공한 결과는 비결을 가르쳐주고 실패한 사례는 함정을 떠올리게 해준다. 대리형 리얼 옵션이 다양한 사람을 만나는 환경에서 탄생되어야 할 이유가 여기에 있다. 극히 소수만 만나는 사람이 대리형에 모든 것을 거는 것은 위험천만한 일이다. 자신이 만든 기회가 아니면 상황은 언제나 가변적이다. 세상이 나를 속였다고 한탄할 일이 아니다.

리얼 옵션의 선택 기준과 산식

리얼 옵션은 원래 파이낸스 분야의 전문용어로서 재무가치에 초점을 맞춘 재무옵션이론Financial Option Theory이 비재무Nonfinancial옵션으로 확장된 개념이다.[62] 불확실성을 대처하는 관점이 재무관점에만 국한되어서는 실제 발생하는 미래와 차이가 생길 수밖에 없다는 문제의식에 기초하고 있다. 금전가치 중심의 사고에서 투자결정의 결과물 중심의 사고 전환을 요구하고 있다.

이 책에서 리얼 옵션이란 용어를 미래 선택권으로 확장하여 적용한 배경에는 바로 비재무, 다시 말해서 종합적 관점에서의 투자결정이란 개념이 있다. 사람은 본능적으로 미래의 가치를 종합적으로 판단하여 나름의 선택을 한다. 다만, 그 판단체계가 금전적이든 비금전적이든 정형화되지 못할 뿐이다. 정형화된 틀을 추구하기보다는 '리얼 옵션 지향 사고방식'을 활용하여 대중적인 의미로 사용했다는 것을 분명히 밝혀두고자 한다.

리얼 옵션 프로젝트를 평가하는 척도 역시 파이낸스 분야에서 제시된 산식을 변형하여 제시한다. 정교하지는 못해도 지향하는 바가 거의 동일하여 리얼 옵션에 대한 더욱 객관적인 판단체계를 형성시키는데 도움이 될 것이다.

리얼 옵션 프로젝트는 크게 투자가치와 불확실성으로 나눌 수 있다. 투자가 과연 효율적인가 여부와 실현시점까지 감수해야 할 상황 가변성이 최대 관점이다. 이들 두 가지 관점은 세부적으로 6가지 요소에 의해서 결정된다. 투자, 예상성과, 목표시점, 학습율, 환경변화(불확실성), 몰입도인데, 이들 요소에 근거하여 리얼 옵션 프로젝트를 판단할 수 있다.

투자

리얼 옵션 프로젝트를 진행시키는 데 소요되는 노력의 수준을 의미한다. 금전, 시간, 기회비용 등이 종합적으로 여기에 포함된다. 이자율을 따져서 현실적인 가치로 평가한다면 더욱 정교한 분석 관점이 될 수 있다.

예상성과

리얼 옵션이 실제로 실현되었을 때 얻을 수 있는 최종적인 효과를 나타낸다. 금전적 혹은 비금전적 결과를 포함하는 지표로서 개인적인 만족감도 직접적으로 반영된다.

목표시점

리얼 옵션을 준비하는 시기로부터 실제 발생시기와의 차이를 의미한다. 5년 후를 보고 리얼 옵션을 준비한다면 5년이라는 시기적 차이가 옵션에 영향을 주게 된다.

학습율

리얼 옵션 프로젝트를 실행하는 과정에서 역량이 향상하는 수준을 의미한다. 학습율은 리얼 옵션 프로젝트를 실행하는 과정에서 투자의 효율성을 높여주는 요소로 작용한다. 학습효과로 인해서 투자 수준을 낮게 잡고도 원하는 수준의 효과를 성취할 수 있다.

환경변화

상황변화에 대한 척도다. 현재 상황에서의 성공가능성이 목표시점까지 어떻게 변하는가를 의미한다. 변화 가능성이 클수록 미래의 성공 가능성은 그만큼 불투명해지는 것이다.

몰입도

투자가 실질적 효과를 거두는 유효율이다. 하루에 네 시간을 공부하기로 했다면, 평균적으로 어느 정도 몰입하여 집중할 수 있는가를 나타내는 비율 개념이다. 몰입도가 높아야 실질적인 투자가치가 있는 셈이다. 반대로 몰입도가 낮으면 아무리 장기간 투자를 하여도 자신의 옵션으로 만들어나가기 어렵다.

6가지 리얼 옵션 구성요소에 근거하여 두 가지 판단 관점, 즉 투자가치와 불확실성을 계산할 수 있다. 파이낸스 분야에서 제시된 리얼 옵션 산식을 응용하면, 투자가치와 불확실성에 대한 개략적인 구조는 다음과 같이 설정될 수 있다.

리얼 옵션 프로젝트의 두 가지 척도

$$\text{투자가치} = \frac{(\text{예상성과}) \times (\text{학습율})^{\text{목표시점}}}{(\text{투자} \times \text{몰입도})}$$

$$\text{불확실성} = (\text{환경변화}) \times \sqrt{\text{목표시점}}$$

리얼 옵션의 유형과 성공비율

투자 가치				
	높음	**비전형** 리얼 옵션 (47%)		
	보통	**위기형** 리얼 옵션 (19%)	**체험형** 리얼 옵션 (13%)	
	낮음	**취미형** 리얼 옵션 (10%)	**멘토형** 리얼 옵션 (7%)	**대리형** 리얼 옵션 (4%)
리얼 옵션		낮음	보통	높음
		불확실성(리스크)		

투자가치는 투자대비 성과와 학습율이 클수록 높아진다. 예상성과나 학습율은 물론 투자와 몰입도의 함수이기도 하다. 몰입도가 높아야 당연히 좋은 결과를 기대할 수 있다. 반면, 불확실성은 환경변화와 목표시점의 함수로 나타난다. 목표로 하는 시점이 길수록 불확실성이 높아지지만 제곱근 함수로서 장기간에 대한 민감도는 상대적으로 낮은 편이다.

비전형 리얼 옵션

$$투자가치 = \frac{(예상성과) \times (학습율)^{목표시점}}{(투자 \times 몰입도)}$$

$$불확실성 = (환경변화) \times \sqrt{목표시점}$$

- 강점 : 예상성과와 학습율
- 핵심 : 몰입도
- 과제 : 환경변화를 감안하여 목표시점을 정하고 적정 수준의 투자를 기반으로 몰입력을 키워야 한다.

위기형 리얼 옵션

$$투자가치 = \frac{(예상성과) \times (학습율)^{목표시점}}{(투자 \times 몰입도)}$$

$$불확실성 = (환경변화) \times \sqrt{목표시점}$$

- 강점 : 투자와 몰입도
- 핵심 : 환경변화
- 과제 : 위기를 극복했다는 가정하에 준비된 리얼 옵션이 변화된 환경에서 가치가 있는가를 예측해야 한다. 굿 타이밍, 학습율, 기대성과 등이 미래를 결정한다.

체험형 리얼 옵션

$$\text{투자가치} = \frac{(\text{예상성과}) \times (\text{학습율})^{\text{목표시점}}}{(\text{투자} \times \text{몰입도})}$$

$$\text{불확실성} = (\text{환경변화}) \times \sqrt{\text{목표시점}}$$

- 강점 : 학습율
- 핵심 : 예상성과, 몰입도, 환경변화
- 과제 : 체험을 통해서 자신을 알아가는 과정이 중요한 과제다. 과도한 투자보다는 자신의 역량에 적합한 시도를 통해서 점진적으로 세상을 배워나가야 한다.

취미형 리얼 옵션

$$\text{투자가치} = \frac{(\text{예상성과}) \times (\text{학습율})^{\text{목표시점}}}{(\text{투자} \times \text{몰입도})}$$

$$\text{불확실성} = (\text{환경변화}) \times \sqrt{\text{목표시점}}$$

- 강점 : 몰입도
- 핵심 : 예상성과
- 과제 : 자신이 즐겁게 몰입할 수 있는 만큼 성과에 대한 기대수준
을 낮추어야 한다. 재미있게 돈 버는 방법이 세상에는 그
리 많지 않다.

멘토형 리얼 옵션

$$\text{투자가치} = \frac{(\text{예상성과}) \times (\text{학습율})^{\text{목표시점}}}{(\text{투자} \times \text{몰입도})}$$

$$\text{불확실성} = (\text{환경변화}) \times \sqrt{\text{목표시점}}$$

- 강점 : 예상성과와 투자
- 핵심 : 환경변화
- 과제 : 멘토가 자신이 처한 환경을 정확하게 이해하기란 쉽지 않
다. 자신을 충분히 아는 멘토가 학습과 몰입 수준을 섬세
하게 관찰해야 한다.

대리형 리얼 옵션

$$\text{투자가치} = \frac{(\text{예상성과}) \times (\text{학습율})^{\text{목표시점}}}{(\text{투자} \times \text{몰입도})}$$

$$\text{불확실성} = (\text{환경변화}) \times \sqrt{\text{목표시점}}$$

- 강점 : 투자

- 핵심 : 예상성과, 학습율, 환경변화

- 과제 : 쉽게 얻는 기회는 미덥지가 못하다. 성과, 환경, 학습 등에
  대한 몰입력을 높여서 신뢰를 키우는 데 전념해야 한다.
  돈과 시간을 아끼는 대신 기록과 관심을 높여야 한다.

리얼 옵션 성공사례 조사결과

리얼 옵션 성공사례를 조사한 결과는 다음과 같다. 리얼 옵션 유형과 직업을 중심으로 분류하여 각 유형에 어떤 사람들이 포함되었는가를 확인할 수 있다. 전체 800명을 대상으로 조사를 실시하여 그중에서 리얼 옵션을 확보하는 데 성공했다고 판단된 121개 사례를 분류한 결과다.

비전, 위기, 체험, 취미, 멘토, 대리 유형으로 구분했으며 직업은 사업가, 정치인, 전문인, 예능인, 체육인으로 나누었다. 예를 들어서, 홍진경은 예능인이었지만 사업가로 분류했다. 그녀가 선택한 리얼 옵션이 비즈니스 분야로 진출하는 계기를 제공했기 때문이다. 리얼 옵션에 의한 결과의 가치를 중심으로 분류했다. 현재 대중에게 알려진 브랜드가 아니라 본 조사연구에서 초점을 맞춘 리얼 옵션 성과를 중시하기 위해서다.

안철수 교수는 현재도 교수지만 사업가가 되는 과정에 초점을 맞추

유형	비전	위기	체험	취미	멘토	대리
사례수	57	23	16	12	8	5
백분율	47%	19%	13%	10%	7%	4%
사업가	강덕수, 김범수, 김영세, 남우식, 리얀 홍, 박지영, 빌 게이츠, 세르게이 브린, 손정의, 스티브 잡스, 안도 다다오, 양윤선, 오세영, 워런 버핏, 윤윤수, 윤홍근, 이나모리 가즈오, 이수만, 이해진, 정훈탁, 조르지오 아르마니, 진대제, 하비 토먼	구영배, 김기성, 김성주, 김태욱, 손주은, 안철수, 이진민, 정소연, 한경희	고재일, 마쓰시타 고노스케, 류영성, 앤드루 카네기, 에스티 로더, 장영식, 하워드 슐츠	김순응, 박종호, 오레 키르크, 임백준, 최문규, 혼보우 슈우사쿠, 홀랜드 샌더스, 홍진경	김상경, 데이비드 오길비	인드라 누이, 테드 터너
정치인	김석호, 김문수, 메리 로빈스, 신호범, 앙겔라 메르켈, 이종욱, 홍정욱, 힐러리 클린턴	버락 오바마, 체 게바라	조지 부시 2세		룰라 실바, 반기문	마거릿 대처
전문인	강도영, 김민성, 김석영, 나카야마 요코, 대니얼 김, 서진규, 이면우, 표창원, 함신익, 황수관	마르크 레비, 이승복, 존 그리샴, 페기 브릴	이주헌, 한비야	고도원, 손미나		박경철
예능인	김주하, 루치아노 파파로티, 박경림, 박진영, 박찬욱, 손석희, 안젤리나 졸리, 앨프리드 히치콕, 이노우에 다케히코, 이선웅(타블로), 이언, 임형주, 폴 포츠	김성일, 박준, 이병훈, 홍신자	김기덕, 노홍철, 임권택, 팀 버튼	엄용수	강호동, 오드리 헵번, 오정연	양 란
체육인	박지성, 박찬호, 토니 라루사	마이클 조던, 박태환, 역도산, 이승엽	매슈 본, 엄홍길	구자열	베이브 루스	

었기 때문에 사업가로 분류했다. 리얼 옵션의 성공사례를 학습하고자 하는 독자를 위한 분류체계다.

다음은 리얼 옵션 유형에서 각각의 성공요소가 차지하는 비율을 만든 표다. 종합된 데이터에서 성공요소들을 각 리얼 옵션의 사례수로 나누어서 각 리얼 옵션 1건에 대한 성공요소의 평균을 구했다.

		비전	위기	체험	취미	멘토	대리
방향 설정	비전	16	5	12	7	7	14
	창의성	4	4	0	7	7	5
	문제의식	6	21	0	2	6	10
	기회포착	3	2	6	10	3	0
추진력	열정	15	14	9	17	13	14
	전략사고	3	4	6	2	1	5
	지속개선	5	7	15	5	6	10
	도전정신	17	19	9	21	12	10
환경	시대환경	2	4	0	2	4	5
	가정환경	3	1	9	2	3	5
	시장/기술	7	7	6	5	3	5
	경험	8	10	15	7	12	5
대인 관계	의사소통	3	1	3	2	3	0
	멘토링	2	1	0	5	6	14
	인맥	5	0	6	5	6	0
	신뢰	1	0	3	0	6	0

리얼 옵션 유형 찾기

자신의 미래를 걱정하지 않는 사람은 없다. 미래에 대한 걱정 또는 기대가 다양한 만큼 미래를 대비하는 방식 또한 다양할 것이다. 현재 나에게 맞는 투자가 어떤 유형의 리얼 옵션에 가까운가를 알아보자. 질문에 응답하면서 자신에게 해당되는 화살표를 따라가보자.

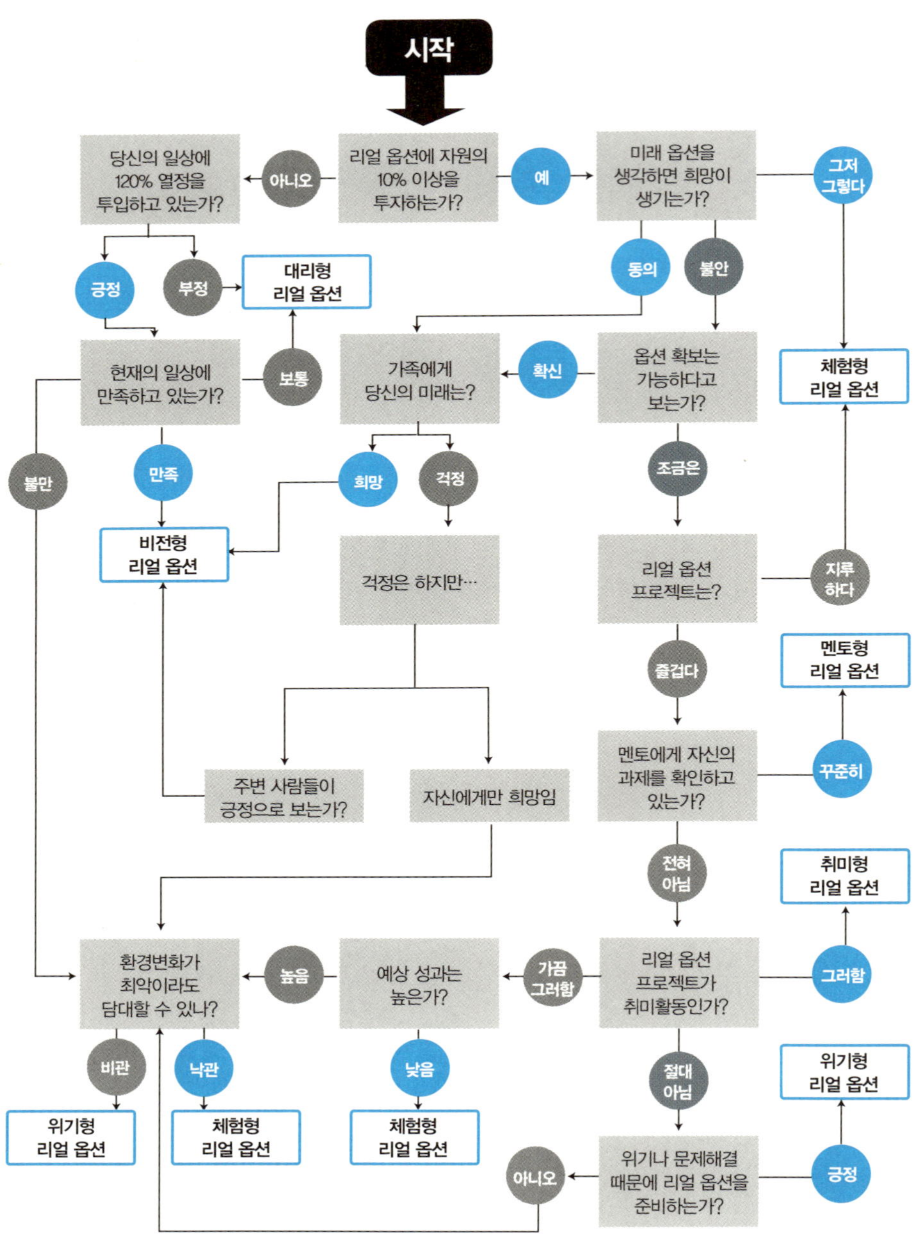

시작
리얼 옵션에 자원의 10% 이상을 투자하는가?
아니오
예
당신의 일상에 120% 열정을 투입하고 있는가?
긍정
부정
대리형 리얼 옵션
미래 옵션을 생각하면 희망이 생기는가?
동의
불안
그저 그렇다
체험형 리얼 옵션
현재의 일상에 만족하고 있는가?
보통
가족에게 당신의 미래는?
확신
옵션 확보는 가능하다고 보는가?
만족
희망
걱정
불만
비전형 리얼 옵션
조금은
걱정은 하지만…
리얼 옵션 프로젝트는?
지루 하다
즐겁다
멘토에게 자신의 과제를 확인하고 있는가?
꾸준히
멘토형 리얼 옵션
주변 사람들이 긍정으로 보는가?
자신에게만 희망임
전혀 아님
취미형 리얼 옵션
환경변화가 최악이라도 담대할 수 있나?
높음
예상 성과는 높은가?
가끔 그러함
리얼 옵션 프로젝트가 취미활동인가?
그러함
비관
낙관
낮음
절대 아님
위기형 리얼 옵션
위기형 리얼 옵션
체험형 리얼 옵션
체험형 리얼 옵션
아니오
위기나 문제해결 때문에 리얼 옵션을 준비하는가?
긍정

1장

1) A. Bert. *Blueprint to Billionnaires*(New York: Berkley Books, 2007)

2) S. Achor. *The Happiness Advantage*(New York: Crown Business, 2010). pp. 12–18.

3) 신완선. "리더십 컬럼: 미래를 직시하라"(서울: 〈행복한 동행〉 2010. 10)

4) 권영민. 《일곱 개의 별을 요리하다》(서울: 북하우스, 2008)

5) A. Bert. *Blueprint to Billionnaires*(New York: Berkley Books, 2007)

6) J. Collins. *Good to Great*(New York: Berkeley Books, 2007)

7) Chan S. Park. *Engineering Economics*(New Jersey: Pearson Prentice Hall, 2007)

8) J. M. Utterback. *Mastering Dynamics of Innovation*(Boston: Harvard Business School Press, 1984). p. 158

2장

9) 신완선. "리더십 컬럼: 오늘의 선택이 미래를 바꾼다"(서울: 〈행복한 동행〉 2007. 4)

10) 김성오. 《육일약국 갑시다》(서울: 21세기북스, 2007)

11) W. James. *Talks to Teachers*(New York: Norton, 1958); L. Simon. *Genuine Reality: A Life of William James*(New York: Harcourt Brace, 1998)

3장

12) 이윤정, 김지영. 《제임스 카메론》(서울: 한스미디어, 2010)

13) 김승룡. 이건희 "더 정신 차리고 앞을 보고 뛰어라"(서울: 〈디지털타임스〉 2011. 10. 16)

14) 신완선. "품질은 재무성과에 기여하는가?" (서울: 〈국방품질〉 2010)

15) 김남인. "Story: GM 되살린 영원한 'Car Guy' 밥 루츠"(서울: 〈조선일보〉 2011. 9. 24)

16) 김영걸. "비즈 NIE: 번트 슈미트의 빅씽크 전략"(서울: 〈조선일보〉 2009. 6. 5)

17) E. B. Keller & J. L. Berry. *The Influential: One American in tyen tellers the other nine how to vote, where to east, and what to buy*(New York: Simon&Schuster, 2003)

18) R. J. Right. *Making The Most of College*(Harvard University Press, 2004)

19) M. Gladwell. *Outliers: The Story of Success*(New York: Little, Brown and Company, 2008)

20) S. Crainer & D. Dearlove. *The Ultimate Business Gruru Book* (United Kingdom: Capstone, 2003)

4장

21) 페기 W. 브릴 & 제럴드 S. 코즌, 이종수 외 옮김. 《골격을 바로잡고 뭉친 근육을 풀어주는 코어 프로그램》(서울: 한언, 2002). pp. 50-53.

22) 엄광용. 《성공하는 사람에게는 이유가 있다》(서울: 오상, 1999)

23) 김동성. 《반기문 리더십》(서울: 한중일미디어, 2011). p. 71

24) 〈더 리더스〉(서울: 케이블TV 비즈니스앤, 2008)

25) 신완선. 《굿 타이밍》(서울: 더난출판, 2007)

5장

26) "Good guru guide", Business Age(1995)

27) Stephen Covey. *7 Habits of Highly Effective People*(New York: Simon&Schuster, 1999)

28) 제프리 영 & 윌리엄 사이먼, 임재서 옮김. 《ICON 스티브 잡스》(서울: 민음사, 2004)

29) 함신익. 《예일대 명문교수 함토벤》(서울: 김영사, 2008). pp. 78-80.

30) J. P. Kotter. *Leading Change*(New York: Harvard Business Press, 1996)

6장

31) D. Holland. *Red Zone Management*(Chicago: Dearbone Trade Publishing, 2001)

32) 신완선. 《준비된 리더가 미래를 경영한다》(서울: 더난출판, 2004)

33) 이재운. 《인연의 법칙: 승리하는 1%가 사람을 얻는 법칙》(서울: 웅진윙스, 2007)

34) "메가스터디 대표 손주은 이야기" 〈다큐 스토리 : 성공, 이유를 묻다〉, (2008)

35) C. A. Bartlett & S. Ghoshal. *Managing Across Borders*(New York: Harvard Business Press, 2002)

36) 정민. 《다산선생 지식 경영법》(서울: 김영사, 2006). pp. 556-564.

37) 히로나카 헤이스케. 박승양 옮김. 《학문의 즐거움》(서울: 김영사, 2006)

38) 김윤덕. "김윤덕의 사람 人"(서울: 〈조선일보〉 2011. 9. 24)

39) M. Lopresti. "Krzyzewski's run mirrors Smith's in many ways"(*USA Today* 2010. 12. 23)

7장

40) 김혜경. "브라보 마이 라이프: 너희가 광고를 아느냐"(서울: 〈행복한 동행〉 2011. 10)

41) 신완선. "CEO 소사이어티 시상식 발표 자료"(서울: 서울경영연구소&머니투데이 주관, 2010. 11)

42) 잭 웰치. 이동현 옮김. 《잭 웰치 끝없는 도전과 용기》(서울: 청림출판, 2001)

43) 딘 카르나제스. 공경희 옮김. 《울트라마라톤 맨》(서울: 해냄, 2005)

44) 정재숙. "'81세 현역' 송해의 경쟁력"(서울: 〈조선일보〉 2008. 9. 13)

45) Gary Hamel. "Killer strategies that makes shareholders rich"(*Fortune* 1997. 6. 23)

46) 서거원. 《따뜻한 독종》(서울: 위즈덤하우스, 2008)

8장

47) 대니 메이어. 노혜숙 옮김. 《세팅 더 테이블》(서울: 해냄, 2007)

48) 고도원, http://www.godowon.com/intro/Mletter_godowon.gdw; http://www.godowon.com/intro/Mletter_intro.gdw

49) 리처드 브랜슨, 이장우 외 옮김. 《내가 상상하면 현실이 된다》(서울: 리더스북, 2007)

50) 김혜경. "한 평 반의 꿈: 디자인에 마음을 담는다"(서울: 〈행복한 동행〉 2011. 10). pp. 46-47.

51) 〈기업나라〉 2006. 10; 〈넥스트 이코노미〉 2006. 1

9장

52) E. B. Keller & J. L. Berry. *The Influentials*(New York: The Free Press, 2003). pp. 4-5.

53) 신완선. "리더십 칼럼: 내 인생 최고의 고수"(서울: 〈행복한 동행〉 2008.

11)

54) E. B. Keller & J. L. Berry. *The Influentials*(New York: The Free Press, 2003). pp. 58–59.

55) 데이비드 오길비. 강두필 옮김. 《나는 광고로 세상을 움직였다》(서울: 다산북스, 2008)

56) M. Thomas. *The Right Words at The Right Times*(New York: Pocket, 2007)

10장

57) 잭 트라우트 & 알 리스. 윤영삼 옮김. 《마이 포지셔닝》(서울: 다산북스, 2004)

58) 박경철. "시골의사 박경철 특별강연" (서울: 〈나라경제〉 2007). pp. 88–90.

59) 조지 W. 부시. 안진환 & 구계원 옮김. 《결정의 순간》(서울: YBM Si–sa, 2011)

60) 박동운. 《대처리즘-자유시장경제의 위대한 승리》(서울: 제이에프케이아이미디어, 2005). pp. 41–47.

61) C. Hampden & F. Tropenaars. *Riding the Waves of Culture*(New York: McGraw–Hill, 1997)

부록

62) M. Amram & N. Kulatilaka. *Real Options: Managing Strategic Investment in an Uncertain World*(New York: Harvard Business School Press, 1999). pp. 5–6.

기타

Brown, R. Defy Gravity: Propel Your Business to High-Velocity Growth(Austin: Greenleaf, 2010)

Cooper, R. K. *The Other 90%: How to Unlock Your Vast Untapped Potential for Leadership and Life*(New York: Three Rivers Press, 2001)

Wayters, T. J. *Hyperformance using Competitive Intelligence for Better Strategy and Execution*(San Francisco: Jossey-Bass, 2010)